聞いて覚えるコーパス英熟語

キクジュク
【Basic】
1800

一杉武史 編著

英語の超人になる！
アルク学参シリーズ

大学合格のために必死で勉強する、これは素晴らしい経験です。しかし、単に大学に合格さえすればよいのでしょうか？ 現在の日本に必要なのは、世界中の人々とコミュニケーションを取り、国際規模で活躍できる人材です。総理大臣になってアメリカ大統領と英語で会談したり、ノーベル賞を受賞して英語で受賞スピーチを行ったり、そんなグローバルな「地球人」こそ求められているのです。アルクは、大学受験英語を超えた、地球規模で活躍できる人材育成のために、英語の学習参考書シリーズを刊行しています。

Preface
最新の言語習得メソッドが生んだ「ゼッタイに覚えられる」熟語集です!

1日わずか16熟語、2分でもOK!。「耳」と「目」からのダブルインプットで7週間後には1800レベルに!

今まで何冊も熟語集を買ったけれど、やり遂げることができなかったり、覚えることができなかった——そんな経験はありませんか?『キクジュク Basic 1800』は、そんな方のために作られた「ゼッタイに覚えられる」熟語集です。では、「やり遂げる」にはどうすればいいのでしょうか?

答えは、1日の学習量にあります。本書は1日の学習熟語数を16に限定。7週間、計49日の「スケジュール学習」ですので、必ずやり遂げることができます。また、「覚える」ためには「耳」からの学習が不可欠です。楽しい音楽に乗りながら熟語を身につけていく「チャンツCD」を2枚用意していますので、耳と目からの「ダブルインプット」で熟語の定着度が飛躍的に高まります。

今話題の「コーパス」を徹底分析!頻出熟語をタイプ別に覚えられるので、ムリなくムダなく、身につく!

見出し熟語の選出には徹底的にこだわりました。過去の入試問題のデータに加え、膨大な数の書き言葉と話し言葉を集めたデータベース、「コーパス」をコンピューターで分析し、使用頻度と熟語のタイプを基に見出し熟語を選んでいますので、ムリなくムダなく学習することが可能です。

将来、英語を使って世界に羽ばたいていく皆さんは、「受験英語」にとどまることない「実用英語」も身につけておく必要があります。本書は、生の英語を収めたコーパスを基に作られていますので、大学生そして社会人になってからも世界で渡り合える熟語力の素地が身につきます。「英語の超人」への第1歩を目指して、一緒に頑張りましょう!

Contents
1日16熟語、7週間で
大学入試必修レベルの687熟語をマスター！

Chapter 1
基本動詞で覚える熟語
Page 13 ▶ 55

Introduction
【基本動詞の意味と主な用法】

Day 1
【動詞：go／come】

Day 2
【動詞：take】

Day 3
【動詞：bring／give】

Day 4
【動詞：get／have】

Day 5
【動詞：keep／hold】

Day 6
【動詞：put／set】

Day 7
【動詞：make／turn】

Day 8
【動詞：look／see／watch】

Day 9
【動詞：speak／talk／say／tell】

Chapter 2
前置詞・副詞で覚える熟語
Page 57 ▶ 123

Introduction
【前置詞・副詞の意味と主な用法】

Day 10
【前置詞：on】

Day 11
【前置詞：in】

Day 12
【前置詞：in／out of】

Day 13
【前置詞：to】

Day 14
【前置詞：at】

Day 15
【前置詞：for】

Day 16
【前置詞：of】

Day 17
【前置詞：with】

※見出し熟語の中には、章をまたいで繰り返し登場する熟語があります。

Day 18
【前置詞：from】

Day 19
【前置詞：by／as】

Day 20
【副詞：on／off】

Day 21
【副詞：out】

Day 22
【副詞：up】

Day 23
【副詞：down】

Day 24
【副詞：in／over／away／by】

Chapter 3
語順で覚える熟語
Page 125 ▶ 175

Introduction
【語順の働き】

Day 25
【語順1：
動詞＋to do／動詞＋to A】

Day 26
【語順1：
動詞＋on A／動詞＋for A】

Day 27
【語順1：
動詞＋in A／動詞＋into A】

Day 28
【語順1：
動詞＋with A／動詞＋from A】

Day 29
【語順2：
動詞＋A to do／動詞＋A to B】

Contents

Day 30
【語順2：動詞＋A on B／動詞＋A for B】

Day 31
【語順2：動詞＋A of B／動詞＋A into B】

Day 32
【語順2：動詞＋A with B／動詞＋A as B】

Day 33
【語順3：be＋形容詞＋to do／be＋形容詞＋to A】

Day 34
【語順3：be＋形容詞＋in A／be＋形容詞＋for A】

Day 35
【語順3：be＋形容詞＋of A／be＋形容詞＋with A】

Chapter 4

数語で1つの品詞の働きをする熟語

Page 177 ▶ 221

Introduction
【品詞の働き】

Day 36
【前置詞：時・場所】

Day 37
【前置詞：理由・目的／関係・関連】

Day 38
【前置詞：追加・除外／一致・対応】

Day 39
【前置詞：その他】

Day 40
【副詞：時1】

Day 41
【副詞：時2】

Day 42
【副詞：時3】

Day 43
【副詞／形容詞：場所】

Day 44
【副詞：列挙・要約】

Day 45
【助動詞／接続詞】

Chapter 5
その他の熟語
Page 223 ▶ 241

Day 46
【強調】

Day 47
【数量表現】

Day 48
【ABの関係／oneself】

Day 49
【文の熟語】

Preface
Page 3

本書の4大特長
Page 8 ▶ 9

本書とCDの利用法
Page 10 ▶ 11

Index
Page 243 ▶ 263

【記号説明】
- CD-A1：「CD-Aのトラック1を呼び出してください」という意味です。
- 熟語中の（　）：省略可能を表します。
- 熟語中の［　］：言い換え可能を表します。
- 熟語中のA、B：語句（主に名詞・代名詞）が入ることを表します。
- 熟語中のbe：be動詞が入ることを表します。be動詞は、主語の人称・時制によって変化します。
- 熟語中のdo：動詞が入ることを表します。動詞は、主語の人称・時制によって変化します。
- 熟語中のdoing：動詞の動名詞形または現在分詞形（-ing形）が入ることを表します。
- 熟語中のoneself：再帰代名詞が入ることを表します。主語によって再帰代名詞は異なります。
- 熟語中のA's：名詞・代名詞の所有格が入ることを表します。
- 熟語中の「～」：節（主語＋動詞）が入ることを表します。
- ❶：基本動詞・前置詞・副詞の用法の種類を表します。
- ➕：熟語中の語彙の意味または定義中の追加説明を表します。
- 🈠：その熟語の元々の意味を表します。
- ≒：同意熟語・同意語または類義熟語・類義語を表します。
- ⇔：反意熟語・反意語または反対熟語・反対語を表します。
- 定義中の（　）：補足説明を表します。
- 定義中の［　］：言い換えを表します。

だから「ゼッタイに覚えられる」!
本書の4大特長

1
最新のコーパスデータを徹底分析!

**試験に出る!
日常生活で使える!**

大学入試のための熟語集である限り、「試験に出る」のは当然――。『キクジュク Basic 1800』の目標は、そこから「実用英語」に対応できる熟語力をいかに身につけてもらうかにあります。見出し熟語の選定にあたっては、過去の入試問題のデータに加えて、最新の語彙研究であるコーパス＊のデータを徹底的に分析。単に入試を突破するだけでなく、将来英語を使って世界で活躍するための土台となる「1800レベルのBasic熟語」が選ばれています。

＊コーパス：実際に話されたり書かれたりした言葉を大量に収集した「言語テキスト・データベース」のこと。コーパスを分析すると、どんな単語・熟語がどのくらいの頻度で使われるのか、といったことを客観的に調べられるので、辞書の編さんの際などに活用されている。

2
「耳」と「目」を
フル活用して覚える!

**「聞く熟(キクジュク)」!
しっかり身につく!**

「読む」だけでは、言葉は決して身につきません。私たちが日本語を習得できたのは、赤ちゃんのころから日本語を繰り返し「聞いてきた」から――『キクジュク Basic 1800』は、この「当たり前のこと」にこだわり抜きました。本書では、音楽のリズムに乗りながら楽しく熟語の学習ができる「チャンツCD」を2枚用意。「耳」と「目」から同時に熟語をインプットしていきますので、「覚えられない」不安を一発解消。ラクラク暗記ができます!

『キクジュクBasic 1800』では、過去の入試問題データと最新の語彙研究であるコーパスを基にして収録熟語を厳選していますので、「試験に出る」「日常生活で使える」ことは当然のことと考えています。その上で「いかに熟語を定着させるか」──このことを私たちは最も重視しました。ここでは、なぜ「出る・使える」のか、そしてなぜ「覚えられるのか」に関して、本書の特長をご紹介いたします。

3
1日16熟語×7週間、5つのチャプターで熟語をタイプ別に学習！

ムリなくマスターできる！

「継続は力なり」、とは分かっていても、続けるのは大変なことです。では、なぜ「大変」なのか？ それは、覚えきれないほどの量の熟語をムリに詰め込もうとするからです。本書では、「ゼッタイに覚える」ことを前提に、1日の学習熟語数をあえて16に抑えています。さらに、熟語を5つのタイプに分類し、チャプターごとに学習していきますので、ペースをつかみながら、効率的・効果的に熟語を身につけていくことができます。

4
生活スタイルで選べる3つの「モード学習」を用意！

1日最短2分、最長6分でOK！

今まで熟語集を手にしたとき、「どこからどこまでやればいいのだろう？」と思ったことはありませんか？ 見出し熟語と定義、フレーズ、例文……1度に目を通すのは、忙しいときには難しいものです。本書は、Check 1（熟語＋定義）→Check 2（フレーズ）→Check 3（センテンス）と、3つのチェックポイントごとに学習できる「モード学習」を用意。生活スタイルやその日の忙しさに合わせて学習量を調整することができます。

生活スタイルに合わせて選べる
Check 1▸2▸3の「モード学習」
本書とCDの利用法

Check 1

該当のCDトラックを呼び出して、「英語→日本語→英語」の順に収録されている「チャンツ音楽」で見出し熟語とその意味をチェック。時間に余裕がある人は、太字以外の定義も押さえておきましょう。

Check 2

Check 1で「見出し熟語→定義」を押さえたら、その熟語が含まれているフレーズをチェック。フレーズレベル（Day 49のみセンテンスレベル）で使用例を確認することで、学習熟語の定着度が高まります。

Check 3

Check 2のフレーズレベルから、Check 3ではセンテンスレベルへとさらに実践的な例に触れていきます。ここまで学習すると、「音」と「文字」で最低6回学習熟語に触れるので、定着度は格段にアップします。

見出し熟語

1日の学習熟語数は16です。見開きの左側に学習熟語が掲載されています。チャンツでは上から順に熟語が登場します。最初の8つの熟語が流れたら、ページをめくって次の8つに進みましょう。

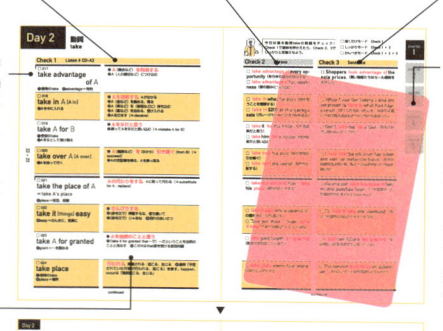

チェックシート

本書に付属のチェックシートは復習用に活用してください。Check 1では見出し熟語の定義が身についているか、Check 2と3では訳を参考にしながらチェックシートで隠されている熟語がすぐに浮かんでくるかを確認しましょう。

定義

見出し熟語の定義が掲載されています。熟語によっては複数の意味があるので、第1義以外の定義もなるべく覚えるようにしましょう。

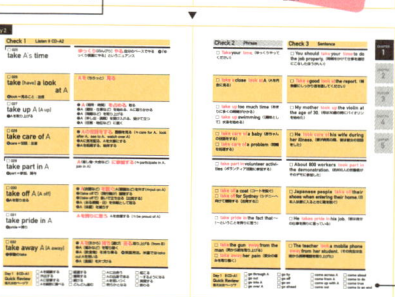

Quick Review

前日に学習した熟語のチェックリストです。左ページに日本語、右ページに英語が掲載されています。時間に余裕があるときは、該当のCDトラックでチャンツも聞いておきましょう。

1日の学習量は4ページ、学習熟語数は16となっています。1つの見出し熟語につき、定義を学ぶ「Check 1」、フレーズ中で熟語を学ぶ「Check 2」、センテンス中で学ぶ「Check 3」の3つの「モード学習」が用意されています。まずは、該当のCDトラックを呼び出して、「チャンツ音楽」のリズムに乗りながら見出し熟語と定義を「耳」と「目」で押さえましょう。時間に余裕がある人は、Check 2とCheck 3にもトライ！

こんなキミにオススメ！
3つの「学習モード」

部活に恋に忙しいA君には！

聞くだけモード
Check 1

学習時間の目安：1日2分

とにかく忙しくて、できれば熟語学習は短時間で済ませたい人にオススメなのが、Check 1だけの「聞くだけモード」。該当のCDトラックで「チャンツ音楽」を聞き流すだけでもOK。でも、時間があるときはCheck 2とCheck 3で復習も忘れずに！

けっこうマメなBさんには！

しっかりモード
Check 1▶ Check 2

学習時間の目安：1日4分

周囲からは「マメ」で通っているけれど、忘れっぽいのが玉にキズな人にオススメなのが、Check 1とCheck 2を学習する「しっかりモード」。声に出してフレーズを「音読」をすれば、定着度もさらにアップするはず。

自他ともに認める
完ぺき主義のC君には！

かんぺきモード
Check 1▶ Check 2▶ Check 3

学習時間の目安：1日6分

やるからには完ぺきにしなければ気が済まない人には「かんぺきモード」がオススメ。ここまでやっても学習時間の目安はたったの6分。できればみんな「かんぺきモード」でパーフェクトを目指そう！

＊学習時間はあくまでも目安です。時間に余裕があるときは、チャンツ音楽を繰り返し聞いたり、フレーズやセンテンスの音読を重ねたりして、なるべく多く学習熟語に触れるように心がけましょう。
＊CDには見出し熟語と訳のみが収録されています。

CHAPTER 1

基本動詞で覚える熟語

Chapter 1のスタートです！このChapterでは、基本動詞を使った熟語をマスターしていきます。まず最初に、IntroductionのコーナーＤで、各動詞の意味と用法を軽く押さえてから、Day 1の学習をスタート！

英語でコレ言える？

あんたってホント怠け者ね！ 少しは家事を手伝ってくれない？

What a lazy girl! (　　　) me (　　) (　　) with a bit of housework, will you?

▼
答えは Day 3 でチェック！

Introduction
【基本動詞の意味と主な用法】
▶14

Day 1
【動詞：go／come】
▶18
Day 2
【動詞：take】
▶22
Day 3
【動詞：bring／give】
▶26
Day 4
【動詞：get／have】
▶30
Day 5
【動詞：keep／hold】
▶34
Day 6
【動詞：put／set】
▶38
Day 7
【動詞：make／turn】
▶42
Day 8
【動詞：look／see／watch】
▶46
Day 9
【動詞：speak／talk／say／tell】
▶50

Chapter 1 Review
▶54

CHAPTER 1
CHAPTER 2
CHAPTER 3
CHAPTER 4
CHAPTER 5

□ Introduction 基本動詞の意味と主な用法

動詞とその原意・用法の種類
*用法の種類は厳密なものでなく、熟語の意味の違いで異なることもあります

動詞	原意・用法の種類
動詞 go ▶ Day 1	**原意：主語が話し手・聞き手の場所からほかの場所へ行く** **用法の種類：**❶移動　❷進行
動詞 come ▶ Day 1	**原意：主語が話し手の場所へ来る・聞き手の場所へ行く** **用法の種類：**❶移動　❷出現　❸変化
動詞 take ▶ Day 2	**原意：物を取る；話し手[聞き手]の場所から他の場所へ物を持って行く** **用法の種類：**❶獲得　❷受容　❸保持　❹移動
動詞 bring ▶ Day 3	**原意：聞き手[話し手]の場所へ物を持って行く** **用法の種類：**❶持参　❷移動　❸到達
動詞 give ▶ Day 3	**原意：物を人に与える** **用法の種類：**❶譲渡　❷発生
動詞 get ▶ Day 4	**原意：ある状態に達する；物を所有する** **用法の種類：**❶到達　❷変化
動詞 have ▶ Day 4	**原意：物を所有している** **用法の種類：**❶所有　❷使役
動詞 keep ▶ Day 5	**原意：ある状態が続く；ある状態を続ける** **用法の種類：**維持
動詞 hold ▶ Day 5	**原意：ある状態を保つ** **用法の種類：**❶維持　❷抑制
動詞 put ▶ Day 6	**原意：ある場所・位置に置く** **用法の種類：**❶配置　❷移動　❸変化
動詞 set ▶ Day 6	**原意：ある場所・位置に置く** **用法の種類：**❶配置　❷移動　❸変化

continued
▼

各Dayの学習に入る前に、まずは基本動詞の意味と用法を軽く押さえておこう。あまり、難しく考えず、各動詞の元々の意味（原意）と主な用法を大体の「イメージ」として覚えよう。

熟語の例　＊カッコ内の数字は見出し番号を表します

❶ go through A：A（苦しさなど）を経験［体験］する（001）
❷ go on：続ける（007）

❶ come across A：Aに（偶然）出会う（009）
❷ come from A：Aの出身である（010）
❸ come to do：〜するようになる（014）

❶ take advantage of A：A（機会など）を利用する（017）
❷ take A for B：AをBだと思う（019）
❸ take place：行われる（024）
❹ take away A [A away]：Aを持ち［運び］去る（032）

❶ bring in A [A in]：A（資金・金額）を稼ぐ（033）
❷ bring out A [A out]：A（色・性質など）をはっきり出す（036）
❸ bring about A [A about]：A（破滅など）を引き起こす（038）

❶ give up：あきらめる（041）
❷ give rise to A：A（通例悪い事）を引き起こす（046）

❶ get to A：Aに到着する（049）
❷ get on：（バスなどに）乗る（051）

❶ have on A [A on]：A（服など）を身に着けている（057）
❷ have A do：Aに〜させる（064）

keep A from doing：Aに〜をさせない（ようにする）（065）

❶ hold on：（電話を切らないで）待つ（077）
❷ hold back A [A back]：A（人・物）を引き止める（079）

❶ put on A [A on]：A（服など）を身に着ける（081）
❷ put A into B：A（言葉など）をB（他国語）に翻訳する（087）
❸ put out A [A out]：A（火など）を消す（090）

❶ set up A [A up]：A（組織など）を設立［創設］する（091）
❷ set out：出発する（093）
❸ set in：（好ましくないことが）始まる（094）

continued
▼

□ Introduction

動詞とその原意・用法の種類

動詞
make
▶ Day 7

原意：**物をある状態にする**
用法の種類：**❶製作　❷変化　❸行為**

動詞
turn
▶ Day 7

原意：**回転する；物を回転させる**
用法の種類：**❶変化　❷転向**

動詞
look
▶ Day 8

原意：**意識的に目を向ける**

動詞
see
▶ Day 8

原意：**物が見える**

動詞
watch
▶ Day 8

原意：**物をじっと見る**

動詞
speak
▶ Day 9

原意：**言葉を発する；口にする**

動詞
talk
▶ Day 9

原意：**気軽に言葉を発する**

動詞
say
▶ Day 9

原意：**ある内容を伝えるために話す**

動詞
tell
▶ Day 9

原意：**ある情報を言葉で伝える**

熟語の例

❶ make sense：(表現などが) 意味を成す (097)
❷ make sure：確かめる (102)
❸ make use of A：Aを利用 [使用] する (103)

❶ turn on A [A on]：A (テレビ・明かりなど) をつける (105)
❷ turn to A：Aに頼る (112)

look for A：Aを探す (113)

see to A：A (人・物・事) の世話をする (125)

watch out for A：Aに警戒する (127)

speaking of A：Aと言えば (129)

talk A into doing：Aを説得して〜させる (137)

needless to say：言うまでもなく (140)

tell A from B：AをBから区別 [識別] する (143)

Day 1

動詞
go／come

Check 1　Listen 》CD-A1

□ 001
go through A
❶移動のgo
元Aを通り抜ける

❶ **A（苦しさなど）を経験[体験]する**（≒ experience）
❷（法案などが）A（議会など）を通過する
❸A（金・食料など）を使い果たす
❹Aを詳しく調査する
❺Aをよく練習[復習]する

□ 002
go out
元出て行く

❶（A［食事など］に）**外出する**（for A）；（〜しに）出かける（doing [and do]）
❷（A［異性］と）交際する、つき合う（with A）
❸（火・電灯などが）消える（⇔come [go] on）
❹（潮・水などが）引く

□ 003
go into A
元Aに入る

❶ **A（職業など）に従事する**、就く、入る
❷Aを詳しく説明[調査]する
❸（時間・金が）Aに使われる、費やされる
❹A（木・壁など）にぶつかる、衝突する

□ 004
go over A
元Aを越えて行く

❶ **Aを綿密に調べる**、捜索する
❷（go overで）（Aに）近づく（to A）；（〜しに）行く（to do）
❸A（せりふなど）を繰り[読み]返す；Aを復習する
❹（go overで）（Aに）転向する（to A）

□ 005
go by
元通り過ぎる

❶（時などが）**経過する**（≒ pass）
❷（go by Aで）Aに従う、Aを信用する
❸（go by Aで）Aに基づいて判断[行動]する

□ 006
go off
元立ち去る

❶（爆弾などが）**爆発する**、発射される
❷（警報などが）鳴る、鳴りだす
❸（電灯などが）止まる
❹（well、badlyなどの副詞[句]を伴って）（事が）進む、行われる

□ 007
go on
❶進行のgo
元先へ進む、進み続ける

❶（Aを）**続ける**（with A）；（〜し）続ける（doing）（≒ continue）
❷続けて（〜）する（to do）；（A［次の話題など］に）進む（to A）
❸起こる、行われる（≒ take place、happen）

□ 008
go ahead

❶ **どんどん進む**；（Aより）先に行く（of A）
❷（命令文で）話を始めてください；お先にどうぞ；（許可を表して）どうぞ
❸（A［仕事など］を）進める、行う（with A）

---

continued ▼

いよいよDay 1のスタート！ 今日は、基本動詞goとcomeを使った熟語を押さえていこう。さっそくチャンツを聞いてみよう。

- □ 聞くだけモード　Check 1
- □ しっかりモード　Check 1 ▶ 2
- □ かんぺきモード　Check 1 ▶ 2 ▶ 3

Check 2　Phrase

- □ **go through** a lot of hardships（多くの苦難を経験する）
- □ **go through** customs（税関を通過する）

- □ **go out** for dinner（夕食に外出する）
- □ **go out** with him for a few months（彼と数カ月、交際している）

- □ **go into** business（実業界に入る）
- □ **go into** the matter（その問題について詳しく説明する）

- □ **go over** the report（報告書を綿密に調べる）
- □ **go over** to the door（ドアの方へ行く）

- □ as years **go by**（年がたつにつれて　●このasは「～するにつれて」という意味の接続詞）
- □ **go by** the rules（規則に従う）

- □ **go off** with a loud noise（大音響とともに爆発する）
- □ **go off** well（うまくいく、成功する）

- □ **go on** with the negotiations（交渉を続ける）
- □ **go on** talking（話し続ける）

- □ **go ahead** of her（彼女より先に進む）
- □ **go ahead** with the story（話を進める）

Check 3　Sentence

- □ He has **gone through** a lot of difficulties.（彼は多くの困難を経験してきた）

- □ I'm **going out** for a party tonight.（私は今夜、パーティーに出かける予定だ）

- □ He wants to **go into** politics.（彼は政界に入りたいと思っている）

- □ She **went over** her notes again before the test.（彼女は試験の前にノートをもう1度読み直した）

- □ Summer vacation **went by** quickly.（夏休みはあっという間に過ぎた）

- □ Fireworks **went off** all over the town last night.（昨夜、町中で花火が打ち上げられた）

- □ You should **go on** with your work.（あなたは自分の仕事を続けたほうがいい）

- □ "Can I borrow your dictionary?" "**Go ahead**."（「辞書を借りてもいいですか？」「どうぞ」）

continued ▼

CHAPTER 1

CHAPTER 2

CHAPTER 3

CHAPTER 4

CHAPTER 5

Day 1

Check 1　Listen))) CD-A1

□ 009
come across A
❶移動のcome
元Aを渡って来る

❶**Aに**（偶然）**出会う**、出くわす、Aを偶然見つける（≒ run across A、run into A）
❷（come acrossで）（Aという）印象を与える（as A）
❸（come acrossで）（話などが）理解される

□ 010
come from A
❶出現のcome
元Aから来る

❶**Aの出身である**：（物が）Aの産物である、Aの製品である
❷Aから生じる、Aに由来する　❶derive from Aよりくだけた表現

□ 011
come up with A
元Aとともにやって来る

❶**A**（考えなど）**を思いつく**、提案する（≒ hit on [upon] A）　❶「（考えなどが）Aの心に（ふと）浮かぶ」はoccur to A
❷A（金）を提供する

□ 012
come out
元出て来る、現れる

❶（ニュースなどが）**明らかとなる**、広まる
❷（本などが）出版される；（商品が）市場［店頭］に出る
❸考え［態度］を明らかにする
❹（染みなどが）（Aから）落ちる（of A）

□ 013
come about

起こる、生じる（≒ happen）

□ 014
come to do
❶変化のcome

〜するようになる（≒ get to do）　❶習得の結果「〜するようになる」はlearn to do

□ 015
come true
❶true＝真実の、本当の

（夢などが）**実現する**、本当になる

□ 016
come to an end
❶end＝終わり
元終わりに来る

終わる、終わりになる　❶bring A to an endは「Aを終わらせる、済ませる」

Check 2　Phrase	Check 3　Sentence
☐ come across an old friend（旧友に偶然出会う） ☐ come across a picture of him（彼の写真を偶然見つける）	☐ I came across my ex-girlfriend last night.（私は昨晩、前の彼女に偶然会った）
☐ come from Osaka（大阪の出身である）	☐ "Where do you come from?" "Japan."（「出身はどちらですか?」「日本です」）
☐ come up with an idea（アイデアを思いつく） ☐ come up with millions of dollars（何百万ドルもの大金を提供する）	☐ They tried to come up with a solution to the problem.（彼らはその問題への解決策を思いつこうと努力した）
☐ The news came out that ～.（～というニュースが明らかになった） ☐ come out against abortion（中絶反対の態度を明らかにする）	☐ The author's new book will come out next week.（その作家の新作が来週出版される）
☐ come about because of A（Aが原因で生じる） ☐ How did A come about?（どうしてAが起きたのか?）	☐ How did this change come about?（どうしてこの変更が起きたのですか?）
☐ come to know her（彼女と知り合いになる）	☐ How did you come to know each other?（あなたたちはどうやって知り合いになったのですか?）
☐ like a dream come true（まるで夢のようだ）	☐ At last his dream came true.（ついに彼の夢は実現した）
☐ come to a good [bad] end（よい［悪い］結果となる）	☐ His soccer career came to an end after 10 seasons.（10シーズンを終え、彼のサッカー選手歴は終わりを迎えた）

CHAPTER 1

CHAPTER 2

CHAPTER 3

CHAPTER 4

CHAPTER 5

Day 2

動詞 take

Check 1　Listen 》CD-A2

□ 017
take advantage of A
❶獲得のtake
❷advantage＝有利

❶ **A（機会など）を利用する**
❷A（人の親切など）につけ込む

□ 018
take in A [A in]
元Aを中に入れる

❶ **Aを理解する**、Aが分かる
❷A（金など）を集める、得る
❸A（車など）を（修理などに）持ち込む
❹A（客など）を泊める、受け入れる
❺Aをだます（≒deceive）

□ 019
take A **for** B
❶受容のtake
元AをBとして受け取る

❶ **AをBだと思う**
❷誤ってAをBだと思い込む（≒mistake A for B）

□ 020
take over A [A over]
元Aを持って行く

❶ **A（職務など）を（Bから）引き継ぐ**（from B）（≒succeed）
❷Aの支配権を得る、Aを乗っ取る

□ 021
take the place of A
＝take A's place
❶place＝役目、役割

Aの代わりをする、Aに取って代わる（≒substitute for A、replace）

□ 022
take it [things] **easy**
❶easy＝のんきに、気楽に

❶ **のんびりする**
❷(命令文で)興奮するな、落ち着いて
❸(命令文で)じゃあね　❶別れのあいさつ

□ 023
take A **for granted**
❶grant＝～を認める

❶ **Aを当然のことと思う**
❷(take it for granted that～で)～だということを当然のことと見なす　❶このitはthat節を受ける仮目的語

□ 024
take place
❶保持のtake
❷place＝場所

行われる、開催される；起こる、生じる　❶通例「予定されていた行事が行われる、起こる」を表す。happen、occurは「偶然起こる、生じる」

---

continued
▼

今日は基本動詞takeの熟語をチェック！
Check 1で意味を押さえたら、Check 2、3で
しっかりと定着させよう。

☐ 聞くだけモード　Check 1
☐ しっかりモード　Check 1 ▶ 2
☐ かんぺきモード　Check 1 ▶ 2 ▶ 3

Check 2　Phrase

☐ take advantage of every opportunity（あらゆる機会を利用する）
☐ take advantage of his weakness（彼の弱みにつけ込む）

☐ take in what he says（彼の言うことを理解する）
☐ take in $200 at the garage sale（ガレージセールで200ドルを得る）

☐ take it for the truth（それを真実だと思う）
☐ take him for a doctor（彼を医者だと思い込む）

☐ take over his post（彼の地位を引き継ぐ）
☐ take over the world（世界を支配する）

☐ take the place of him＝take his place（彼の代わりをする）

☐ take it easy tonight（今夜はのんびり過ごす）
☐ "See you then." "Yeah, take it easy."（「また今度ね」「ええ、じゃあね」）

☐ take good health for granted（健康を当然のことと思う）

☐ take place every four years（4年ごとに行われる）

Check 3　Sentence

☐ Shoppers took advantage of the sale prices.（買い物客たちはセール価格を利用した）

☐ When I won the lottery, I was too surprised to take in what had happened.（宝くじに当たったとき、あまりに驚いたので私は何が起きたのか分からなかった）

☐ Don't take me for a fool.（私をばかだと思わないでください）

☐ I took over the job from her while she was on maternity leave.（彼女が出産育児休暇の間、私はその仕事を彼女から引き継いだ）

☐ No one can take the place of him on this baseball team.（この野球チームで彼の代わりをできる人はいない）

☐ I'll take it easy this weekend.（私はこの週末はのんびりするつもりだ）

☐ I take her failure for granted.（私は彼女の失敗を当然だと思っている）

☐ The concert took place on schedule.（そのコンサートは予定通りに行われた）

continued
▼

Day 2

Check 1　Listen)) CD-A2

025 take A's time
ゆっくり[のんびり]やる、自分のペースでやる　❶「ゆっくり慎重にやる」というニュアンス

026 take [have] a look at A
❶look＝見ること；注視
Aを（ちらっと）見る

027 take up A [A up]
㊨Aを取り上げる
❶A（場所・時間）を占める、取る
❷A（趣味・仕事など）を始める、Aに取りかかる
❸A（問題など）を取り上げる
❹A（申し出・挑戦）を受け入れる、受けて立つ
❺A（任務・地位など）に就く

028 take care of A
❶care＝世話；注意
❶Aの世話をする、面倒を見る（≒care for A、look after A、see to A、watch over A）
❷Aに気を配る、Aを大事にする
❸Aを処理する、始末する

029 take part in A
❶part＝参加、関与
A（催し物・大会など）に参加する（≒participate in A、join in A）

030 take off A [A off]
㊨Aを取り去る
❶A（衣服など）を脱ぐ；A（眼鏡など）を外す（⇔put on A）
❷(take offで)（飛行機が）離陸する
❸(take offで) 急いで立ち去る[出発する]
❹A（ある期間・日）を休暇として取る
❺A（体重）を減らす

031 take pride in A
❶pride＝誇り
Aを誇りに思う、Aを自慢する（≒be proud of A）

032 take away A [A away]
❶移動のtake
❶Aを（Bから）持ち[運び]去る、取り上げる（from B）
❷A（痛みなど）を取り除く
❸A（飲食物）を持ち帰る　❶英国用法。米国ではtake out Aを用いる
❹A（食器）を片づける

Day 1)) CD-A1 Quick Review 答えは右ページ下			
□ Aを経験する	□ 経過する	□ Aに出会う	□ 起こる
□ 外出する	□ 爆発する	□ Aの出身である	□ ～するようになる
□ Aに従事する	□ 続ける	□ Aを思いつく	□ 実現する
□ Aを綿密に調べる	□ どんどん進む	□ 明らかとなる	□ 終わる

Check 2 Phrase

- ☐ Take your time. (ゆっくりやってください)

- ☐ take a close look at A (Aを丹念に見る)

- ☐ take up too much time (あまりに多くの時間がかかる)
- ☐ take up swimming ([趣味として] 水泳を始める)

- ☐ take care of a baby (赤ちゃんの世話をする)
- ☐ take care of a problem (問題を処理する)

- ☐ take part in volunteer activities (ボランティア活動に参加する)

- ☐ take off a coat (コートを脱ぐ)
- ☐ take off for Sydney (シドニーへ向けて離陸する[出発する])

- ☐ take pride in the fact that〜 (〜ということを誇りに思う)

- ☐ take the gun away from the man (男から銃を取り上げる)
- ☐ take away her pain (彼女の痛みを取り除く)

Check 3 Sentence

- ☐ You should take your time to do the job properly. (時間をかけて仕事を適切にこなしたほうがいい)

- ☐ Take a good look at the report. (報告書にしっかり目を通してください)

- ☐ My mother took up the violin at the age of 30. (母は30歳の時にバイオリンを始めた)

- ☐ He took care of his wife during her illness. (妻が病気の間、彼は彼女の世話をした)

- ☐ About 800 workers took part in the demonstration. (約800人の労働者がそのデモに参加した)

- ☐ Japanese people take off their shoes when entering their homes. (日本人は家に入るときに靴を脱ぐ)

- ☐ He takes pride in his job. (彼は自分の仕事を誇りに思っている)

- ☐ The teacher took a mobile phone away from her student. (その先生は生徒から携帯電話を取り上げた)

Day 1))) CD-A1
Quick Review
答えは左ページ下

- ☐ go through A
- ☐ go out
- ☐ go into A
- ☐ go over A
- ☐ go by
- ☐ go off
- ☐ go on
- ☐ go ahead
- ☐ come across A
- ☐ come from A
- ☐ come up with A
- ☐ come out
- ☐ come about
- ☐ come to do
- ☐ come true
- ☐ come to an end

CHAPTER 1
CHAPTER 2
CHAPTER 3
CHAPTER 4
CHAPTER 5

Day 3

動詞
bring／give

Check 1　　Listen 》CD-A3

□ 033
bring in A [A in]
❶持参のbring
元Aを持ち込む

▶ ❶**A（資金・金額）を稼ぐ**、A（利益・収入）をもたらす
　❷A（人）を参加させる；Aを導入する

□ 034
bring up A [A up]
元Aを持ち上げる

▶ ❶**A（子ども）を育てる**、養育する（≒raise）
　❷A（議題・問題など）を持ち出す、提出する
　❸Aを起訴する
　❹A（食べ物）を吐く、戻す（≒throw up A、vomit）

□ 035
bring back A [A back]

▶ ❶**Aを**（B [持ち主] に）**返す**（to B）；Aを（B [人] に）持って [買って] 帰る（for B）
　❷Aを（B [人] に）思い出させる（to B）
　❸A（旧制度）を回復させる

□ 036
bring out A [A out]
❶移動のbring
元Aを取り出す

▶ ❶**A（色・性質など）をはっきり出す**
　❷A（真相など）を明らかにする
　❸A（才能など）を引き出す
　❹A（新製品など）を出す、A（本）を出版する

□ 037
bring oneself **to** do

▶ （通例否定文で）**〜する気になる**

□ 038
bring about A
　　　　　　　[A about]
❶到達のbring

▶ **A（破滅など）を引き起こす**、生じさせる（≒cause）

□ 039
bring A **to life**
❶life＝生命

▶ ❶**Aを生き返らせる**　❶come to lifeは「生き返る、意識を取り戻す；活気を呈する」
　❷Aを生き生き [面白く] させる、活気づかせる

□ 040
bring A **to an end**
❶end＝終わり

▶ **Aを終わらせる**、済ませる　❶come to an endは「終わる、終わりになる」

---

continued ▼

「聞く」だけではなかなか覚えられない。声に出して読む「音読」も取り入れてみよう。それでは、基本動詞bringとgiveに挑戦！

- ☐ 聞くだけモード　Check 1
- ☐ しっかりモード　Check 1 ▶ 2
- ☐ かんぺきモード　Check 1 ▶ 2 ▶ 3

Check 2　Phrase

☐ bring in $10 million（1000万ドルを稼ぐ）
☐ bring in new technology（新しい技術を導入する）

☐ be badly brought up（しつけ[育ち] が悪い）
☐ bring up an idea（アイデアを提出する）

☐ bring her dictionary back to her（彼女に彼女の辞書を返す）
☐ bring back memories to A（[事が] A [人] に記憶を呼び戻させる）

☐ bring out the flavor（風味を引き出す）
☐ bring out new products（新製品を出す）

☐ can't bring oneself to do（〜する気になれない）

☐ bring about a catastrophe（大惨事をもたらす）

☐ bring the dead to life（死者を生き返らせる）
☐ bring characters to life（登場人物たちを生き生きと描く）

☐ bring the war to an end（戦争を終わらせる）

Check 3　Sentence

☐ The movie will bring in a lot of money.（その映画は大金を稼ぎ出すだろう）

☐ She brought up two boys by herself.（彼女は女手一つで2人の男の子を育てた）

☐ I promised to bring his book back by Friday.（私は金曜日までに彼の本を返すと約束した）

☐ The attorney brought out new evidence.（その弁護士は新しい証拠を明らかにした）

☐ She couldn't bring herself to trust him.（彼女は彼を信じる気になれなかった）

☐ These reforms will bring about a great change in our lives.（これらの改革は私たちの生活に大きな変化をもたらすだろう）

☐ The rescue team brought the man to life.（レスキュー隊はその男性を蘇生させた）

☐ The government tried to bring deflation to an end.（政府はデフレを終わらせようとした）

continued
▼

Day 3

Check 1　Listen 》CD-A3

□ 041
give up
❶譲渡のgive

❶ **あきらめる**；降参する；(give up A [A up] で) Aをあきらめる
❷ (give up A [A up]で) Aをやめる
❸ (give up A [A up]で) Aを (Bに) 引き渡す (to B)
❹ (give up A [A up]で) A (人) と関係を絶つ

□ 042
give away A [A away]

❶ **Aを** (Bに) **ただで** [贈り物として] **与える** (to B)
❷ A (人) の正体を暴露する
❸ (不注意などで) A (好機など) をふいにする、逸する
❹ (結婚式で父親が) A (新婦) を新郎に引き渡す

□ 043
give out A [A out]

❶ **Aを** (B [複数の人] に) **配る**、分配する (to B)
❷ (give outで) (物質・能力などが) 尽きる；(機能が) 停止する
❸ (give outで) (人が) 疲れ果てる

□ 044
give in

(Aに) **屈する**、降参する (to A) (≒ yield、surrender)

□ 045
give [lend] A **a hand**

Aに手を貸す、Aを手伝う

□ 046
give rise to A
❶発生のgive
❶rise＝出現、発生

A (通例悪い事) **を引き起こす**、Aの原因となる (≒ give birth to A、cause)

□ 047
give birth to A
❶birth＝出生；起源

❶ **A (子) を産む**
❷ A (物・事) を生み出す、起こす；Aの原因となる (≒ give rise to A)

□ 048
give off A

A (におい・光・熱・音など) **を発する**、放つ (≒ emit、release)；A (雰囲気など) を漂わせる

| Day 2 》CD-A2
Quick Review
答えは右ページ下 | □ Aを利用する
□ Aを理解する
□ AをBだと思う
□ Aを引き継ぐ | □ Aの代わりをする
□ のんびりする
□ Aを当然のことと思う
□ 行われる | □ ゆっくりやる
□ Aを見る
□ Aを占める
□ Aの世話をする | □ Aに参加する
□ Aを脱ぐ
□ Aを誇りに思う
□ Aを持ち去る |

Check 2 Phrase

- I give up. (分かりません ●考えても分からないときの言葉)
- give up smoking (たばこをやめる)

- give away prizes (賞品を与える)
- give away an opportunity (好機を逸する)

- give out copies of the documents (書類のコピーを配る)
- give out halfway (途中で尽きる；途中で停止する)

- give in to temptation (誘惑に負ける)

- give him a hand with his homework (彼の宿題を手伝う)

- give rise to a misunderstanding (誤解を生む)

- give birth to a baby (赤ちゃんを産む)

- give off a strong smell (強いにおいを発する)
- give off poisonous gases (有毒ガスを放出する)

Check 3 Sentence

- He has given up any hope of buying that car. (彼はその車を買いたいという望みをあきらめた)

- The store gave away a free gift to the first 100 customers. (その店は先着100名の客に景品を渡した)

- He gave out the handouts to those present at the meeting. (彼は資料を会議の出席者に配った)

- We must not give in to the terrorists' demands. (私たちはテロリストたちの要求に屈してはならない)

- You should give your mother a hand with the housework. (あなたは母親の家事を手伝ったほうがいい)

- The publication of the book gave rise to a serious controversy. (その本の出版は大論争を引き起こした)

- At 10 p.m. my wife gave birth to a 3,000-gram baby boy. (午後10時に、私の妻は3000グラムの男の子を産んだ)

- The flower gives off a sweet fragrance. (その花は甘い香りを発している)

CHAPTER 1
CHAPTER 2
CHAPTER 3
CHAPTER 4
CHAPTER 5

Day 2))CD-A2
Quick Review
答えは左ページ下

- take advantage of A
- take in A
- take A for B
- take over A
- take the place of A
- take it easy
- take A for granted
- take place
- take A's time
- take a look at A
- take up A
- take care of A
- take part in A
- take off A
- take pride in A
- take away A

Day 4

動詞
get／have

Check 1　Listen 》CD-A4

□ 049
get to A
❶到達のget

- ❶**Aに到着する**（≒ arrive at A）
- ❷A（人）に連絡をつける
- ❸A（仕事など）を始める
- ❹Aを悩ます、怒らせる

□ 050
get along with A
元Aと一緒に進む

- ❶**A（人）と仲よくやっていく**
- ❷Aを使って[Aのおかげで]何とかやっていく
- ❸A（仕事など）に関してうまくいく

□ 051
get on
❶変化のget

- ❶（バスなどに）**乗る**（⇔get off）;（get on Aで）A（バスなど）に乗る
- ❷（A[仕事など]を）続ける（with A）
- ❸（A[人]と）仲よくやっていく（with A）
- ❹（Aで）成功する（in A）

□ 052
get rid of A
❶rid＝rid（〜から取り除く）の過去分詞形

- ❶**Aを片づける**、取り除く（≒ dispose of A, do away with A）
- ❷Aを売り払う
- ❸Aから抜け出す、脱する

□ 053
get off

- ❶（バスなどから）**降りる**（⇔get on）;（get off Aで）A（バスなど）から降りる
- ❷（1日の）仕事を終える;（get off Aで）A（仕事）を終える
- ❸（A[軽い罰など]で）逃れる（with A）

□ 054
get through A
元Aを通り抜ける

- ❶**A（困難など）を切り抜ける**
- ❷（get throughで）（Aに）電話が通じる（to A）
- ❸（法案などが）A（議会など）を通過する;（試験）に合格する
- ❹（get A through Bで）AにBを切り抜けさせる
- ❺A（仕事など）を終える

□ 055
get over A
元Aを渡る

- ❶**A（悲しみなど）から立ち直る**
- ❷A（病気など）から回復する（≒ recover from A）
- ❸A（困難など）を克服する（≒ overcome）
- ❹（canを伴う否定文で）Aを信じられない、Aに非常に驚く

□ 056
get lost

- ❶**道に迷う**、迷子になる（≒ lose A's way）
- ❷（命令文で）（さっさと）消え失せろ

continued

「三日坊主」にならないためにも、今日のDay 4の学習は重要！ 時間がなければCheck 1だけでもOK。「継続」を大切に！

- ☐ 聞くだけモード　Check 1
- ☐ しっかりモード　Check 1 ▶ 2
- ☐ かんぺきモード　Check 1 ▶ 2 ▶ 3

Check 2　Phrase

- ☐ get to Tokyo（東京に到着する）
- ☐ get to work（仕事に取りかかる）

- ☐ get along with neighbors（隣人たちといい関係にある）
- ☐ get along with his help（彼の援助のおかげで何とかやっていく）

- ☐ get on a bus（バスに乗る）
- ☐ get on with the job（仕事を続ける）

- ☐ get rid of the debt（借金を片づける［完済する］）
- ☐ get rid of a bad habit（悪習から抜け出す）

- ☐ get off at the next bus stop（次のバス停で降りる）
- ☐ get off work（仕事を終える）

- ☐ get through the difficulties（難局を切り抜ける）
- ☐ get through to an operator（オペレーターに電話が通じる）

- ☐ get over the shock（ショックから立ち直る）
- ☐ get over the illness（病気から回復する）

- ☐ get lost in the woods（森の中で道に迷う）

Check 3　Sentence

- ☐ I caught the train and got to my destination around midnight.（私は電車に間に合って、真夜中近くに目的地に到着した）

- ☐ She doesn't get along with her boss at all.（彼女は上司と全くうまくいっていない）

- ☐ I have to get on the early train tomorrow.（私は明日、早朝の電車に乗らなければならない）

- ☐ This pill will get rid of your headache.（この錠剤があなたの頭痛を取り除いてくれるだろう）

- ☐ I got off the train at Shin-Osaka Station.（私は新大阪駅で列車を降りた）

- ☐ He got through the entrance exam.（彼は入試に合格した）

- ☐ Did you get over your cold?（風邪は治りましたか?）

- ☐ He told her to call him if she gets lost.（道に迷ったら電話をするよう彼は彼女に言った）

continued
▼

Day 4

Check 1　Listen)) CD-A4

☐ 057
have on A [A on]
❶所有のhave

❶ **A（服など）を身に着けている**（≒wear）　❶「Aを身に着ける」という動作はput on A
❷A（約束・仕事など）の予定がある
❸(have nothing on Aで) Aに勝るところは少しもない、太刀打ちできない

☐ 058
have access to A
❶access＝利用する権利

Aを利用[入手]できる、Aに出入り[接近]できる、Aに面会できる

☐ 059
have no idea
❶idea＝知識、理解

全く分からない

☐ 060
have A **in common**
❶common＝共通の

Aを（Bと）共通に持つ（with B）、Aの点で共通である

☐ 061
have a good [great] **time**

楽しい[素敵な]時を過ごす

☐ 062
have nothing to do with A

Aと関係[関連、取引]がない（⇔have something to do with A）

☐ 063
have something to do with A

Aと関係[関連、取引]がある（⇔have nothing to do with A）

☐ 064
have A **do**
❶使役のhave

Aに〜させる、〜してもらう（≒get A to do、talk A into doing、persuade A to do [into doing]）　❶make A doよりも弱いニュアンス

Day 3)) CD-A3
Quick Review
答えは右ページ下

☐ Aを稼ぐ
☐ Aを育てる
☐ Aを返す
☐ Aをはっきり出す

☐ 〜する気になる
☐ Aを引き起こす
☐ Aを生き返らせる
☐ Aを終わらせる

☐ あきらめる
☐ Aをただで与える
☐ Aを配る
☐ 屈する

☐ Aに手を貸す
☐ Aを引き起こす
☐ Aを産む
☐ Aを発する

Check 2 Phrase

- ☐ have nothing **on**（何も着ていない；何も予定がない）

- ☐ have access **to** a computer（コンピューターを利用できる）
- ☐ have access **to** the library（図書館に出入りできる）

- ☐ have no idea **what it means**（それが何を意味するか全く分からない）

- ☐ have something [nothing] **in common**（共通点がいくらかある[ない]）

- ☐ have a good time **at the party**（パーティーで楽しい時を過ごす）

- ☐ have nothing to do with **the crime**（その犯罪と関係がない）

- ☐ have something to do with **the murder case**（その殺人事件に関与している）

- ☐ have **her go there**（彼女にそこへ行かせる）
- ☐ have **a mechanic fix the car**（修理工に車を直してもらう）

Check 3 Sentence

- ☐ She **had** a beautiful dress **on**.（彼女は美しいドレスを着ていた）

- ☐ We **have access to** huge amounts of information on the Internet.（私たちはインターネット上で莫大な量の情報を入手できる）

- ☐ I **had no idea** what he was talking about.（私は彼が何のことを話しているのか全く分からなかった）

- ☐ My wife and I **have** a lot **in common**.（妻と私は共通点が多い）

- ☐ I **had a good time** on my holiday in Hawaii.（私はハワイでの休暇で楽しい時を過ごした）

- ☐ I **have nothing to do with** him.（私は彼とは何の関係もない）

- ☐ He **had something to do with** her disappearance.（彼は彼女の失踪に関与していた）

- ☐ I **had** my friend help me with my homework.（私は友人に宿題を手伝ってもらった）

Day 3 》CD-A3
Quick Review
答えは左ページ下

- ☐ bring in A
- ☐ bring up A
- ☐ bring back A
- ☐ bring out A
- ☐ bring oneself to do
- ☐ bring about A
- ☐ bring A to life
- ☐ bring A to an end
- ☐ give up
- ☐ give away A
- ☐ give out A
- ☐ give in
- ☐ give A a hand
- ☐ give rise to A
- ☐ give birth to A
- ☐ give off A

CHAPTER 1
CHAPTER 2
CHAPTER 3
CHAPTER 4
CHAPTER 5

Day 5 動詞 keep／hold

Check 1　Listen 》CD-A5

065
keep A from doing
❶維持のkeep

Aに〜をさせない（ようにする）（≒ stop A from doing）　⊕prevent A from doingよりくだけた表現

066
keep track of A
⊕track＝軌道、進路

Aを見失わないようにする：Aの進路［進歩］を追う（⇔ lose track of A）

067
keep up with A
元Aを相手に倒れないでいる

A（人・流行など）に遅れないでついていく（≒ keep pace with A）　⊕catch up with Aは「Aに追いつく」

068
keep on

❶（〜し）**続ける**（doing）（≒ continue）　⊕keep doingよりも「頑固に続ける、話し手がいら立つほど続ける」というニュアンス
❷(keep on A [A on]で) A（人）を雇い続ける

069
keep [bear] **A in mind**
⊕mind＝心、精神

Aを覚えている、覚えておく、心にとどめておく（≒ remember）　⊕「将来、自分に役立つことや、自分に影響を及ぼすことを覚えておく」というニュアンス。have A in mindは「Aを考えて［計画して］いる」

070
keep [stay] **in touch with** A
⊕touch＝連絡、接触

Aと連絡を取り合っている　⊕get in touch with Aは「Aと連絡を取る、接触する」

071
keep pace with A
⊕pace＝歩調、速度

A（進歩など）に遅れないようについていく（≒ keep up with A）

072
keep out A [A out]

❶**Aを中に入れない**：A（製品など）を締め出す、排斥する
❷(keep outで) 中に入らない

continued
▼

keepとholdの基本的な用法は「維持」と「抑制」。
動詞のニュアンスを感じながら熟語をマスターしていこう！

- □ 聞くだけモード　Check 1
- □ しっかりモード　Check 1 ▶ 2
- □ かんぺきモード　Check 1 ▶ 2 ▶ 3

Check 2　Phrase

□ **keep** her **from** going there（彼女にそこへ行かせない）

□ **keep track of** him（彼を見失わないようにする）
□ **keep track of** the time（時流に乗り遅れないようにする）

□ **keep up with** the fashion（流行に遅れないでいる）

□ **keep on** crying（泣き続ける）

□ **keep** (it) **in mind that**〜（〜ということを覚えておく）

□ **keep in touch with** him（彼と連絡を取り合っている）

□ **keep pace with** changes（変化に遅れないようにする）

□ **keep out** foreign products（外国製品を締め出す）
□ **Keep out**!（立ち入り禁止！）

Check 3　Sentence

□ The movie was so boring that she could hardly **keep** herself **from** falling asleep.（映画があまりに退屈だったので、彼女は眠りに落ちるのを止められなかった）

□ You should **keep track of** your money.（あなたはお金の出入りを管理したほうがいい）

□ He reads the newspaper every day to **keep up with** current events.（彼は毎日、最近の出来事に遅れないよう新聞を読んでいる）

□ You should **keep on** studying if you want to pass the entrance exam.（入試に合格したいのなら、勉強を続けなければならない）

□ Please **keep** the following **in mind**.（以下のことを覚えておいてください）

□ We've **kept in touch with** each other for years.（私たちは何年間も連絡を取り合っている）

□ He couldn't **keep pace with** the other runners.（彼はほかのランナーたちについていくことができなかった）

□ She closed the window to **keep out** drafts.（彼女はすきま風が入ってこないように窓を閉めた）

continued
▼

Day 5

Check 1　Listen))) CD-A5

☐ 073
keep from A
元Aから遠ざかる

Aを差し控える、慎む　⊕refrain from A、abstain from Aよりくだけた表現

☐ 074
keep to A
元Aから離れないでいる

❶A（道・進路など）**から外れないでいる**
❷A（目的など）を貫く、固守する
❸A（規則・約束など）に従う、Aを固守する
❹A（話題など）から脱線しない

☐ 075
keep away

(Aに) **近づかない**、(Aを) 避ける (from A) (≒ stay away)；(keep away A [A away]で) Aを (Bから) 遠ざける、Aを (Bに) 近づけない (from B)

☐ 076
keep A to oneself

❶A（計画・考えなど）**を秘密にしておく**、Aを人に話さないでおく
❷A（物）を独占する

☐ 077
hold on
❶維持のhold
元続けていく

❶（しばしば命令文で）（電話を切らないで）**待つ**（≒ hang on）；止まる
❷（Aを）しっかりつかみ続ける（to A）
❸（Aを）手放さない、売らずにおく（to A）
❹（困難な状況で）頑張る、耐える

☐ 078
hold up A [A up]
元A（手など）を上げる

❶**Aを支える**、支持する（≒ support）
❷Aを遅らせる、妨げる（≒ delay）
❸A（人・場所など）を襲って強奪する
❹（hold upで）耐える、持ちこたえる

☐ 079
hold back A [A back]
❶抑制のhold
元Aを引っ込める

❶A（人・物）**を引き止める**、抑止する
❷A（感情など）を抑える（≒ control）
❸A（発展・進歩など）を遅らせる
❹A（情報など）を秘密にしておく（≒ hide）

☐ 080
hold down A [A down]
元Aを押さえつける

❶A（価格など）**を抑制する**、抑える（≒ restrain）
❷A（1つの仕事）を頑張って続ける；A（地位など）を保持する　⊕「長期にわたって続ける、維持する」というニュアンス
❸A（人）を支配する

Day 4))) CD-A4
Quick Review
答えは右ページ下

☐ Aに到着する
☐ Aと仲よくやっていく
☐ 乗る
☐ Aを片づける

☐ 降りる
☐ Aを切り抜ける
☐ Aから立ち直る
☐ 道に迷う

☐ Aを身に着けている
☐ Aを利用できる
☐ 全く分からない
☐ Aを共通に持つ

☐ 楽しい時を過ごす
☐ Aと関係がない
☐ Aと関係がある
☐ Aに〜させる

Check 2　Phrase

- [ ] **keep from** drinking（酒を控える）

- [ ] **keep to** the left lane（左車線から外れないで進む）
- [ ] **keep to** the rules（規則に従う）

- [ ] **keep away** from danger（危険を避ける）

- [ ] **keep** the secret **to** oneself（秘密を人に話さないでおく）

- [ ] **Hold on** a minute.（しばらくお待ちください）
- [ ] **hold on** to a strap（つり革につかまる）

- [ ] **hold up** the wall（壁を支える）
- [ ] be **held up** at work（仕事で遅れる）

- [ ] **hold back** the demonstrators（デモ参加者たちを制御する）
- [ ] **hold back** a laugh（笑いを抑える）

- [ ] **hold down** costs（経費を抑える）
- [ ] **hold down** a job（[辞めないで]仕事を続ける）

Check 3　Sentence

- [ ] I covered my mouth to **keep from** laughing.（私は笑いをこらえようと口を押さえた）

- [ ] You should **keep to** the deadline.（締め切り日は守らなければならない）

- [ ] **Keep away** from me!（私に近寄らないで！）

- [ ] Please **keep** this **to** yourself.（このことは秘密にしておいてください）

- [ ] "May I speak to Tom?" "**Hold on**."（「トムをお願いします」「お待ちください」）

- [ ] The roof is **held up** by pillars.（その屋根は柱で支えられている）

- [ ] She tried to **hold back** tears.（彼女は涙をこらえようとした）

- [ ] The government is trying to **hold down** prices.（政府は物価を抑制しようとしている）

Day 4　CD-A4　Quick Review
答えは左ページ下

- [ ] get to A
- [ ] get along with A
- [ ] get on
- [ ] get rid of A
- [ ] get off
- [ ] get through A
- [ ] get over A
- [ ] get lost
- [ ] have on A
- [ ] have access to A
- [ ] have no idea
- [ ] have A in common
- [ ] have a good time
- [ ] have nothing to do with A
- [ ] have something to do with A
- [ ] have A do

CHAPTER 1
CHAPTER 2
CHAPTER 3
CHAPTER 4
CHAPTER 5

Day 6

動詞
put / set

Check 1　Listen » CD-A6

□ 081
put on A [A on]
❶配置のput
元Aを乗せる

- ❶ **A（服など）を身に着ける**（⇔take off A）　➕「Aを身に着けている」という状態はhave on A、wear
- ❷ A（機械）を動かす、働かす
- ❸ A（CDなど）をかける
- ❹ A（態度）を装う、Aのふりをする（≒pretend）

□ 082
put together A [A together]
元Aを寄せ集める

- ❶ A（考え・計画など）**をまとめる**、まとめて結論を出す　➕「情報や考えなどを集めてまとめる」というニュアンス
- ❷ A（部品など）を組み立てる（≒construct）；A（物）を部分から組み立てる

□ 083
put forward A [A forward]
元Aを前の方へ出す

- ❶ **A（意見・案など）を提出する**、出す
- ❷ A（人）を（Bに）推薦[指名]する（as [for] B）

□ 084
put down A [A down]
元Aを下に置く

- ❶ **Aを書き留める**（≒write down A、get down A、set down A）
- ❷ A（反乱など）を鎮圧する（≒suppress、subdue）
- ❸ A（人）をけなす、こき下ろす
- ❹ A（頭金）を払う

□ 085
put up with A

Aを我慢する、Aに耐える　➕bear、endure、tolerateよりくだけた表現

□ 086
put an end to A
➕end＝終わり

Aを終わらせる、やめさせる、廃止する、Aに終止符を打つ　➕finish、stopよりフォーマルな表現

□ 087
put A **into** B
❶移動のput
元AをBの中へ入れる

- ❶ **A（言葉など）をB（他国語）に翻訳する**、言い換える　➕translate A into Bよりくだけた表現
- ❷ A（考えなど）をB（言葉など）で表現する

□ 088
put off A [A off]
元Aを取り去る

- ❶ **Aを（Bまで）延期する**（till [until] B）　➕postpone、delayよりくだけた表現
- ❷ A（〜するの）を遅らせる（doing）
- ❸ Aに嫌悪感を持たせる；Aに興味[食欲]を失わせる
- ❹ Aを待たせる、退ける

continued ▼

putとsetの意味はほとんど同じ。「置く」という原意からどのような意味が派生しているか確認しながら、熟語を楽しんでみよう！

- ☐ 聞くだけモード　Check 1
- ☐ しっかりモード　Check 1 ▶ 2
- ☐ かんぺきモード　Check 1 ▶ 2 ▶ 3

CHAPTER 1

Check 2　Phrase

☐ put on A's hat（帽子をかぶる）
☐ put music on（音楽をかける）

Check 3　Sentence

☐ Hurry up and put your coat on.（急いでコートを着なさい）

CHAPTER 2

☐ put together a proposal（提案をまとめる）
☐ put together an engine（エンジンを組み立てる）

☐ It took half an hour to put together the cabinet.（戸棚を組み立てるのに30分かかった）

CHAPTER 3

☐ put forward a new plan（新しい計画を提出する）
☐ put her forward as chairperson（彼女を議長に推薦する）

☐ She put forward a new idea at the meeting yesterday.（彼女は昨日の会議で新しい案を提出した）

CHAPTER 4

☐ put down her phone number（彼女の電話番号を書き留める）
☐ put down a revolt（反乱を鎮圧する）

☐ Put down your name and address here.（こちらに名前と住所を書いてください）

CHAPTER 5

☐ put up with his arrogance（彼のごう慢さに耐える）

☐ I can't put up with the noise any more.（私はこれ以上騒音に我慢できない）

☐ put an end to capital punishment（死刑を廃止する）

☐ We must put an end to the violence.（私たちは暴力を終わらせなければならない）

☐ put an English novel into Japanese（英語の小説を日本語に翻訳する）

☐ Put these Japanese sentences into German.（これらの日本語の文をドイツ語に訳しなさい）

☐ put off the meeting（会議を延期する）
☐ put off making a decision（決定を先送りにする）

☐ They put off the game till tomorrow.（彼らは試合を明日に延期した）

continued ▼

Day 6

Check 1　Listen))) CD-A6

□ 089
put away A [A away]

❶ **Aを片づける**、しまう (≒ clear)
❷ A (人) を (B [刑務所など] に) 放り込む (in B)
❸ A (飲食物) を平らげる
❹ A (金など) を (将来に備えて) 蓄える、取っておく

□ 090
put out A [A out]
❶変化のput
元Aを外に出す

❶ **A (火など) を消す** ⊕ extinguishよりくだけた表現
❷ Aを用意する、提供する
❸ Aを困らせる、Aに面倒をかける (≒ annoy)
❹ A (力など) を発揮する、出す
❺ A (手など) を差し出す

□ 091
set up A [A up]
❶配置のset
元Aを立てる

❶ **A (組織など) を設立[創設] する** ⊕ establishよりくだけた表現
❷ Aを準備 [計画、用意] する
❸ Aを建設する、設置する；Aを組み立てる
❹ A (家業など) を営む、始める

□ 092
set [put] aside A [A aside]
元Aを傍らに置く

❶ **A (金・時間など) を (Bのために) 取っておく** (for B) (≒ set A apart, reserve)
❷ Aを無視[拒絶] する、A (感情など) を捨て去る (≒ reject)

□ 093
set out
❶移動のset
元動きだす

❶ (A [旅など] に) **出発する** (on A) ⊕ 通例「長い旅に出発する」ことを表す
❷ (〜することに) 着手する、(〜し) 始める (to do)
❸ (set out A [A out]で) Aを順序立てて説明する
❹ (set out A [A out]で) Aを展示する、並べる

□ 094
set in
❶変化のset

(好ましくないことが) **始まる** (≒ begin、start)、起こる

□ 095
set off A [A off]

❶ **Aを引き起こす**、始めさせる
❷ (set offで) 出発する (≒ set out)
❸ A (目覚まし時計など) を作動させ始める
❹ A (爆薬など) に点火する、Aを爆発させる
❺ Aを引き立たせる

□ 096
set A **free**

Aを自由の身とする、釈放[解放] する

Day 5))) CD-A5
Quick Review
答えは右ページ下

- [ ] Aに〜をさせない
- [ ] Aを見失わないようにする
- [ ] Aに遅れないでついていく
- [ ] 続ける
- [ ] Aを覚えている
- [ ] Aと連絡を取り合っている
- [ ] Aに遅れないようについていく
- [ ] Aを中に入れない
- [ ] Aを差し控える
- [ ] Aから外れないでいる
- [ ] 近づかない
- [ ] Aを秘密にしておく
- [ ] 待つ
- [ ] Aを支える
- [ ] Aを引き止める
- [ ] Aを抑制する

Check 2 Phrase

- □ put the dishes away（皿を片づける）
- □ put away $200,000 for retirement（退職に備えて20万ドルを蓄える）

- □ put out fire（火を消す）
- □ put out the sandwiches for breakfast（朝食にサンドイッチを出す）

- □ set up a business（企業を設立する）
- □ set up an appointment（面会の約束を取り決める）

- □ set aside funds for retirement（退職に備えて資金を蓄えておく）
- □ set aside his opinion（彼の意見を無視する）

- □ set out on a trip（旅行に出発する）

- □ when winter sets in（冬になると）

- □ set off a riot（暴動を引き起こす）
- □ set off for work（仕事に出かける）

- □ set the prisoner free（囚人を釈放する；捕虜を自由の身とする）

Check 3 Sentence

- □ Put away your toys.（おもちゃを片づけなさい）

- □ I forgot to put out the lights before leaving.（私は外出前に明かりを消すのを忘れた）

- □ He wants to set up his own company.（彼は自分の会社を設立したいと思っている）

- □ He set aside some money to pay for his car.（彼は自動車代を払うためのお金をいくらか取っておいた）

- □ He set out for Australia last week.（彼は先週、オーストラリアへ出発した）

- □ This year the rainy season set in earlier than usual.（今年は梅雨がいつもより早く始まった）

- □ In an emergency, push this button to set off the alarm.（緊急の場合は、このボタンを押して警報装置を作動させてください）

- □ After 10 years in prison, he was set free.（刑務所で10年を過ごした後、彼は出所した）

Day 5))CD-A5
Quick Review
答えは左ページ下

- □ keep A from doing
- □ keep track of A
- □ keep up with A
- □ keep on
- □ keep A in mind
- □ keep in touch with A
- □ keep pace with A
- □ keep out A
- □ keep from A
- □ keep to A
- □ keep away
- □ keep A to oneself
- □ hold on
- □ hold up A
- □ hold back A
- □ hold down A

CHAPTER 1
CHAPTER 2
CHAPTER 3
CHAPTER 4
CHAPTER 5

Day 7

動詞
make / turn

Check 1　　Listen)) CD-A7

☐ 097
make sense
❶製作のmake
⊕sense＝意味

▶ ❶（表現などが）**意味を成す**、理解できる
❷（make sense of Aで）（人が）Aの意味を取る、理解する
❸（物事が）道理にかなっている

☐ 098
make a difference
⊕difference＝違い
元違いを生む

▶ ❶（Aにとって）**重要である**（to A）、違いが生じる（⇔ make no difference）
❷（Aに）差をつける、（Aを）区別する（in A）

☐ 099
make A's way
⊕way＝進路

▶ ❶（苦労して）**進む**、前進する
❷成功［出世］する

☐ 100
make [earn] a living
⊕living＝生計

▶ **生計を立てる**

☐ 101
make up A's mind
⊕mind＝心、精神

▶ （〜しようと）**決心する**、決断する、決める（to do）（≒ decide）　⊕「いろいろな選択肢について長い間考えた上で決心する」というニュアンス

☐ 102
make sure [certain]
❶変化のmake

▶ ❶（Aを）**確かめる**、念を押す（of A［that節］）
❷（必ずAするように）手配［注意］する（of A［that節］）

☐ 103
make use of A
❶行為のmake
⊕use＝使用

▶ **Aを利用［使用］する**（≒use）　⊕「何かを達成したり、自分に有利になるために使う」というニュアンス

☐ 104
make the most [best] of A
⊕most＝最大、best＝最上

▶ **Aを最大限に利用する**　⊕通例、有利な状況の中ではthe mostを、不利な状況の中ではthe bestを使う

---

continued
▼

元マークをチェックしてる？ 本来の意味からどのような意味の熟語が生まれたかを知ると、熟語学習はもっと楽しくなるはず！

- ☐ 聞くだけモード　Check 1
- ☐ しっかりモード　Check 1 ▶ 2
- ☐ かんぺきモード　Check 1 ▶ 2 ▶ 3

Check 2　Phrase

☐ It doesn't make any sense.
(さっぱり分からない)
☐ make sense of what happened (何が起きたかを理解する)

☐ make a difference to his life
(彼の人生にとって重要である)
☐ It doesn't make a difference.
(そんなことは重要でない)

☐ make A's way through the forest (森の中を進む)
☐ make A's way in life (立身出世する)

☐ make a good [reasonable] living (豊かな[まあまあの]生活を送る)

☐ make up A's mind to buy a house (家を買う決心をする)

☐ make sure of his arrival (彼の到着を確かめる)
☐ (just) to make sure (念のため)

☐ make good use of the Internet (インターネットを十分に利用する)
☐ make use of the opportunity
(機会を利用する)

☐ make the most of A's talent
(才能を最大限に利用する)

Check 3　Sentence

☐ His argument doesn't make sense at all. (彼の主張は全く意味が通っていない)

☐ It doesn't make much difference to me what he says. (彼が何を言おうと私には大した問題ではない)

☐ They made their way to the summit. (彼らは頂上へ向かって進んだ)

☐ He makes a living as a writer. (彼は作家として生計を立てている)

☐ She made up her mind to study abroad. (彼女は留学する決心をした)

☐ I made sure all the lights were out before I left. (出発前に、私はすべての明かりが消えていることを確かめた)

☐ You should learn to make use of your time. (あなたは自分の時間の使い方を学んだほうがいい)

☐ You should make the most of your time. (あなたは自分の時間を最大限に利用したほうがいい)

continued
▼

Day 7

Check 1 Listen 》CD-A7

□ 105
turn on A [A on]
❶変化のturn

❶**A**（テレビ・明かりなど）**をつける**；A（水・ガスなど）を出す（⇔turn off A）
❷(turn on Aで) Aを突然攻撃する
❸(turn on Aで) A次第である（≒depend on [upon] A）
❹A（人）に（Bに対して）興味を抱かせる（to B）

□ 106
turn off A [A off]

❶**A**（テレビ・明かりなど）**を消す**、A（水・ガスなど）を止める（≒turn out A ⇔turn on A）
❷(turn offで) 脇道に入る
❸A（人）をうんざりさせる、A（人）に興味を失わせる

□ 107
turn out A

❶**結局はAになる** Aであることが判明する
❷(turn out A [A out]で) A（明かりなど）を消す（≒turn off A）
❸(turn outで)（Aに）出かける、出席する（for A）
❹(turn out A [A out]で) Aを生産する（≒produce）

□ 108
turn into A
㋥Aに入る

（性質などの点で）**Aに変わる**、なる；(turn A into Bで) AをBに変える、変化させる

□ 109
turn up A [A up]
㋥Aを上に向ける

❶**A**（ガス・明かりなど）**を強める**；A（ラジオなど）の音を大きくする（⇔turn down A）
❷(turn upで)（物が）（偶然）見つかる、出てくる
❸(turn upで)（人などが）現れる、到着する
❹(turn upで)（物・事が）起こる（≒happen、occur）

□ 110
turn in A [A in]
㋥Aを中に入れる

❶**A**（宿題など）**を**（Bに）**提出する**、手渡す（to B）（≒hand in A、put in A、submit）
❷A（不必要になった物など）を（Bに）返却する、返す（to B）
❸A（犯人など）を（B [警察] に）引き渡す（to B）

□ 111
turn down A [A down]
㋥Aをひっくり返す

❶**A**（ガス・明かりなど）**を弱くする**；A（ラジオなど）の音を低く [小さく] する（⇔turn up A）
❷A（要求・申し出など）を断る、却下する　❶refuse、rejectより遠回しな表現

□ 112
turn to A
❶転向のturn
㋥Aへ向かう

❶**Aに**（B [援助・情報など] を）**頼る**、求める（for B）
❷A（あるページ）を開く、参照する
❸A（ある話題）を話し [書き] 始める；A（仕事）に取りかかる

Day 6 》CD-A6 Quick Review 答えは右ページ下			
□ Aを身に着ける	□ Aを我慢する	□ Aを片づける	□ 出発する
□ Aをまとめる	□ Aを終わらせる	□ Aを消す	□ 始まる
□ Aを提出する	□ AをBに翻訳する	□ Aを設立する	□ Aを引き起こす
□ Aを書き留める	□ Aを延期する	□ Aを取っておく	□ Aを自由の身とする

Check 2　Phrase

- turn on the TV（テレビをつける）
- turn on the gas（ガスを出す）

- turn off the radio（ラジオを消す）
- turn off the faucet（蛇口を閉める）

- turn out bad（結局はまずいことになる）
- turn out for the event（その行事に出かける）

- turn into gas [liquid]（気体［液体］になる）
- turn milk into butter（牛乳をバターにする）

- turn up the heat（暖房を強める）
- turn up the radio（ラジオの音を大きくする）

- turn in the assignment（課題を提出する）
- turn oneself in（自首する）

- turn down the air conditioner（エアコンを弱くする）
- turn down the proposal（その提案を断る）

- turn to the dictionary for the meaning of the word（その単語の意味を知るために辞書を調べる）

Check 3　Sentence

- Would you turn on the fan, please?（扇風機をつけてくれませんか？）

- He forgot to turn off the heater when he left.（彼は出かけるときにヒーターを消すのを忘れた）

- Everything turned out fine.（結局、万事うまくいった）

- She is 17 years old and turning into an adult.（彼女は17歳で、大人になろうとしている）

- Turn up the TV so that I can hear the news.（ニュースが聞こえるようにテレビの音を大きくしてください）

- You must turn in every essay to pass the course.（この講座に及第するためには、すべてのリポートを提出しなければならない）

- She turned down his invitation to dinner.（彼女は夕食への彼の招待を断った）

- She doesn't know who to turn to.（彼女は誰を頼りにしていいか分からないでいる）

Day 6))) CD-A6
Quick Review
答えは左ページ下

- put on A
- put together A
- put forward A
- put down A
- put up with A
- put an end to A
- put A into B
- put off A
- put away A
- put out A
- set up A
- set aside A
- set out
- set in
- set off A
- set A free

CHAPTER 1
CHAPTER 2
CHAPTER 3
CHAPTER 4
CHAPTER 5

Day 8

動詞
look ／ see ／ watch

Check 1　Listen 》CD-A8

□ 113
look for A
❶「意識的に目を向ける」のlook

▶ ❶**Aを探す**、求める（≒ search for A、hunt for A）
❷Aを期待［予期］する
❸（通例進行形で）A（面倒など）を（自分から）招く、求める ▶

□ 114
look forward to A
元Aへ向かって前方を見る

▶ **Aを楽しみに待つ**、期待する ▶

□ 115
look up A [A up]
元Aを見上げる

▶ ❶**Aを**（B［辞書など］で）**調べる**、探す（in B）
❷（look upで）（景気などが）よくなる、上向く
❸A（人）を訪ねる　❶「別の理由で来たついでに訪ねる」というニュアンス ▶

□ 116
look to [toward] A
元Aに視線を向ける

▶ ❶**Aに**（Bを）**頼る**、当てにする（for B）（≒ depend on [upon] A）
❷Aに注意を向ける、気をつける（≒ look after A、see to A） ▶

□ 117
look into A
元Aをのぞき込む

▶ **A**（問題など）**を調査する**、研究する（≒ inquire into A、investigate）　❶「真相を求めて調べる」というニュアンス ▶

□ 118
look on

▶ ❶**傍観する**、見物する
❷（look on A as Bで）AをBと考える、見なす（≒ see A as B、view A as B、think of A as B、regard A as B）
❸（look on Aで）Aを（B［ある感情］で）見る（with B） ▶

□ 119
look after A
元Aの後を見送る

▶ ❶**Aの世話をする**、面倒を見る（≒ care for A、take care of A、see to A、watch over A）
❷Aに注意を払う、気をつける（≒ look to A、see to A） ▶

□ 120
look out for A
元Aを求めて顔を出す

▶ ❶**Aを警戒する**、Aに用心する（≒ watch out for A）
❷Aの世話をする（≒ look after A） ▶

---

continued
▼

今日は「見る」に関する動詞3つの熟語をチェック。それぞれに「世話をする」という意味の熟語があるのは面白い?!

☐ 聞くだけモード　Check 1
☐ しっかりモード　Check 1 ▶ 2
☐ かんぺきモード　Check 1 ▶ 2 ▶ 3

Check 2　Phrase

☐ look for a job（仕事を探す）
☐ be looking for trouble（面倒を招く）

☐ look forward to skiing in Hokkaido（北海道でスキーをするのを楽しみに待つ）

☐ look up the word in the dictionary（その言葉を辞書で調べる）
☐ Things are looking up for A.（Aにとって状況はよくなってきている）

☐ look to him for help（彼に援助を頼る）
☐ look to the baby（赤ちゃんの世話をする）

☐ look into the problem（問題を調査する）

☐ look on at A（Aを傍観する、見物する）
☐ look on him as hero（彼を英雄と見なす）

☐ look after a cat（ネコの世話をする）
☐ look after A's health（健康に気をつける）

☐ look out for snakes（ヘビに用心する）

Check 3　Sentence

☐ He's looking for a blue jacket.（彼はブルーのジャケットを探している）

☐ My daughter is looking forward to her birthday.（私の娘は誕生日を楽しみにしている）

☐ He looked up the phone number in the phone book.（彼は電話帳でその電話番号を探した）

☐ People in the disaster area are looking to the government for aid.（被災地の人々は政府に援助を頼っている）

☐ The police are looking into the murder.（警察はその殺人事件を捜査している）

☐ Most of them just looked on as the two men fought on the street.（2人の男が路上でけんかをしている間、彼らのほとんどは傍観していた）

☐ I had to look after my little baby while my wife was away.（妻が留守の間、私は赤ちゃんの面倒を見なければならなかった）

☐ You should look out for pickpockets on the trains.（電車の中ではすりに注意したほうがいい）

continued

Day 8

Check 1　Listen 》CD-A8

□ 121
look over A [A over]
元Aを見渡す

Aにざっと目を通す、Aをざっと調べる（≒look through A）

□ 122
look back
元後ろを振り返る

(Aを) **回想[回顧]する**（on [to, at] A）

□ 123
look up to A
元Aを見上げる

A（人）を尊敬する（≒respect、admire　⇔look down on A、despise）；仰ぎ見る

□ 124
look down on [upon] A
元Aを見下ろす

A（人・行動）を見下す、軽蔑する（≒despise ⇔look up to A、respect、admire）

□ 125
see to A
❶「物が見える」のsee

❶**A（人・物・事）の世話をする**、Aに気をつける（≒care for A、take care of A、look after A、watch over A）；Aを引き受ける
❷(see to it that～で) ～するように取り計らう、気をつける　➕このitはthat節を受ける仮目的語

□ 126
see off A [A off]

❶**Aを（B [空港など] で）見送る**（at B）　➕この意味ではsee A offの語順が普通
❷A（敵の攻撃など）を切り抜ける、A（困難など）に勝つ
❸Aを追い払う

□ 127
watch out for A
❶「物をじっと見る」のwatch

(通例命令文で) **Aに警戒する**、用心[注意]する（≒look out for A）

□ 128
watch over A

Aを見守る、守る；Aの世話をする（≒care for A、take care of A、look after A、see to A）

| Day 7　》CD-A7
Quick Review
答えは右ページ下 | □ 意味を成す
□ 重要である
□ 進む
□ 生計を立てる | □ 決心する
□ 確かめる
□ Aを利用する
□ Aを最大限に利用する | □ Aをつける
□ Aを消す
□ 結局はAになる
□ Aに変わる | □ Aを強める
□ Aを提出する
□ Aを弱くする
□ Aに頼る |

Check 2   Phrase

- [ ] look over the letter（手紙にざっと目を通す）

- [ ] look back at the 90's（90年代を回想する）

- [ ] look up to him as a role model（彼をお手本として尊敬する）

- [ ] look down on immigrants（移住者たちを見下す）

- [ ] see to the guests（招待客たちの世話をする）

- [ ] see her off at the station（彼女を駅で見送る）

- [ ] watch out for cars（車に注意する）

- [ ] watch over the patient（患者の世話をする）

Check 3   Sentence

- [ ] He looked over the newspaper.（彼は新聞にざっと目を通した）

- [ ] He looked back at the year.（彼は1年を振り返った）

- [ ] She looks up to her piano teacher.（彼女は自分のピアノの先生を尊敬している）

- [ ] The new boss looks down on all of his subordinates.（新しい上司は自分の部下全員を見下している）

- [ ] See to it that it never happens again.（それが二度と起こらないよう気をつけてください）

- [ ] He went to the airport to see his girlfriend off.（彼は恋人を見送りに空港まで行った）

- [ ] You must watch out for purse thieves at the market.（市場では財布泥棒に注意しなければならない）

- [ ] She watched over her son during his stay in the hospital.（息子が入院中、彼女は息子の世話をした）

Day 7 》CD-A7
Quick Review
答えは左ページ下

- [ ] make sense
- [ ] make a difference
- [ ] make A's way
- [ ] make a living
- [ ] make up A's mind
- [ ] make sure
- [ ] make use of A
- [ ] make the most of A
- [ ] turn on A
- [ ] turn off A
- [ ] turn out A
- [ ] turn into A
- [ ] turn up A
- [ ] turn in A
- [ ] turn down A
- [ ] turn to A

CHAPTER 1

CHAPTER 2

CHAPTER 3

CHAPTER 4

CHAPTER 5

Day 9

動詞
speak / talk / say / tell

Check 1　Listen))) CD-A9

□ 129
speaking [talking] of A
❶「言葉を発する」のspeak
▶ **Aと言えば**、Aのことだが

□ 130
speak out [up]
▶ ❶(Aに賛成して／Bに反対して) **率直に [正々堂々と] 意見を述べる** (for A/against B)
❷大声で話す、はっきり言う

□ 131
so to speak [say]
▶ **いわば**、言ってみれば (≒as it were、in a manner of speaking)　❶通例、文中・文尾で挿入的に用いる

□ 132
generally speaking
❶generally＝一般に
▶ **一般的に言って**、概して

□ 133
strictly speaking
❶strictly＝厳密に
▶ **厳密に言えば** (≒to be exact)

□ 134
frankly speaking
❶frankly＝率直に
▶ **率直に言えば**

□ 135
speak ill [badly] of A
❶ill、badly＝悪く
▶ **A (人) のことを悪く言う**、けなす (≒criticize ⇔ speak well of A、praise)

□ 136
speak well of A
❶well＝よく
▶ **A (人) のことをよく言う**、褒める (≒praise ⇔ speak ill [badly] of A、criticize)

continued
▼

Chapter 1の最後は「話す」が原意の動詞の熟語。いわゆる「つなぎ言葉」が多いのがその特徴。それでは、チャンツからスタート！

- □ 聞くだけモード　Check 1
- □ しっかりモード　Check 1 ▶ 2
- □ かんぺきモード　Check 1 ▶ 2 ▶ 3

CHAPTER 1

CHAPTER 2

CHAPTER 3

CHAPTER 4

CHAPTER 5

Check 2　Phrase

□ speaking of movies（映画と言えば）
□ speaking of your daughter（娘さんのことですが）

□ speak out against war（戦争反対の意見を堂々と述べる）

【Pop Quiz!】
look for Aと同じ意味の熟語は？
▶答えは見出し番号113でチェック！

【Pop Quiz!】
look to [toward] Aと同じ意味の熟語は？
▶答えは見出し番号116でチェック！

【Pop Quiz!】
look into Aと同じ意味の熟語は？
▶答えは見出し番号117でチェック！

【Pop Quiz!】
look into Aを1語で言い換えると？
▶答えは見出し番号117でチェック！

□ speak ill of each other（お互いをけなし合う）

□ be spoken well of（評判がいい）

Check 3　Sentence

□ Speaking of food, you like sushi, don't you?（食べ物と言えば、おすしはお好きですよね?）

□ We must speak out against racism.（私たちは人種差別主義に反対の意見を述べなければならない）

□ He is, so to speak, the king of soccer.（彼は、いわばサッカーの王様だ）

□ Generally speaking, men are taller than women.（概して、男性は女性よりも背が高い）

□ Strictly speaking, spiders are not insects.（厳密に言えば、クモは昆虫ではない）

□ Frankly speaking, I want to quit the company.（率直に言うと、私は会社を辞めたいと思っている）

□ He always speaks ill of others.（彼はいつも他人の悪口を言う）

□ You should speak well of your friends.（友達のことは褒めたほうがいい）

continued ▼

Day 9

Check 1　Listen 》CD-A9

□ 137
talk A into doing
❶「気軽に言葉を発する」のtalk

Aを説得して〜させる（≒ have A do、get A to do、persuade A to do [into doing]）

□ 138
talk over A [A over]

Aについて(Bと)(十分に)**話し合う**、相談する (with B)（≒ discuss）　❶「何かを決定するために話し合う」というニュアンス。単に「Aについて話す」ならtalk about [of] A

□ 139
talk to oneself
元 自分自身に話しかける

独り言を言う（≒ say to oneself）

□ 140
needless to say
❶「ある内容を伝えるために話す」のsay
❶ needless＝必要でない

言うまでもなく、もちろん

□ 141
to say nothing of A

Aは言うまでもなく　❶通例、「悪いこと」を加えて言う場合に用いる。not to mention Aは「よいこと」を加えて、「Aは言うまでもなく」を表す

□ 142
say to oneself
元 自分自身に言う

心の中で考える、思う（≒ think to oneself）；独り言を言う（≒ talk to oneself）

□ 143
tell A from B
❶「ある情報を言葉で伝える」のtell

AをBから区別[識別]**する**、AとBとの区別[識別]ができる　❶ distinguish A from Bよりくだけた表現

□ 144
to tell (you) the truth
❶ truth＝真実

実を言えば（≒ in fact [reality, truth]）

| Day 8 》CD-A8
Quick Review
答えは右ページ下 | □ Aを探す
□ Aを楽しみに待つ
□ Aを調べる
□ Aに頼る | □ Aを調査する
□ 傍観する
□ Aの世話をする
□ Aを警戒する | □ Aにざっと目を通す
□ 回想する
□ Aを尊敬する
□ Aを見下す | □ Aの世話をする
□ Aを見送る
□ Aに警戒する
□ Aを見守る |

Check 2 Phrase

- talk him into buying a new car（彼を説得して新しい車を買わせる）

- talk over the matter with him（その問題について彼と話し合う）

【Pop Quiz!】
look after A と同じ意味の熟語は？
▶答えは見出し番号119でチェック！

【Pop Quiz!】
look out for A と同じ意味の熟語は？
▶答えは見出し番号120でチェック！

【Pop Quiz!】
look over A と同じ意味の熟語は？
▶答えは見出し番号121でチェック！

【Pop Quiz!】
look up to A を1語で言い換えると？
▶答えは見出し番号123でチェック！

- tell the copy from the original（複製を本物と見分ける）

【Pop Quiz!】
look down on [upon] A を1語で言い換えると？
▶答えは見出し番号124でチェック！

Check 3 Sentence

- The boy talked his mother into buying a new toy.（その少年は母親にねだって新しいおもちゃを買ってもらった）

- I'm going to talk it over with my father first.（そのことについては最初に父親と話し合うつもりだ）

- "Did you say anything?" "No, I was just talking to myself."（「何か言った?」「いや、独り言を言っていただけだよ」）

- Needless to say, he won first place again.（言うまでもなく、彼がまた1位だった）

- The novel is boring, to say nothing of being long.（その小説は、長いのは言うまでもなく、退屈だ）

- "I can do it," she said to herself.（「私はできるわ」と彼女は心の中で思った）

- I can't tell whiskey from brandy.（私はウイスキーとブランデーの区別がつかない）

- To tell the truth, I like her.（実を言えば、私は彼女が好きだ）

**Day 8 CD-A8
Quick Review**
答えは左ページ下

- look for A
- look forward to A
- look up A
- look to A
- look into A
- look on
- look after A
- look out for A
- look over A
- look back
- look up to A
- look down on A
- see to A
- see off A
- watch out for A
- watch over A

CHAPTER 1
CHAPTER 2
CHAPTER 3
CHAPTER 4
CHAPTER 5

Chapter 1 Review

左ページの(1)〜(20)の熟語の同意熟語・類義熟語（または同意語・類義語）（≒）、反意熟語・反対熟語（または反意語・反対語）（⇔）を右ページのA〜Tから選び、カッコの中に答えを書き込もう。意味が分からないときは、見出し番号を参照して復習しておこう（答えは右ページ下）。

- □ (1) go through A (001) ≒は？（　　）
- □ (2) come up with A (011) ≒は？（　　）
- □ (3) take over A (020) ≒は？（　　）
- □ (4) take the place of A (021) ≒は？（　　）
- □ (5) take part in A (029) ≒は？（　　）
- □ (6) take off A (030) ⇔は？（　　）
- □ (7) bring about A (038) ≒は？（　　）
- □ (8) get to A (049) ≒は？（　　）
- □ (9) get lost (056) ≒は？（　　）
- □ (10) keep A in mind (069) ≒は？（　　）
- □ (11) keep from A (073) ≒は？（　　）
- □ (12) put up with A (085) ≒は？（　　）
- □ (13) put A into B (087) ≒は？（　　）
- □ (14) put off A (088) ≒は？（　　）
- □ (15) make up A's mind (101) ≒は？（　　）
- □ (16) turn on A (105) ⇔は？（　　）
- □ (17) look to A (116) ≒は？（　　）
- □ (18) look up to A (123) ⇔は？（　　）
- □ (19) so to speak (131) ≒は？（　　）
- □ (20) to tell the truth (144) ≒は？（　　）

A. lose A's way
B. as it were
C. put on A
D. bear
E. hit on A
F. postpone
G. arrive at A
H. succeed
I. decide
J. cause
K. depend on A
L. experience
M. refrain from A
N. turn off A
O. participate in A
P. look down on A
Q. translate A into B
R. substitute for A
S. in fact
T. remember

【解答】(1) L (2) E (3) H (4) R (5) O (6) C (7) J (8) G (9) A (10) T
(11) M (12) D (13) Q (14) F (15) I (16) N (17) K (18) P (19) B (20) S

CHAPTER 2

前置詞・副詞で覚える熟語

Chapter 2では、前置詞と副詞を使った熟語を身につけていきます。まず最初に、Introductionのコーナーで、各前置詞・副詞の意味と用法を押さえてから、Day 10をスタートしましょう！

英語でコレ言える？

ねえ、父さん。お酒を控えたほうがいいと思うわ。
Hey, Dad. I think you'd better
(　　　) (　　　) drinking.

答えは Day 18でチェック！

Introduction
【前置詞・副詞の意味と主な用法】
▶ 58

Day 10
【前置詞：on】
▶ 62
Day 11
【前置詞：in】
▶ 66
Day 12
【前置詞：in／out of】
▶ 70
Day 13
【前置詞：to】
▶ 74
Day 14
【前置詞：at】
▶ 78
Day 15
【前置詞：for】
▶ 82
Day 16
【前置詞：of】
▶ 86
Day 17
【前置詞：with】
▶ 90
Day 18
【前置詞：from】
▶ 94

Day 19
【前置詞：by／as】
▶ 98

Day 20
【副詞：on／off】
▶ 102
Day 21
【副詞：out】
▶ 106
Day 22
【副詞：up】
▶ 110
Day 23
【副詞：down】
▶ 114
Day 24
【副詞：in／over／away／by】
▶ 118

Chapter 2 Review
▶ 122

□ Introduction　前置詞・副詞の意味と主な用法

前置詞とその原意・用法の種類
＊用法の種類は厳密なものでなく、熟語の意味の違いで異なることもあります

前置詞
on
▶ Day 10

原意：〜に接して
用法の種類：❶基礎　❷対象　❸依存　❹状態　❺手段

前置詞
in
▶ Day 11、12

原意：〜の中に［で、の］
用法の種類：❶表現方法　❷従事　❸分野　❹状態　❺時

前置詞
out of
▶ Day 12

原意：〜の中から外へ
用法の種類：状態
❶inの❹と対応して、「ある状態から離れて」という否定の意味を表すことが多い

前置詞
to
▶ Day 13

原意：〜へ、〜に；〜の方へ
用法の種類：❶対象　❷比較　❸到達　❹付属　❺執着　❻程度
　　　　　　❼結果

前置詞
at
▶ Day 14

原意：〜に；〜において
用法の種類：❶極限　❷状態　❸時点・地点　❹原因　❺代償
　　　　　　❻目標

前置詞
for
▶ Day 15

原意：〜のために［の］
用法の種類：❶目的　❷関連　❸期間　❹特性　❺代用　❻準備
　　　　　　❼理由　❽方向

前置詞
of
▶ Day 16

原意：〜の；〜から離れて
用法の種類：❶関連　❷構成　❸分離　❹原因　❺性質

前置詞
with
▶ Day 17

原意：〜と（一緒に）；〜を相手に
用法の種類：❶材料　❷対象　❸一致　❹敵対　❺様態

前置詞
from
▶ Day 18

原意：〜から（離れて）
用法の種類：❶分離　❷起源　❸相違　❹抑制　❺原因

前置詞
by
▶ Day 19

原意：〜のそばに［で、の］
用法の種類：❶手段　❷原因　❸位置　❹単位　❺関連

前置詞
as
▶ Day 19

原意：〜として（の）

---

continued
▼

各Dayの学習に入る前に、まずは前置詞・副詞の意味と用法を軽く押さえておこう。基本動詞のときと同様、ここでもあまり難しく考えなくてもOK。各前置詞・副詞の元々の意味（原意）と主な用法を「イメージ」として覚えよう。

熟語の例 ＊カッコ内の数字は見出し番号を表します

❶be based on A：Aに基づいている（145）
❷work on A：A（問題など）に取り組む（149）
❸rely on A：Aを信頼する（152）
❹on the way：途中で［に］（155）

❶in all：合計で（161）
❷participate in A：Aに参加する（172）
❸be lacking in A：Aが欠けている（174）
❹in order：順序正しく（177）

out of date：時代遅れの［で］（185）

❶refer to A：Aに言及する（193）
❷compare A to B：AをBと比較する（201）
❸lead to A：（事が）Aを引き起こす（204）
❹belong to A：（人が）A（団体・組織など）に所属する（205）

❶at least：少なくとも（209）
❷at home：くつろいで（213）
❸call at A：A（場所）に立ち寄る（218）
❹at a glance：一目見ただけで（220）

❶search for A：Aを探す（225）
❷be responsible for A：Aに責任がある（230）
❸for a while：しばらくの間（233）
❹take A for B：AをBだと思う（234）

❶think of A：Aについて考える（241）
❷consist of A：Aから成り立つ（250）
❸rob A of B：A（人・場所）からB（金・物など）を奪う（251）
❹die of A：A（病気などが原因）で死ぬ（254）

❶provide A with B：A（人など）にB（必要な物など）を供給［提供］する（257）
❷deal with A：A（問題など）を処理［処置］する（259）
❸agree with A：A（人）と意見が一致する（267）
❹compete with A：Aと競う（268）

❶be free from A：A（不快なもの・心配・苦痛など）を免れている（273）
❷come from A：Aの出身である（275）
❸distinguish A from B：AをBと区別［識別］する（279）
❹refrain from A：Aを差し控える（282）

❶by hand：（機械でなく）手製で（289）
❷by accident：偶然に（291）
❸stand by A：A（決定など）を固守する（293）
❹one by one：1人［1つ］ずつ（294）

see A as B：AをBと見なす（297）

continued
▼

□ Introduction

副詞とその原意・用法の種類

副詞	原意・用法の種類
副詞 **on** ▶ Day 20	原意：**(物の) 上に (接して)** 用法の種類：❶継続　❷所持　❸作動　❹付着
副詞 **off** ▶ Day 20	原意：**離れて** 用法の種類：❶休止　❷分離　❸解放　❹強調
副詞 **out** ▶ Day 21	原意：**(内から) 外へ** 用法の種類：❶完了　❷出現　❸停止　❹離脱　❺方向
副詞 **up** ▶ Day 22	原意：**上へ；立って** 用法の種類：❶運動　❷完了　❸出現　❹状態
副詞 **down** ▶ Day 23	原意：**下へ** 用法の種類：❶休止　❷減少　❸記入　❹状態　❺抑制　❻運動
副詞 **in** ▶ Day 24	原意：**中へ [に]**
副詞 **over** ▶ Day 24	原意：**上方に；越えて**
副詞 **away** ▶ Day 24	原意：**離れて**
副詞 **by** ▶ Day 24	原意：**通り過ぎて**

熟語の例

❶ go on：続ける（305）
❷ take on A [A on]：A（仕事など）を引き受ける（308）
❸ turn on A [A on]：A（テレビ・明かりなど）をつける（311）
❹ hang on：しっかりつかまる（312）

❶ turn off A [A off]：A（テレビ・明かりなど）を消す（313）
❷ get off：（バスなどから）降りる（316）
❸ give off A：A（におい・光・熱・音など）を発する（319）
❹ show off：見えを張る（320）

❶ find out A [A out]：Aを解明する（321）
❷ stand out：目立つ（325）
❸ run out：（物資などが）尽きる（330）
❹ drop out：退学［退部］する（333）

❶ pull up：（人が）車を止める（337）
❷ grow up：成長する（340）
❸ show up：（人が）現れる（348）
❹ stay up：寝ずに起きている（350）

❶ break down：（機械などが）故障する（353）
❷ slow down：スピードを落とす（357）
❸ write down A [A down]：Aを書き留める（359）
❹ settle down：（人が）落ち着く（363）

fill in A [A in]：Aに必要事項を記入する（372）

take over A [A over]：A（職務など）を引き継ぐ（377）

put away A [A away]：Aを片づける（382）

go by：（時などが）経過する（383）

Day 10 前置詞 on

Check 1　Listen 》CD-A10

□ 145
be based on [upon] A
❶基礎のon

Aに基づいている

□ 146
on (an, the) **average**
➕average＝平均

平均して；おおむね、大体

□ 147
on purpose
➕purpose＝目的、意図

❶**故意に**、わざと（≒deliberately ⇔by accident [chance], accidentally）
❷（～する）目的で（to do）

□ 148
on account of A
➕account＝理由；利益

❶**Aの理由で**、Aのせいで（≒due to A、because of A、by [in] virtue of A、owing to A）　➕「問題や困難のせいで」というニュアンス
❷Aの（利益の）ために

□ 149
work on [upon] A
❶対象のon

❶**A（問題など）に取り組む**
❷A（物）を建てる、修理する；A（機械など）を調節[調整]する
❸A（人）に（～するよう）働きかける（to do）；Aに影響を与える

□ 150
reflect on [upon] A

❶**Aを熟考[思案]する**（≒consider）
❷(well, badlyなどの副詞を伴って) Aによい[悪い]印象を与える

□ 151
hit on [upon] A
⦿Aにぶつかる

❶**A（考えなど）を思いつく**、Aに思い当たる（≒come up with A）　➕「（考えなどが）Aの心に（ふと）浮かぶ」はoccur to A
❷A（人）に言い寄る、A（人）をナンパする

□ 152
rely on [upon] A
❶依存のon

❶**Aを信頼する**（≒trust）；Aを当てにする
❷Aに（Bを／～することを）頼る（for B/to do）

continued ▼

これから10日間は前置詞の基本的な意味を確認！ 今日は「on=〜に接して」という原意からどのような熟語があるか押さえていこう。

- ☐ 聞くだけモード　Check 1
- ☐ しっかりモード　Check 1 ▶ 2
- ☐ かんぺきモード　Check 1 ▶ 2 ▶ 3

Check 2　Phrase

☐ be based on evidence（証拠に基づいている）
☐ a story based on facts（事実に基づいた話）

Check 3　Sentence

☐ Their relationship is based on trust.（彼らの関係は信頼に基づいている）

【Pop Quiz!】
so to speak [say] と同じ意味の熟語は？
▶答えは見出し番号131でチェック！

☐ On average, females live longer than males.（平均すると、女性の寿命は男性よりも長い）

☐ accidentally on purpose（偶然を装って）

☐ The police believe that the fire was set on purpose.（火は故意につけられたものだと警察は考えている）

☐ on account of snow（雪のせいで）

☐ Baseball games often are canceled on account of rain.（野球の試合は雨のためしばしば中止になる）

☐ work on the project（そのプロジェクトに取り組む）
☐ work on a car（自動車を修理する）

☐ The government is working on the economic reform.（政府は経済改革に取り組んでいる）

☐ reflect on the problem（その問題を熟考する）
☐ reflect badly on her（彼女に悪い印象を与える）

☐ We should reflect on what to do next.（私たちは次に何をすべきかよく考えるべきだ）

☐ hit on a good idea（妙案を思いつく）

☐ She finally hit on a solution to the problem.（彼女はついにその問題の解決策を思いついた）

☐ rely on him（彼を信頼する）
☐ rely on radio for information（情報をラジオに頼る）

☐ You can rely on me for help.（あなたは私の助けを当てにすることができる）

---

continued
▼

Day 10

Check 1　Listen 》CD-A10

□ 153
be dependent on [upon] A

❶ **Aに頼っている**、依存している（⇔be independent of A）
❷（未来の出来事が）Aによって決まる、Aに左右される、A次第である（≒depend on [upon] A）

□ 154
(all) on A's own
➕own＝独自の、自身の

❶ **1人で**、単独で（≒alone）
❷ 自分で、独力で

□ 155
on the [A's] way
＝along the way
❶ 状態のon

❶ **途中で** [に]　➕in the [A's] wayは「邪魔になって」
❷ 進行中で、近づいて

□ 156
on board
➕board＝板

❶ **船** [飛行機など] **に乗って**
❷（チーム・組織などの）一員で [に]

□ 157
on business
➕business＝商売、仕事

商用で、仕事で（⇔for pleasure）

□ 158
on fire
➕fire＝火

❶ **燃えて**、火事になって
❷ 興奮して、熱心 [躍起] になって

□ 159
on duty
➕duty＝職務、任務

勤務時間中で、当番で（≒at work、on the job ⇔ off duty）

□ 160
on foot
❶ 手段のon
➕foot＝歩行

❶ **徒歩で**、歩いて
❷（物・事が）着手されて

Day 9　》CD-A9　Quick Review
答えは右ページ下

☐ Aと言えば
☐ 率直に意見を述べる
☐ いわば
☐ 一般的に言って
☐ 厳密に言えば
☐ 率直に言えば
☐ Aのことを悪く言う
☐ Aのことをよく言う
☐ Aを説得して～させる
☐ Aについて話し合う
☐ 独り言を言う
☐ 言うまでもなく
☐ Aは言うまでもなく
☐ 心の中で考える
☐ AをBから区別する
☐ 実を言えば

Check 2 Phrase

- **be financially dependent on parents**（経済的に親に依存している）
- **be dependent on weather**（天気次第である）

- **be all right on A's own**（1人で大丈夫である）
- **act on A's own**（単独で行動する）

- **on the way home**（帰宅途中で[に]）
- **be on A's way to recovery**（回復に向かっている）

- **go on board**（乗船[乗車]する）

- **travel on business**（出張する）

- **set a car on fire**（車に放火する）
- **be on fire with love for her**（彼女を熱く愛している）

【Pop Quiz!】
speak ill [badly] of Aを1語で言い換えると?
▶答えは見出し番号135でチェック!

【Pop Quiz!】
speak well of Aを1語で言い換えると?
▶答えは見出し番号136でチェック!

Check 3 Sentence

- **Your success is dependent on how hard you study.**（あなたの成功はどれだけ一生懸命に勉強するかにかかっている）

- **He built the house on his own.**（彼はその家を自分で建てた）

- **She stopped by a convenience store on her way to work.**（彼女は出勤途中にコンビニに立ち寄った）

- **There are over 1,000 people on board.**（1000人を超える人々が乗船している）

- **He's been to France on business.**（彼は仕事でフランスに行ったことがある）

- **The house is on fire.**（その家が火事になっている）

- **There is a guard on duty 24 hours in our office.**（私たちの会社には、24時間体制で勤務している警備員がいる）

- **He traveled around Hokkaido on foot last summer.**（彼は去年の夏、徒歩で北海道一周旅行をした）

CHAPTER 1
CHAPTER 2
CHAPTER 3
CHAPTER 4
CHAPTER 5

Day 9))CD-A9
Quick Review
答えは左ページ下

- speaking of A
- speak out
- so to speak
- generally speaking
- strictly speaking
- frankly speaking
- speak ill of A
- speak well of A
- talk A into doing
- talk over A
- talk to oneself
- needless to say
- to say nothing of A
- say to oneself
- tell A from B
- to tell the truth

Day 11 前置詞
in

Check 1　Listen 》CD-A11

□ 161
in all
❶表現方法のin

合計で、全部で、全体で（≒all together、all told）

□ 162
in fact [reality, truth]
❶fact、reality、truth＝事実

実は、実際は（≒to tell the truth）　❶「人はそう言っているが、実は」というニュアンス。人の知らないことを教えて驚かせるようなときにも使う

□ 163
in general
❶general＝一般の、普通の

❶**普通**、大抵（≒usually）
❷一般に、概して（≒generally）;（名詞の後で）一般の（≒at large）

□ 164
in particular
❶particular＝（個々の）項目、事項

特に、特別に（≒particularly、especially）

□ 165
in other words
❶word＝語;言葉

言い換えれば、すなわち　❶「前言を要約して言い換えると」というニュアンス。that is (to say)は「前言をより正確に言い換えると」というニュアンス

□ 166
in short [brief]
❶short、brief＝簡潔

手短に言えば、要約すると（≒in a word、to be short [brief]）　❶for shortは「略して、短く言って」

□ 167
in a sense [way]
❶sense＝意味、way＝点、個所

ある意味では（≒in a manner of speaking）

□ 168
in effect
❶effect＝結果;効果

❶**実際には**;事実上;基本的には　❶「そうは思われていないが実際の状況は」というニュアンス
❷（法律などが）有効な、実施されて（≒effective）

continued
▼

前置詞inを使った熟語では、副詞の働きをする「表現方法」が多いのが特徴。そのほかの用法も押さえて「inの世界」を楽しもう!

- □ 聞くだけモード　Check 1
- □ しっかりモード　Check 1 ▶ 2
- □ かんぺきモード　Check 1 ▶ 2 ▶ 3

Check 2　Phrase

【Pop Quiz!】
on purposeと反対の意味の熟語は?
▶答えは見出し番号147でチェック!

【Pop Quiz!】
on account of Aと同じ意味の熟語は?
▶答えは見出し番号148でチェック!

□ people in general（一般の人々）

【Pop Quiz!】
reflect on [upon] Aを1語で言い換えると?
▶答えは見出し番号150でチェック!

【Pop Quiz!】
hit on [upon] Aと同じ意味の熟語は?
▶答えは見出し番号151でチェック!

【Pop Quiz!】
rely on [upon] Aを1語で言い換えると?
▶答えは見出し番号152でチェック!

【Pop Quiz!】
be dependent on [upon] Aと反対の意味の熟語は?
▶答えは見出し番号153でチェック!

□ be in effect（［法律などが］有効である）

Check 3　Sentence

□ In all, there are 40 students in the class.（クラスには全部で40人の生徒がいる）

□ In fact, he is engaged to her.（実は、彼は彼女と婚約している）

□ In general, I get up at 6 a.m.（普通、私は午前6時に起きる）

□ There's nothing in particular I want to say.（私が言いたいことは特にない）

□ She's always talking about herself. In other words, she's egocentric.（彼女はいつも自分のことばかり話している。言い換えれば、彼女は自己中心的だ）

□ In short, the movie was boring.（手短に言えば、その映画はつまらなかった）

□ In a sense, what he said is right.（ある意味では、彼が言ったことは正しい）

□ In effect, the company was in the red last year.（実際には、昨年その会社は赤字だった）

continued
▼

Day 11

Check 1 Listen))) CD-A11

□ 169
in detail
➕detail＝細部、細目

詳細に、細部にわたって、項目ごとに

□ 170
in practice
➕practice＝実際

実際には、実際上は（⇔in theory）　➕「そうなるはずだと思われていることに対して、実際には」というニュアンス

□ 171
in a word
➕word＝語

一言で言えば、簡単に言えば、要するに（≒in short [brief]、to be short [brief]）

□ 172
participate in A
❶従事のin

Aに参加する、加わる（≒take part in A、join in A）

□ 173
be **involved in** A

❶（よい意味で）A（活動など）**に参加している**、携わっている
❷A（悪いことなど）に関係している

□ 174
be **lacking** [wanting] **in** A
❶分野のin

❶**Aが欠けている**
❷Aに不足している（≒be short of A、be poor in A）

□ 175
in A's **opinion** [view]
➕opinion、view＝意見、考え

Aの考え[意見]**では**

□ 176
in time
❶時のin

❶（Aに）**間に合って**、遅れずに（for A）　➕on timeは「時間通りに」
❷そのうち、早晩（≒in due course [time]）

| Day 10))) CD-A10
Quick Review
答えは右ページ下 | □ Aに基づいている
□ 平均して
□ 故意に
□ Aの理由で | □ Aに取り組む
□ Aを熟考する
□ Aを思いつく
□ Aを信頼する | □ Aに頼っている
□ 1人で
□ 途中で
□ 船に乗って | □ 商用で
□ 燃えて
□ 勤務時間中で
□ 徒歩で |

Check 2　Phrase

□ explain A in detail（Aを詳細に説明する）

【Pop Quiz!】
(all) on A's ownを1語で言い換えると？
▶答えは見出し番号154でチェック！

【Pop Quiz!】
on businessと反対の意味の熟語は？
▶答えは見出し番号157でチェック！

□ participate in a cleanup of the park（公園の清掃に参加する）

□ be involved in the project（そのプロジェクトに参加している）

□ be lacking in determination（決断力が欠けている）

【Pop Quiz!】
on dutyと同じ意味の熟語は？
▶答えは見出し番号159でチェック！

□ in time for the train（その列車に間に合って）

Check 3　Sentence

□ He described the story in detail.（彼はその話を詳細に説明した）

□ In practice, the experiment didn't work as expected.（実際には、その実験は予想通りにはうまくいかなかった）

□ In a word, the opera was great.（一言で言えば、そのオペラは素晴らしかった）

□ More than 200 people participated in the conference.（200人を超える人々がその会議に参加した）

□ I'm involved in several volunteer activities.（私はいくつかのボランティア活動に参加している）

□ She is lacking in common sense.（彼女は常識が欠けている）

□ In my opinion, we should withdraw from this business.（私の考えでは、わが社はこの事業から撤退すべきだ）

□ He was running to be in time for the meeting.（彼は会議に遅れないように走っていた）

Day 10))) CD-A10
Quick Review
答えは左ページ下

□ be based on A
□ on average
□ on purpose
□ on account of A

□ work on A
□ reflect on A
□ hit on A
□ rely on A

□ be dependent on A
□ on A's own
□ on the way
□ on board

□ on business
□ on fire
□ on duty
□ on foot

CHAPTER 1
CHAPTER 2
CHAPTER 3
CHAPTER 4
CHAPTER 5

Day 12　前置詞 in／out of

Check 1　　Listen)) CD-A12

□ 177
in order
❶状態のin
❷order＝順序；整理；状態；秩序

❶ **順序正しく**、順番に（⇔out of order）
❷ 整然として、秩序よく
❸ 調子よく、順調で
❹（議事手続きで）規則にかなって
❺ ふさわしい、適切な

□ 178
in use
❷use＝使用

使われている、使用[採用]中で[の]（⇔out of use）

□ 179
in trouble
❷trouble＝心配、苦労；面倒

❶ **困って**；故障して
❷（A［警察など］と）ごたごたを起こして；（Aと）かかわり合いになって（with A）

□ 180
in danger
❷danger＝危険

危険な状態で；危篤で；（Aの）危険があって（of A）（⇔ out of danger）

□ 181
in [within] sight
❷sight＝視界

❶（Aが）**見える所に**[の]（of A）、見えて（⇔out of sight）
❷ 近づいて
❸ 期待して

□ 182
in a hurry
❷hurry＝急ぐこと

急いで、慌てて（≒in haste）

□ 183
in fashion
❷fashion＝流行

流行して（⇔out of fashion）

□ 184
in pursuit of A
❷pursuit＝追跡；追求

Aを追って、Aを得ようとして

continued
▼

前置詞inのもう1つの重要な用法は「状態」。今日は、対義的な関係にあるinとout ofそれぞれを使った熟語をマスターしよう！

☐ 聞くだけモード　Check 1
☐ しっかりモード　Check 1 ▶ 2
☐ かんぺきモード　Check 1 ▶ 2 ▶ 3

Check 2　Phrase

☐ **put A in order**（Aを順番に並べる；Aを整える、整頓する）

☐ **a word in general use**（広く使われている言葉）

☐ **a man in trouble**（困っている人；面倒な状況にある人）

☐ **be in danger of falling**（[建物などが]崩壊の危険がある）
☐ **put A in danger**（Aを危険にさらす）

☐ **in sight of land**（陸が見える所に）
☐ **appear in sight**（見えてくる）

☐ **be in a hurry to get a seat**（席を取ろうと急いでいる）

☐ **a color in fashion**（流行色）

☐ **live in pursuit of happiness**（幸福を求めて生きる）

Check 3　Sentence

☐ **He put the pictures in order.**（彼は写真を整理した）

☐ **That machine is in use right now.**（その機械は現在使用中だ）

☐ **You should always help someone in trouble.**（困っている人はいつでも助けてあげるべきだ）

☐ **This animal is in danger of extinction.**（この動物は絶滅の危機にある）

☐ **He wanted to make a call, but there were no phone booths in sight.**（彼は電話をかけたかったが、見える所に電話ボックスがなかった）

☐ **He looked to be in a hurry when he went out.**（出かける時、彼は急いでいるようだった）

☐ **The color white is in fashion this summer.**（今年の夏は白が流行している）

☐ **The police were in hot pursuit of the criminal.**（警察はその犯人を激しく追跡していた）

continued
▼

Day 12

Check 1 Listen)) CD-A12

185 out of date
❶状態のout of
❶date＝時代

時代遅れの [で]、旧式の [で]；無効で [の]、有効期限が切れて（⇔up to date） ❶通例、限定用法の場合はout-of-dateのようにハイフンで結ばれる（⇔up-to-date）

186 out of control
❶control＝制御；支配

制御できない、制し切れない、手に負えない、収拾がつかない（⇔under control）

187 out of sight
❶sight＝視界

❶(Aの) **見えない所に** [の]（of A）（⇔in [within] sight）
❷(値段・基準などが) 法外の [に]；非常に高い

188 out of order
❶order＝順序；整理；状態；秩序

❶(機械などが) **故障して**、調子が狂った（⇔in order）
❷乱雑になって
❸順序が狂って
❹不適切な、場違いな

189 out of work
❶work＝仕事

失業中で、失業して（⇔in work）

190 out of the question
❶question＝問題；可能性

問題 [話] **にならない**、不可能な、考えられない（≒impossible） ❶「不可能で許されるものではない」というニュアンス

191 out of breath
❶breath＝息

（運動などで）**息を切らして**

192 out of fashion
❶fashion＝流行

流行していない、廃れて（⇔in fashion）

Day 11)) CD-A11
Quick Review
答えは右ページ下

□ 合計で
□ 実は
□ 普通
□ 特に

□ 言い換えれば
□ 手短に言えば
□ ある意味では
□ 実際には

□ 詳細に
□ 実際には
□ 一言で言えば
□ Aに参加する

□ Aに参加している
□ Aが欠けている
□ Aの考えでは
□ 間に合って

Check 2 Phrase

- go out of date (時代遅れになる、古臭くなる)

- get [go] out of control (制御できなくなる、収拾がつかなくなる)

- go out of sight (見えなくなる)

- get [go] out of order (故障する)

- fall out of work (失業する ⊕get out of workは「仕事を終える[サボる]」)

- dismiss A as out of the question (A [考えなど]を問題外として退ける)

- run [talk] oneself out of breath (息が切れるほど走る[話す])

- go [fall] out of fashion (はやらなくなる)

Check 3 Sentence

- This computer is out of date. (このコンピューターは時代遅れだ)

- The situation is getting out of control. (状況は収拾がつかなくなってきている)

- You should keep valuables out of sight in your car. (車の中では貴重品を見えない所にしまっておいたほうがいい)

- The TV is out of order again. (そのテレビはまた故障している)

- He's been out of work for more than three months. (彼は3カ月以上失業している)

- For me, to buy such an expensive car is out of the question. (私にとっては、そんな高価な車を買うことは不可能だ)

- She was out of breath from running back home. (彼女は走って家に帰ってきて、息を切らしていた)

- These kinds of clothes will never go out of fashion. (この種の服が流行しなくなることは決してないだろう)

Day 11))) CD-A11
Quick Review
答えは左ページ下

- in all
- in fact
- in general
- in particular
- in other words
- in short
- in a sense
- in effect
- in detail
- in practice
- in a word
- participate in A
- be involved in A
- be lacking in A
- in A's opinion
- in time

CHAPTER 1
CHAPTER 2
CHAPTER 3
CHAPTER 4
CHAPTER 5

Day 13　前置詞
to

Check 1　Listen ») CD-A13

□ 193
refer to A
❶対象のto

❶ **Aに言及する**、触れる（≒ mention）
❷A（本など）を参照する
❸Aに関係する、当てはまる
❹(refer A to Bで) A（人）をB（人・場所など）に差し向ける、照会させる；A（人）にB（本など）を調べさせる

□ 194
agree to A

A（提案・計画など）**に同意 [賛成] する**（≒ consent to A、sympathize with A、assent to A）

□ 195
occur to A

（考えなどが）**Aの心に**（ふと）**浮かぶ**、思い出される　⊕「A（考えなど）を思いつく」はcome up with A、hit on [upon] A

□ 196
owe A **to** B

❶ **A（金）をB（人・店など）に借りている**
❷A（物・事）についてBのおかげ [恩恵] を被っている
❸A（義務など）をB（人）に負っている

□ 197
pay [give] **attention to** A
⊕attention＝注意

Aに注意を払う、留意する（≒ take notice of A）

□ 198
give birth to A
⊕birth＝出生；起源

❶ **A（子）を産む**
❷A（物・事）を生み出す、起こす；Aの原因となる（≒ give rise to A）

□ 199
be **used to** A

Aに慣れている（≒ be accustomed to A）　⊕used to do（[以前は] よく～したものだ）との違いに注意

□ 200
be **known to** A

Aに知られている　⊕be known for Aは「Aで知られている」、be known as Aは「Aとして知られている」

continued
▼

前置詞toを使った熟語で一番多いのは、「〜に」を表す「対象」の用法。そのほかの用法も繰り返し「音読」して身につけよう。

□ 聞くだけモード　Check 1
□ しっかりモード　Check 1 ▶ 2
□ かんぺきモード　Check 1 ▶ 2 ▶ 3

CHAPTER 1

CHAPTER 2

CHAPTER 3

CHAPTER 4

CHAPTER 5

Check 2　Phrase

□ refer to the issue（その問題について言及する）
□ refer to the list（リストを参照する）

□ agree to a plan（計画に賛成する）

□ It occurs to A that〜．（〜ということがAの心に浮かぶ）

□ owe 5,000 yen to her（彼女に5000円を借りている）
□ owe his success to her（彼の成功は彼女のおかげである）

□ pay attention to others' feelings（ほかの人たちの気持ちに注意を払う）

□ give birth to a baby（赤ちゃんを産む）

□ get used to A（Aに慣れる）
□ be used to spicy food（辛い料理に慣れている）

□ be known to everyone（みんなに知られている）

Check 3　Sentence

□ She thought he was referring to her.（彼女は、彼が彼女のことを言っているのだと思った）

□ Both countries have agreed to a cease-fire.（両国は停戦に合意した）

□ A good idea occurred to me.（妙案が私の心に浮かんだ）

□ At that time he owed $2 million to his bank.（当時、彼は銀行から200万ドル借りていた）

□ He didn't pay attention to my advice.（彼は私の忠告に注意を払わなかった）

□ At 10 p.m. my wife gave birth to a 3,000-gram baby boy.（午後10時に、私の妻は3000グラムの男の子を産んだ）

□ I'm not used to hot weather.（私は暑い気候に慣れていない）

□ The fact is not known to many people.（その事実は多くの人には知られていない）

continued
▼

Day 13

Check 1 Listen 》CD-A13

□ 201
compare A **to** [with] B
❶比較のto

❶ **AをBと比較する**、比べる
❷AをBに例える、なぞらえる

□ 202
prefer A **to** B

BよりもAを好む

□ 203
be **similar to** A

Aと似ている、類似している、同種[同類]である ➕「ほとんど同じだが、少し違っている」というニュアンス。「Aと全く同じである」はbe identical to A

□ 204
lead to A
❶到達のto
元Aに通じる

(事が) **Aを引き起こす**、A（ある結果）に至る、つながる

□ 205
belong to A
❶付属のto

❶（人が）**A（団体・組織など）に所属する**、Aの一員である
❷（物が）A（団体・組織など）の所有である
❸（分類上）Aに属する

□ 206
stick to A
❶執着のto
元Aにくっつく、粘着する

❶A（主義・決定など）**を固守[堅持]する**；A（約束）を守り通す（≒ adhere to A）
❷A（仕事・勉強）に専念する
❸A（主題など）からそれない

□ 207
to some [a certain] **extent** [degree]
❶程度のto ➕extent、degree＝程度

ある程度（≒ in part）

□ 208
to A's **surprise**
❶結果のto
➕surprise＝驚き

(Aが) **驚いたことには**、意外にも ➕muchを最初に置いて強調することも多い

| Day 12 》CD-A12
Quick Review
答えは右ページ下 | □ 順序正しく
□ 使われている
□ 困って
□ 危険な状態で | □ 見える所に
□ 急いで
□ 流行して
□ Aを追って | □ 時代遅れの
□ 制御できない
□ 見えない所に
□ 故障して | □ 失業中で
□ 問題にならない
□ 息を切らして
□ 流行していない |

Check 2 — Phrase

- compare her work to his (彼女の作品を彼の作品と比較する)
- compare life to a journey (人生を旅に例える)

- prefer beef to pork (豚肉よりも牛肉を好む)

- be similar to each other (お互いに似ている)

- lead to flooding (洪水を引き起こす)
- lead to the arrest of the murderer (殺人犯の逮捕につながる)

- belong to the basketball club (バスケットボール部に所属している)
- belong to the school ([物が]学校の所有である)

- stick to A's decision (決心を守り抜く)
- stick to A's word (約束に忠実である)

【Pop Quiz!】
out of the questionを1語で言い換えると?
▶答えは見出し番号190でチェック！

- much to A's surprise (大変驚いたことには)

Check 3 — Sentence

- They compared sales figures for the second quarter to the first quarter. (彼らは第2四半期の売上高を第1四半期と比べた)

- She prefers tea to coffee. (彼女はコーヒーよりも紅茶が好きだ)

- Her voice is very similar to her mother's. (彼女の声は彼女の母親の声と非常に似ている)

- High cholesterol levels may lead to a heart attack. (高いコレステロール値は心臓発作を引き起こすことがある)

- He plays the violin and belongs to the city orchestra. (彼はバイオリンが弾けて、市のオーケストラに入っている)

- Once you set a goal, you should stick to it. (目標を定めたなら、それを守り抜くべきだ)

- I could understand what the professor said to some extent. (私は教授が言ったことをある程度は理解できた)

- To everyone's surprise, she passed the entrance examination for Tokyo University. (みんなが驚いたことに、彼女は東京大学の入試に合格した)

Day 12))) CD-A12 Quick Review 答えは左ページ下

- in order
- in use
- in trouble
- in danger
- in sight
- in a hurry
- in fashion
- in pursuit of A
- out of date
- out of control
- out of sight
- out of order
- out of work
- out of the question
- out of breath
- out of fashion

Day 14 前置詞 at

Check 1　Listen 》CD-A14

□ 209
at (the) least
❶極限のat
❶least＝最少

❶(数詞を含む語句の前・後で) **少なくとも**、最低に見積もっても (≒not less than A　⇔at most、not more than A)
❷せめて、いずれにせよ
❸(前言を訂正して) そうではなく；もっと正確には

□ 210
at first
❶first＝初め

最初は、初めは (≒in the beginning　⇔in the end、at last、at length、finally)

□ 211
at A's best
❶best＝最上

(Aの) **最高の状態で**；(花などが) 見ごろで；全盛で

□ 212
at (the) best
❶best＝最善

よくても、せいぜい (⇔at worst)　❶「長所をすべて考慮してもそれほどよくはない」というニュアンス。「(数・量について) 多くて(も)、せいぜい」を表すat (the) mostとの違いに注意

□ 213
at home
❶状態のat
㓛在宅で；本国に [で]

❶**くつろいで**
❷(Aに) 慣れて、精通して (with [in] A)

□ 214
at work
❶work＝仕事

❶(人が) **仕事中で** [の]、働いている (≒on duty、on the job)
❷(機械などが) 作動中で
❸職場 [会社] で

□ 215
at random
❶random＝でたらめの、無原則な

手当たり次第に、出任せに、でたらめに、無作為に　❶「明確な計画や目的なしに」というニュアンス

□ 216
at ease
❶ease＝気楽さ

❶**安心した** [て]、気楽 [安楽] な [に] (⇔ill at ease)
❷休めの姿勢で；(命令文で) 休め！　❶「気をつけ！」はAttention!

continued
▼

「at＝時点・地点」と思いがちだけど、意外に多いのは「極限」と「状態」の用法。イメージをつかみながら押さえていこう。

□ 聞くだけモード　Check 1
□ しっかりモード　Check 1 ▶ 2
□ かんぺきモード　Check 1 ▶ 2 ▶ 3

Check 2　Phrase

□ at least 15 people（少なくとも15人）

【Pop Quiz!】
refer to Aを1語で言い換えると？
▶答えは見出し番号193でチェック！

【Pop Quiz!】
agree to Aと同じ意味の熟語は？
▶答えは見出し番号194でチェック！

【Pop Quiz!】
pay [give] attention to Aと同じ意味の熟語は？
▶答えは見出し番号197でチェック！

□ feel [be] at home（くつろぐ）
□ be at home in French（フランス語に堪能である）

□ Danger! Men at work（危険！工事中　●標識でよく使われる）

□ choose A at random（無作為にAを選ぶ）

□ feel [be] at ease（安心する、気持ちが楽になる）
□ put A's mind at ease（Aを安心させる）

Check 3　Sentence

□ It will take eight months at least to build the building.（そのビルを建設するのに少なくとも8カ月かかるだろう）

□ At first I was against him, but now I understand his point.（最初は私は彼に反対だったが、今は彼の意図を理解している）

□ The plum blossoms are now at their best.（梅の花は今、満開となっている）

□ At best, sales will be 10 percent below last year.（売り上げは、よくても昨年より10パーセント下がるだろう）

□ Make yourself at home and have some tea.（どうぞ楽にして紅茶をお飲みください）

□ He'll be at work until 8 p.m. today.（今日、彼は午後8時まで働く予定だ）

□ They selected the restaurants at random from the phone book.（彼らは電話帳から手当たり次第にレストランを選んだ）

□ His explanation put her mind at ease.（彼の説明で彼女は安心した）

continued
▼

Day 14

Check 1　Listen 》CD-A14

□ 217 at a loss
➕loss＝損失
- ❶**途方に暮れて**、当惑して
- ❷(Aに) 困って (for A)
- ❸損をして

□ 218 call at A
❶時点・地点のat
- **A (場所) に立ち寄る**　➕主に英国用法。米国ではstop by Aを使うことが多い。「A (人) をちょっと訪ねる」はcall on [upon] A

□ 219 at a time
- **一度に**：続けざまに

□ 220 at a glance
❶原因のat
➕glance＝ちらりと見ること、一見
- **一目見ただけで**、一見して；すぐに

□ 221 at A's expense
❶代償のat
➕expense＝費用
- ❶**A (人) の費用 [金] で**、A (人) の負担で
- ❷A (人) をだしにして

□ 222 at any rate
➕rate＝程度
- **とにかく**、いずれにしても (≒ in any case [event]、anyway)

□ 223 at all costs
＝at any cost
➕cost＝(時間などの) 犠牲
- **どんな犠牲 [努力] を払っても**、ぜひとも

□ 224 stare at [into] A
❶目標のat
- **Aをじっと見つめる**、凝視する　➕「驚きや関心があったり、何かを考え込んだりしながら、長い間目を動かさずに見つめる」というニュアンス

Day 13 》CD-A13
Quick Review
答えは右ページ下

- □ Aに言及する
- □ Aに同意する
- □ Aの心に浮かぶ
- □ AをBに借りている
- □ Aに注意を払う
- □ Aを産む
- □ Aに慣れている
- □ Aに知られている
- □ AをBと比較する
- □ BよりもAを好む
- □ Aと似ている
- □ Aを引き起こす
- □ Aに所属する
- □ Aを固守する
- □ ある程度
- □ 驚いたことには

Check 2 Phrase

- be at a loss what to do(何をしたらいいか途方に暮れている)
- be at a loss for words(言葉に窮する[詰まる])

- call at her house(彼女の家に立ち寄る)

- one [two] at a time(一度に1つ[2つ])

【Pop Quiz!】
be used to Aと同じ意味の熟語は?
▶答えは見出し番号199でチェック!

- at the participants' expense(参加者の費用[負担]で)

【Pop Quiz!】
stick to Aと同じ意味の熟語は?
▶答えは見出し番号206でチェック!

【Pop Quiz!】
to some [a certain] extent [degree]と同じ意味の熟語は?
▶答えは見出し番号207でチェック!

- stare at him in disbelief(信じられない様子で彼をじっと見つめる)

Check 3 Sentence

- When he asked her out for a date, she was at a loss for words.(彼が彼女をデートに誘ったとき、彼女は何と言っていいか分からなかった)

- I called at his house on the way to school.(私は学校に行く途中に彼の家に立ち寄った)

- I can only do one thing at a time.(私は一度に1つのことしかできない)

- I saw at a glance that the concert hall was full of people.(私は一見して、コンサートホールは満員だと分かった)

- They ate and drank a lot at my expense.(彼らは私のお金でたらふく飲み食いした)

- At any rate, that's what he said.([真意は分からないが]とにかく、それが彼が言ったことだ)

- You must finish the work by tomorrow at all costs.(何としても、あなたは明日までにその仕事を仕上げなくてはならない)

- They stared at the damage the typhoon had caused.(彼らは台風がもたらした被害をじっと見つめていた)

Day 13 ») CD-A13
Quick Review
答えは左ページ下

- refer to A
- agree to A
- occur to A
- owe A to B
- pay attention to A
- give birth to A
- be used to A
- be known to A
- compare A to B
- prefer A to B
- be similar to A
- lead to A
- belong to A
- stick to A
- to some extent
- to A's surprise

CHAPTER 1
CHAPTER 2
CHAPTER 3
CHAPTER 4
CHAPTER 5

Day 15 前置詞 for

Check 1　Listen))) CD-A15

□ 225
search for A
❶目的のfor

Aを探す、求める（≒ look for A、hunt for A）

□ 226
wish for A

Aを望む、欲する　❶「起こりそうもないこと・不可能なことを望む」というニュアンス

□ 227
long for A

Aを待ち望む、思い焦がれる、切望する（≒ yearn for A）

□ 228
for sale

売り物の、売りに出した（≒ on sale）

□ 229
for the benefit [sake, good] of A
= for A's benefit [sake, good]

Aの（利益の）**ために**

❶benefit、sake、good＝利益、ため

□ 230
be **responsible for** A
❶関連のfor

❶**Aに責任がある**、責任を取るべきである
❷Aの原因である

□ 231
for the most part
❶part＝部分

大部分は、大抵は、多くは（≒ mostly）

□ 232
for A's **part**
❶part＝分担、役割

Aとしては、Aの考えでは、Aに関する限り（≒ as far as A is concerned [goes]）　❶「ほかの人の意見や考えなどと比較して、自分としては」というニュアンス

continued ▼

前置詞の中でも用法が特に多いのがfor。用法の細かな違いはあまり気にしないで、「固まり」として意味を押さえていくのも大切！

☐ 聞くだけモード　Check 1
☐ しっかりモード　Check 1 ▶ 2
☐ かんぺきモード　Check 1 ▶ 2 ▶ 3

Check 2　Phrase

☐ search for a parking space
（駐車スペースを探す）

☐ wish for fame（名声を欲する）

☐ long for peace（平和を待ち望む）

☐ be (put up) for sale（売りに出されている）

☐ for the benefit of the public
（一般の人々のために）
☐ for her benefit（彼女のために）

☐ be responsible for the safety（安全に責任がある）
☐ be responsible for the delay
（遅れの原因である）

【Pop Quiz!】
at firstと同じ意味の熟語は？
▶ 答えは見出し番号210でチェック！

☐ for my part（私としては、私に関する限り）

Check 3　Sentence

☐ The police have searched for the missing girl.（警察は行方不明の少女を探している）

☐ When he was little, he used to wish for an older brother.（小さいころ、彼はお兄さんを欲しがったものだ）

☐ He's been longing for her arrival.
（彼は彼女の到着を待ち望んでいる）

☐ The house was recently put up for sale.（その家は最近、売りに出された）

☐ She interpreted the speech for my benefit.（彼女は私のためにその演説を通訳してくれた）

☐ Parents are responsible for their kids' actions.（親は子どもの行動に責任がある）

☐ For the most part, they are very friendly.（大抵の場合、彼らはとても友好的だ）

☐ For his part, he knew what the problem was.（彼としては、何が問題であるかは分かっていた）

continued

Day 15

Check 1　Listen))) CD-A15

---

233 for a while
❶期間のfor
❹while＝（少しの）期間

しばらくの間

---

234 take A for B
❶特性のfor
囲AをBとして受け取る

❶**AをBだと思う**
❷誤ってAをBだと思い込む（≒ mistake A for B）

---

235 for sure [certain]
❹sure、certain＝確実な

確かに［な］、確実に［な］　❹for certainのほうが強いニュアンス

---

236 stand for A
❶代用のfor
囲Aに敬意を表して立ち上がる

❶**Aを意味する**、表す、象徴する（≒ represent、mean）；Aの略である
❷Aを支持する、Aの味方をする（≒ support）
❸Aに立候補する　❹主に英国用法（≒ run for A）

---

237 for nothing
❹nothing＝無；価値のないこと

❶**無料で**、無償で（≒ for free、free of charge、free）
❷これといった理由もなく、無駄に

---

238 watch out for A
❶準備のfor

（通例命令文で）**Aに警戒する**、用心［注意］する（≒ look out for A）

---

239 for lack [want] of A
❶理由のfor
❹lack、want＝不足；欠乏

Aが足りないため、不十分なため；Aがないため　❹for want of Aのほうがフォーマルな表現

---

240 head for [toward] A
❶方向のfor

Aに向かって進む；A（ある事態）へ進んでいる、進行している

Day 14))) CD-A14
Quick Review
答えは右ページ下

- □ 少なくとも
- □ 最初は
- □ 最高の状態で
- □ よくても
- □ くつろいで
- □ 仕事中で
- □ 手当たり次第に
- □ 安心した
- □ 途方に暮れて
- □ Aに立ち寄る
- □ 一度に
- □ 一目見ただけで
- □ Aの費用で
- □ とにかく
- □ どんな犠牲を払っても
- □ Aをじっと見つめる

Check 2 Phrase

【Pop Quiz!】
at workと同じ意味の熟語は？
▶答えは見出し番号214でチェック！

☐ take it for the truth（それを真実だと思う）
☐ take him for a doctor（彼を医者だと思い込む）

【Pop Quiz!】
at any rateと同じ意味の熟語は？
▶答えは見出し番号222でチェック！

☐ stand for disarmament（軍縮を支持する）
☐ stand for mayor（市長に立候補する）

☐ get A for nothing（Aを無料でもらう）
☐ worry for nothing（何の理由もなく心配する）

☐ watch out for cars（車に注意する）

☐ for lack of funds（資金不足のため）
☐ for lack of evidence（証拠不十分のため）

☐ head for home（家に向かう、帰途に就く）

Check 3 Sentence

☐ He will stay in Tokyo for a while.（彼はしばらくの間、東京に滞在する予定だ）

☐ Don't take me for a fool.（私をばかだと思わないでください）

☐ Nobody knows for sure what will happen in the future.（将来何が起こるか誰も確実には分からない）

☐ UNESCO stands for the United Nations Educational, Scientific, and Cultural Organization.（ユネスコは国連教育科学文化機関の略である）

☐ I got this TV for nothing from my friend.（私はこのテレビを友人からただでもらった）

☐ You must watch out for purse thieves at the market.（市場では財布泥棒に注意しなければならない）

☐ She couldn't find a job, but it wasn't for lack of trying.（彼女は仕事を見つけられなかったが、それは努力が足りないためではなかった）

☐ The situation is heading for disaster.（状況はひどい方向へ進んでいる）

Day 14))CD-A14
Quick Review
答えは左ページ下

☐ at least
☐ at first
☐ at A's best
☐ at best

☐ at home
☐ at work
☐ at random
☐ at ease

☐ at a loss
☐ call at A
☐ at a time
☐ at a glance

☐ at A's expense
☐ at any rate
☐ at all costs
☐ stare at A

CHAPTER 1
CHAPTER 2
CHAPTER 3
CHAPTER 4
CHAPTER 5

Day 16 前置詞 of

Check 1　Listen)) CD-A16

□ 241
think of [about] A
❶関連のof

❶**Aについて考える**、思う、思考する
❷Aを熟考［検討］する
❸(think of A as Bで) AをBと見なす、考える（≒see A as B、view A as B、regard A as B、look on A as B）

□ 242
hear of A

Aの消息［うわさ、存在］**を聞く**、Aについて伝え聞く　➕hear from Aは「Aから連絡［手紙、電話、伝言］をもらう」

□ 243
dispose of A

❶**Aを処理**［始末、整理］**する**、片づける、（≒get rid of A、do away with A）
❷Aを売却する
❸A（敵など）を打ち破る（≒defeat）

□ 244
inform A **of** [about] B

A（人）にB（ニュースなど）について知らせる、通知する

□ 245
remind A **of** [about] B

A（人）にB（人・事・物）を気づかせる、思い出させる

□ 246
accuse A **of** B

❶**A（人）をB（犯罪など）のかどで告発**［告訴、起訴］**する**、訴える
❷A（人）をB（不正行為など）のかどで非難する、責める（≒blame A for B）

□ 247
be proud of A

Aを誇り［光栄、自慢］**に思っている**（≒take pride in A)

□ 248
be sure [certain] **of** [about] A

Aを確信している（≒be confident of [about] A、be convinced of A）　➕be certain of [about] Aのほうが強いニュアンス

continued ▼

「〜について」を表す「関連」以外で、前置詞 of で注意したいのは「分離」の用法。動詞の目的語の A を「A から」と訳すところに要注意！

☐ 聞くだけモード　Check 1
☐ しっかりモード　Check 1 ▶ 2
☐ かんぺきモード　Check 1 ▶ 2 ▶ 3

CHAPTER 1
CHAPTER 2
CHAPTER 3
CHAPTER 4
CHAPTER 5

Check 2　Phrase

☐ think of any other way（ほかの方法を考える）
☐ think of a name for the baby（赤ちゃんの名前を考える）

☐ hear of her（彼女の消息を聞く）

☐ dispose of industrial waste（産業廃棄物を処理する）
☐ dispose of furniture（家具を売却する）

☐ inform them of the news（彼らにそのニュースについて知らせる）

☐ remind him of the meeting（彼にその会議［があること］を気づかせる）

☐ accuse him of theft（彼を窃盗のかどで訴える）
☐ accuse her of lying（彼女をうそをついていると責める）

☐ be proud of oneself（自分に誇りを持つ）

☐ be sure of his success（彼の成功を確信している）

Check 3　Sentence

☐ He always thinks of her.（彼はいつも彼女のことを考えている）

☐ I've heard of the author, but I've never read anything by him.（その作家のことは聞いたことがあるが、彼の作品を読んだことは一度もない）

☐ Disposing of nuclear waste isn't easy.（核廃棄物を処理することは簡単ではない）

☐ He informed us of his safe arrival.（彼は私たちに無事に到着したことを知らせてきた）

☐ He reminded her of the party that evening.（彼は彼女にその晩のパーティーについて念を押した）

☐ The man was accused of murder.（その男は殺人のかどで起訴された）

☐ She is proud of her son.（彼女は息子を誇り［自慢］にしている）

☐ The prosecutors are sure of the defendant's guilt.（検察側はその被告人の有罪を確信している）

continued
▼

Day 16

Check 1 Listen))) CD-A16

□ 249
be fond of A

A が大好きである ⊕like よりくだけた表現

□ 250
consist of A
❶構成の of

A から成り立つ [成り立っている]、構成される（≒ be composed of A、be made up of A） ⊕consist in A は「（本質的なものが）A に存在する、本来 A にある」

□ 251
rob A **of** B
❶分離の of

A（人・場所）**から B**（金・物など）**を奪う**、強奪する（≒ deprive A of B、strip A of B）

□ 252
deprive A **of** B

A（人・物）**から B**（人・物・地位など）**を奪う**（≒ rob A of B、strip A of B）; A に B を与えない ⊕「必要な物・欲しい物を取り上げる」というニュアンス

□ 253
be independent of A

❶**A に頼っていない**、依存していない（⇔ be dependent on [upon] A）
❷A から独立している、支配を受けていない
❸A と関係［関連］がない

□ 254
die of [from] A
❶原因の of

A（病気などが原因）**で死ぬ** ⊕通例、病気には of、けがには from を用いるが、厳密には区別されないことも多い

□ 255
be tired of A

A にうんざりしている、A に飽きている ⊕be tired from A は「A で疲れている」

□ 256
of importance [significance]
❶性質の of

重要な（≒ important、significant）

⊕importance、significance ＝重要性

Day 15))) CD-A15
Quick Review
答えは右ページ下

- □ A を探す
- □ A を望む
- □ A を待ち望む
- □ 売り物の
- □ A のために
- □ A に責任がある
- □ 大部分は
- □ A としては
- □ しばらくの間
- □ A を B だと思う
- □ 確かに
- □ A を意味する
- □ 無料で
- □ A に警戒する
- □ A が足りないため
- □ A に向かって進む

Check 2 Phrase

- be fond of her (彼女のことが大好きである)
- grow fond of A (Aが大好きになる)

- consist of eight members (8人の委員から成る)

- rob him of his fortune (彼から財産を奪う)
- be robbed of A (Aを奪われる)

- deprive her of her liberty (彼女から自由を奪う)

- be independent of A's parents (親に依存していない)
- become independent of the mother country (母国から独立する)

- die of cancer (がんで死ぬ)

- be tired of working long hours (長時間労働にうんざりしている)

- an issue of importance (重要な問題)
- of great importance (非常に重要な)

Check 3 Sentence

- She is fond of playing the violin. (彼女はバイオリンを弾くのが大好きだ)

- The class consists of 36 students. (そのクラスは36人の生徒から成っている)

- The man robbed her of her purse. (その男は彼女から財布を奪った)

- Children living in poverty tend to be deprived of their right to education. (貧困の中で暮らしている子どもたちは、教育を受ける権利を奪われがちである)

- He is independent of his parents both economically and mentally. (彼は経済的にも精神的にも親に頼っていない)

- Many people died of pneumonia before penicillin was available. (ペニシリンが利用できるようになる前は、多くの人が肺炎で死んだ)

- I'm tired of his excuses. (私は彼の言い訳にうんざりしている)

- The drug problem is of great importance to our society. (麻薬問題は私たちの社会にとって非常に重要である)

Day 15 » CD-A15
Quick Review
答えは左ページ下

- search for A
- wish for A
- long for A
- for sale
- for the benefit of A
- be responsible for A
- for the most part
- for A's part
- for a while
- take A for B
- for sure
- stand for A
- for nothing
- watch out for A
- for lack of A
- head for A

Day 17　前置詞 with

Check 1　Listen 》CD-A17

257 provide A with B
❶材料のwith
▶ **A（人など）にB（必要な物など）を供給[提供]する**、与える（≒ supply A with B）　⊕ provide A with B は provide B for A に言い換え可能

258 be filled with A
▶ ❶（場所・容器などが）**Aでいっぱいである**、満たされている
❷（人・心などが）A（感情など）でいっぱいになっている、満たされている

259 deal with A
❶対象のwith
▶ ❶**A（問題など）を処理[処置]する**、A（問題など）に対処する（≒ cope with A、attend to A）
❷A（人）に対して振る舞う、行動する
❸A（人・会社など）と取引する
❹A（事柄）を論じる、扱う

260 interfere with A
▶ **Aを妨げる**、邪魔する

261 cope with A
▶ ❶**A（問題など）に（うまく）対処する**、Aをうまく処理する（≒ deal with A、attend to A）
❷Aと（対等に）対抗する、争う

262 catch up with A
▶ ❶**Aに追いつく**　⊕ keep up with A は「Aに遅れないでついていく」
❷A（犯罪者など）を逮捕[処罰]する
❸（行為などが）A（人）に悪い結果をもたらす

263 put up with A
▶ **Aを我慢する**、Aに耐える　⊕ bear、endure、tolerateよりくだけた表現

264 do away with A
▶ ❶**Aを処分する**、捨てる（≒ get rid of A、dispose of A）；Aを廃止する（≒ abolish）
❷Aを殺す（≒ kill）

continued ▼

前置詞withで一番多いのは、行為の「対象」を表す用法。このほか、withの原意である「敵対」を使った熟語なども押さえよう！

☐ 聞くだけモード　Check 1
☐ しっかりモード　Check 1 ▶ 2
☐ かんぺきモード　Check 1 ▶ 2 ▶ 3

Check 2　Phrase

☐ **provide** them **with** information（彼らに情報を提供する）

☐ **be filled with** water（水でいっぱいである）
☐ **be filled with** sorrow [joy]（悲しみ［喜び］で満たされている）

☐ **deal with** the problem（その問題を処理する）
☐ **deal with** the company（その会社と取引する）

☐ **interfere with** his work（彼の仕事の邪魔をする）

☐ **cope with** difficulties（難局に対処する）
☐ **cope with** him in English（彼と英語で競い合う）

☐ run to **catch up with** him（彼に追いつくために走る）
☐ **catch up with** the class（［勉強などで］級友たちに追いつく）

☐ **put up with** his arrogance（彼のごう慢さに耐える）

☐ **do away with** the death penalty（死刑を廃止する）

Check 3　Sentence

☐ **Newspapers provide us with the facts.**（新聞は私たちに事実を知らせてくれる）

☐ **The store was filled with shoppers.**（その店は買い物客でいっぱいだった）

☐ **The government has to deal with social problems.**（政府は社会問題に対応しなければならない）

☐ **The noise from the street interfered with my sleep.**（通りの騒音が私の眠りを妨げた）

☐ **The government is struggling to cope with a fiscal crisis.**（政府は財政危機に対処しようと懸命になっている）

☐ **You can go ahead and I'll catch up with you in a minute.**（先に行ってください。すぐに追いつきますから）

☐ **I can't put up with the noise any more.**（私はこれ以上騒音に我慢できない）

☐ **She did away with some of her old clothes.**（彼女は古着を何着か処分した）

CHAPTER 1
CHAPTER 2
CHAPTER 3
CHAPTER 4
CHAPTER 5

continued ▼

Day 17

Check 1　Listen)) CD-A17

□ 265
help A with B
— **A（人）のB（仕事など）を手伝う**

□ 266
be familiar with A
— **Aをよく知っている**、熟知している、Aに精通している　●be familiar to Aは「Aによく知られている」

□ 267
agree with A
❶一致のwith
— **A（人）と意見が一致する**、A（意見など）に同意する（≒go along with A　⇔disagree with A）

□ 268
compete with [against] A
❶敵対のwith
— **Aと競う**、競争する、張り合う

□ 269
be faced with A
— **A（困難など）に直面している**（≒be confronted with A）

□ 270
with care
❶様態のwith
❷care＝注意
— **注意して**（≒carefully）

□ 271
with ease
❷ease＝容易さ
— **容易に**、楽々と、やすやすと（≒easily　⇔with difficulty）

□ 272
with pleasure
❷pleasure＝喜び
— ❶**喜んで**、快く
❷（快諾の返答として）喜んで、いいですとも、かしこまりました

Day 16)) CD-A16
Quick Review
答えは右ページ下

- □ Aについて考える
- □ Aの消息を聞く
- □ Aを処理する
- □ AにBについて知らせる
- □ AにBを気づかせる
- □ AをBのかどで告発する
- □ Aを誇りに思っている
- □ Aを確信している
- □ Aが大好きである
- □ Aから成り立つ
- □ AからBを奪う
- □ AからBを奪う
- □ Aに頼っていない
- □ Aで死ぬ
- □ Aにうんざりしている
- □ 重要な

Check 2 Phrase

- □ **help** her **with** her homework (彼女の宿題を手伝う)

- □ **be familiar with** this area (この地域のことをよく知っている；この分野に精通している)

- □ **agree with** him (彼と意見が一致する)
- □ **agree with** her opinion (彼女の意見に同意する)

- □ **compete with** him (彼と競い合う)
- □ **compete with** foreign companies (海外企業と競争する)

- □ **be faced with** difficulties (難局に直面している)

- □ **drive with care** (注意して車を運転する)
- □ **with great care** (細心の注意を払って)

- □ **learn A with ease** (Aを容易に覚える)

- □ **help A with pleasure** (快くAを手伝う)

Check 3 Sentence

- □ **Husbands should help their wives with housework.** (夫は妻の家事を手伝うべきだ)

- □ **They became familiar with each other and began to understand each other.** (彼らはお互いをよく知るようになり、お互いを理解し始めた)

- □ **I agree with what he said.** (私は彼の言ったことに同意している)

- □ **I can't compete with him when it comes to mathematics.** (数学のことになると、私は彼にはかなわない)

- □ **The country is now faced with an economic crisis.** (その国は現在、経済的危機に直面している)

- □ **"Fragile, handle with care."** (「壊れ物につき、取り扱い注意」)

- □ **He won the game with ease.** (彼はその試合に楽勝した)

- □ **I'll go with you with pleasure.** (喜んであなたと同行します)

Day 16 》CD-A16
Quick Review
答えは左ページ下

- □ think of A
- □ hear of A
- □ dispose of A
- □ inform A of B
- □ remind A of B
- □ accuse A of B
- □ be proud of A
- □ be sure of A
- □ be fond of A
- □ consist of A
- □ rob A of B
- □ deprive A of B
- □ be independent of A
- □ die of A
- □ be tired of A
- □ of importance

CHAPTER 1
CHAPTER 2
CHAPTER 3
CHAPTER 4
CHAPTER 5

Day 18 前置詞 from

Check 1　Listen)) CD-A18

□ 273
be free from [of] A
❶分離のfrom

A（不快なもの・心配・苦痛など）**を免れている**、Aに悩まされていない

□ 274
far from A
元Aから遠い

決してAでない、Aにはほど遠い、Aどころか（≒by no means A）

□ 275
come from A
❶起源のfrom
元Aから来る

❶**Aの出身である**：（物が）Aの産物である、Aの製品である
❷Aから生じる、Aに由来する　➕derive from Aよりくだけた表現

□ 276
result from A

Aに起因［由来］**する**、A（原因・条件など）から結果として生じる［起こる］　➕result in Aは「Aという結果になる」

□ 277
derive from A

❶**Aに由来**［派生］**する**　➕「そこから生まれて発展する」というニュアンス。come from Aよりフォーマルな表現
❷（derive A from Bで）A（利益・楽しみなど）をB（本源となるもの）から得る、引き出す

□ 278
date from [back to] A

（物・事が）**A**（特定の時期・時代）**にさかのぼる**、起源を持つ

□ 279
distinguish A **from** B
❶相違のfrom

AをBと区別［識別］**する**、見分ける　➕tell A from Bよりフォーマルな表現。distinguish between Aは「Aの間の相違を見分ける」

□ 280
tell A **from** B

AをBから区別［識別］**する**、AとBとの区別［識別］ができる　➕distinguish A from Bよりくだけた表現

continued ▼

前置詞fromで難しいのは、「～から離れて」という原意から派生した「抑制」の用法。「～させない」を表す熟語たちに注意！

☐ 聞くだけモード　Check 1
☐ しっかりモード　Check 1 ▶ 2
☐ かんぺきモード　Check 1 ▶ 2 ▶ 3

Check 2　Phrase

☐ **be free from** worry（心配事がない）

☐ **be far from** satisfied（決して満足していない）

☐ **come from** Osaka（大阪の出身である）

☐ **result from** poor diet（[病気などが] 不十分な食生活に起因する）

☐ **derive from** the same source（同じ源から派生する）

☐ **date from** 2000 B.C.（紀元前2000年にさかのぼる）

☐ **distinguish** a male chick **from** a female（雄のヒヨコを雌と区別する）

☐ **tell** the copy **from** the original（複製を本物と見分ける）

Check 3　Sentence

☐ **No one is free from prejudice.**（偏見のない人はいない）

☐ **The current situation is far from optimistic.**（現在の状況は決して楽観できるものではない）

☐ **"Where do you come from?" "Japan."**（「出身はどちらですか?」「日本です」）

☐ **The fire resulted from a gas explosion.**（その火事はガス爆発が原因だった）

☐ **The word "tsunami" derives from Japanese.**（「ツナミ（津波）」という言葉は日本語に由来する）

☐ **This temple dates from the 7th century.**（この寺の歴史は7世紀にさかのぼる）

☐ **You should distinguish good from bad.**（あなたは善悪を区別すべきだ）

☐ **I can't tell whiskey from brandy.**（私はウイスキーとブランデーの区別がつかない）

continued
▼

Day 18

Check 1　Listen))) CD-A18

□ 281　be different from A
Aと異なっている、違っている　●米国ではfromの代わりにthanを使うこともある。differ from Aよりくだけた表現

□ 282　refrain from A
❶抑制のfrom
Aを差し控える、慎む、我慢する（≒abstain from A）　●keep from Aよりフォーマルな表現

□ 283　prevent A from doing
A（人）が～するのを妨げる［邪魔する］（≒prohibit A from doing）；A（病気など）が～するのを予防する　●keep A from doing、stop A from doingよりフォーマルな表現

□ 284　keep A from doing
Aに～をさせない（ようにする）（≒stop A from doing）　●prevent A from doingよりくだけた表現

□ 285　stop A from doing
Aが～するのを妨げる［止める、やめさせる］（≒keep A from doing）　●prevent A from doingよりくだけた表現

□ 286　prohibit A from doing
❶**Aが～するのを禁止する**［差し止める］（≒ban A from doing、forbid A from doing [to do]）　●「公式に禁止する」というニュアンス
❷Aが～するのを妨げる（≒prevent A from doing、keep A from doing、stop A from doing）

□ 287　suffer from A
❶原因のfrom
Aに苦しむ、悩む；（病気）を患う、病む

□ 288　be tired from A
Aで疲れている、くたびれている　●be tired of Aは「Aにうんざりしている」

Day 17))) CD-A17　Quick Review
答えは右ページ下

- □ AにBを供給する
- □ Aでいっぱいである
- □ Aを処理する
- □ Aを妨げる
- □ Aに対処する
- □ Aに追いつく
- □ Aを我慢する
- □ Aを処分する
- □ AのBを手伝う
- □ Aをよく知っている
- □ Aと意見が一致する
- □ Aと競う
- □ Aに直面している
- □ 注意して
- □ 容易に
- □ 喜んで

Check 2 Phrase

- be different from each other (お互いに違っている)

- refrain from drinking (飲酒を慎む)

- prevent the disease from spreading (その病気が広がるのを防ぐ)

- keep her from going there (彼女にそこへ行かせない)

- stop them from fighting (彼らのけんかをやめさせる)

- prohibit children from swimming in the pond (子どもたちがその池で泳ぐのを禁止する)

- suffer from a headache (頭痛に苦しむ)
- suffer from poverty (貧困に苦しむ)

- be tired from the long trip (長旅で疲れている)

Check 3 Sentence

- Japanese grammar is very different from English grammar. (日本語の文法は英語の文法とかなり違う)

- We are expected to refrain from smoking in public places. (公共の場所では喫煙を差し控えるよう求められている)

- Bad weather prevented them from reaching the summit. (悪天候が彼らが頂上に到達するのを妨げた)

- The movie was so boring that she could hardly keep herself from falling asleep. (映画があまりに退屈だったので、彼女は眠りに落ちるのを止められなかった)

- He couldn't stop himself from laughing. (彼は笑うのを我慢できなかった)

- The authorities prohibited the ship from entering port. (当局はその船が入港するのを禁じた)

- She's been suffering from asthma. (彼女はぜん息を患っている)

- She was tired from studying all day. (彼女は1日中勉強して疲れていた)

Day 17))) CD-A17
Quick Review
答えは左ページ下

- provide A with B
- be filled with A
- deal with A
- interfere with A
- cope with A
- catch up with A
- put up with A
- do away with A
- help A with B
- be familiar with A
- agree with A
- compete with A
- be faced with A
- with care
- with ease
- with pleasure

CHAPTER 1
CHAPTER 2
CHAPTER 3
CHAPTER 4
CHAPTER 5

Day 19　前置詞
by／as

Check 1　Listen 》CD-A19

□ 289
by hand
❶手段のby

❶(機械でなく)**手製で**、手で
❷自筆で、手書きで
❸(郵便でなく)手渡しで

□ 290
by heart
⊕heart＝心

暗記して、そらで

□ 291
by accident [chance]
❶原因のby
⊕accident、chance＝偶然

偶然に、ふとしたことで（≒accidentally ⇔on purpose、deliberately）

□ 292
by mistake
⊕mistake＝誤り、間違い

誤って、間違って　⊕「意図していなかったが間違って」というニュアンス

□ 293
stand by A
❶位置のby
元Aのそばに立つ

❶A（決定など）**を固守する**、A（約束など）を守る
❷A（人）を支持［支援］する（≒support）　⊕「苦境にある人を支持する」というニュアンス
❸(stand byで)（Aに備えて）待機する（for A）
❹(stand byで)傍観する

□ 294
one by one
❶単位のby

1人 [1つ] ずつ

□ 295
little by little

少しずつ、徐々に（≒bit by bit、gradually）

□ 296
by nature
❶関連のby
⊕nature＝本質、性質

生まれつき、生まれながらに、生来、本来

continued

今日で前置詞を使った熟語は最後。asは「～として」のみだけど、byにはいろいろな用法がある。繰り返しの学習で定着させよう！

- □ 聞くだけモード　Check 1
- □ しっかりモード　Check 1 ▶ 2
- □ かんぺきモード　Check 1 ▶ 2 ▶ 3

Check 2　Phrase

- □ cookies made by hand（手作りのクッキー）
- □ a letter by hand（手書き［自筆］の手紙）

- □ learn English words by heart（英単語を暗記する）

- □ meet him by accident（彼に偶然出会う）

- □ delete the files on the computer by mistake（コンピューター上のファイルを誤って削除する）

- □ stand by A's decision（決意を守り通す）
- □ stand by a friend in need（困っている友人の力となる）

- □ eat peanuts one by one（ピーナツを1つずつ食べる）

- □ increase little by little（少しずつ増加する）

- □ be endowed with beauty by nature（生まれながらに美ぼうに恵まれている）

Check 3　Sentence

- □ This wedding dress was made by hand.（このウエディングドレスは手製だ）

- □ He knows the poem by heart.（彼はその詩を暗記している）

- □ He witnessed the robbery by accident.（彼は強盗を偶然目撃した）

- □ He took the wrong train by mistake.（彼は間違えて違う電車に乗った）

- □ He stood by what he'd promised me.（彼は私に約束したことを守った）

- □ One by one, they received their high school diplomas.（彼らは1人ずつ卒業証書を受け取った）

- □ Little by little, the situation is improving.（状況は少しずつ改善している）

- □ She is talkative by nature.（彼女は生来の話し好きだ）

continued
▼

Day 19

Check 1　Listen 》CD-A19

□ 297
see A as B
❶「〜として(の)」のas

AをBと見なす、考える、想像する (≒ view A as B、think of A as B、regard A as B、look on A as B)

□ 298
regard A as B

AをBと見なす、考える、思う (≒ see A as B、view A as B、think of A as B、look on A as B)

□ 299
as a result
　　　　[consequence]
➕result、consequence＝結果

(前文の内容を受けて)(Aの) **結果として** (of A)、その結果　➕通例文頭に置く。as a consequenceのほうがフォーマルな表現

□ 300
as such

❶ **そういうものとして**、それなりに
❷ それ自体では

□ 301
as a whole
➕whole＝全体、全部

全体として (の) (≒ all in all)、ひとまとめで(の)；概して　➕通例、名詞の後の置く

□ 302
as a (general) rule
➕rule＝習慣

一般に、概して、普通は (≒ generally)

□ 303
as a matter of fact
➕matter＝事、fact＝実際

実は、実を言うと

□ 304
as a matter of
　　　　　　course
➕matter＝事、course＝自然な成り行き

当然のことながら、もちろん

| Day 18 》CD-A18
Quick Review
答えは右ページ下 | □ Aを免れている
□ 決してAでない
□ Aの出身である
□ Aに起因する | □ Aに由来する
□ Aにさかのぼる
□ AをBと区別する
□ AをBから区別する | □ Aと異なっている
□ Aを差し控える
□ Aが〜するのを妨げる
□ Aに〜をさせない | □ Aが〜するのを妨げる
□ Aが〜するのを禁止する
□ Aに苦しむ
□ Aで疲れている |

Check 2 Phrase

- see him as a little kid（彼を子どもと見なす）

- regard the situation as stable（状況は安定していると見なす）

- as a result of the climate change（気候の変化の結果として）

- treat A as such（Aをそういうものとして扱う）

- the world as a whole（全体としての世界；世界全体）

【Pop Quiz!】
derive from Aと同じ意味の熟語は？
▶ 答えは見出し番号277でチェック！

【Pop Quiz!】
distinguish A from Bと同じ意味の熟語は？
▶ 答えは見出し番号279でチェック！

【Pop Quiz!】
prevent A from doingと同じ意味の熟語は？
▶ 答えは見出し番号283でチェック！

Check 3 Sentence

- I can't see him as a teacher.（私は彼を先生とは思えない）

- I regard Beethoven's Ninth Symphony as his best work.（私はベートーベンの交響曲第9番が彼の最高傑作だと思う）

- As a result, he was late for the meeting.（[何か原因があって] その結果、彼は会議に遅れた）

- Money, as such, does not necessarily make one happy.（お金それ自体は、必ずしも人を幸せにするわけではない）

- His essay as a whole is well organized.（彼のエッセーは全体としてうまくまとめられている）

- She comes to the office at 9 a.m. as a rule.（彼女は普通、午前9時に出社する）

- As a matter of fact, he's still going out with her.（実を言うと、彼はまだ彼女とつき合っている）

- Most people, as a matter of course, are against tax increases.（ほとんどの人は、当然のことながら増税に反対している）

Day 18 》CD-A18
Quick Review
答えは左ページ下

- be free from A
- far from A
- come from A
- result from A
- derive from A
- date from A
- distinguish A from B
- tell A from B
- be different from A
- refrain from A
- prevent A from doing
- keep A from doing
- stop A from doing
- prohibit A from doing
- suffer from A
- be tired from A

CHAPTER 1
CHAPTER 2
CHAPTER 3
CHAPTER 4
CHAPTER 5

Day 20 副詞 on／off

Check 1　Listen » CD-A20

□ 305
go on
❶継続のon
元先へ進む、進み続ける
- ❶(Aを) **続ける** (with A)；(～し) 続ける (doing) (≒ continue)
- ❷続けて (～) する (to do)；(A [次の話題など] に) 進む (to A)
- ❸起こる、行われる (≒ take place、happen)

□ 306
hold on
元続けていく
- ❶(しばしば命令文で) (電話を切らないで) **待つ** (≒ hang on)；止まる
- ❷(Aを) しっかりつかみ続ける (to A)
- ❸(Aを) 手放さない、売らずにおく (to A)
- ❹(困難な状況で) 頑張る、耐える

□ 307
carry on
- ❶(A [仕事など] を) **続ける**、続行する (with A)；(～し) 続ける (doing) (≒ continue)
- ❷(carry on A [A on]で) Aを維持する、営む
- ❸(carry on A [A on]で) A (会話など) を行う、進める
- ❹醜態を演じる、取り乱す

□ 308
take on A [A on]
❶所持のon
元Aを乗せる
- ❶**A** (仕事など) **を引き受ける**；A (責任) を負う
- ❷(take on Aで) A (様相・色彩など) を帯びる、呈する
- ❸(競技などで) Aと対戦 [対決] する、Aに挑戦する
- ❹Aを雇う (≒ employ)

□ 309
put on A [A on]
元Aを乗せる
- ❶**A** (服など) **を身に着ける** (⇔ take off A) ➕「Aを身に着けている」という状態は have on A、wear
- ❷A (機械) を動かす、働かす
- ❸A (CDなど) をかける
- ❹A (態度) を装う、Aのふりをする (≒ pretend)

□ 310
try on A [A on]
- **Aを試着する**；(B [サイズ] が合うか) Aを着て [履いて、かぶって] みる (for B)

□ 311
turn on A [A on]
❶作動のon
- ❶**A** (テレビ・明かりなど) **をつける**；A (水・ガスなど) を出す (⇔ turn off A)
- ❷(turn on Aで) Aを突然攻撃する
- ❸(turn on Aで) A次第である (≒ depend on [upon] A)
- ❹A (人) に (Bに対して) 興味を抱かせる (to B)

□ 312
hang on
❶付着のon
- ❶(Aに) **しっかりつかまる**、しがみつく (to A)
- ❷(通例命令文で) 待つ；電話を切らずにおく (≒ hold on)
- ❸(hang on Aで) Aに耳を傾ける
- ❹頑張り通す
- ❺(hang on Aで) A次第である (≒ depend on [upon] A)

continued
▼

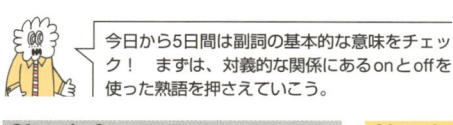

今日から5日間は副詞の基本的な意味をチェック！ まずは、対義的な関係にあるonとoffを使った熟語を押さえていこう。

- □ 聞くだけモード　Check 1
- □ しっかりモード　Check 1 ▶ 2
- □ かんぺきモード　Check 1 ▶ 2 ▶ 3

Check 2　Phrase

- □ **go on** with the negotiations（交渉を続ける）
- □ **go on** talking（話し続ける）

- □ **Hold on** a minute.（しばらくお待ちください）
- □ **hold on** to a strap（つり革につかまる）

- □ **carry on** working（仕事を続ける）
- □ **carry on** a conversation（会話をする）

- □ **take on** a new role（新たな役割を担う）
- □ **take on** a new light（新しい様相を呈する）

- □ **put on** A's hat（帽子をかぶる）
- □ **put** music **on**（音楽をかける）

- □ **try on** the sweater（そのセーターを試着する）

- □ **turn on** the TV（テレビをつける）
- □ **turn on** the gas（ガスを出す）

- □ **hang on** to the rope（ロープにしっかりつかまる）
- □ **hang on** his every word（彼の一言一言に耳を傾ける）

Check 3　Sentence

- □ **You should go on with your work.**（あなたは自分の仕事を続けたほうがいい）

- □ **"May I speak to Tom?" "Hold on."**（「トムをお願いします」「お待ちください」）

- □ **The couple carried on dancing.**（そのカップルは踊り続けた）

- □ **In the fall, maple trees take on red hues.**（秋に、モミジの木々は紅葉する）

- □ **Hurry up and put your coat on.**（急いでコートを着なさい）

- □ **She tried on the hat for size.**（彼女はサイズが合うかどうかその帽子をかぶってみた）

- □ **Would you turn on the fan, please?**（扇風機をつけてくれませんか？）

- □ **Hang on a second.**（少々お待ちください）

continued
▼

Day 20

Check 1　Listen ») CD-A20

□ 313
turn off A [A off]
❶休止のoff
- ❶**A（テレビ・明かりなど）を消す**、A（水・ガスなど）を止める（≒turn out A　⇔turn on A）
- ❷(turn offで) 脇道に入る
- ❸A（人）をうんざりさせる、A（人）に興味を失わせる

□ 314
put off A [A off]
元Aを取り去る
- ❶**Aを（Bまで）延期する**（till [until] B）　⊕postpone、delayよりくだけた表現
- ❷A（〜するの）を遅らせる（doing）
- ❸Aに嫌悪感を持たせる；Aに興味［食欲］を失わせる
- ❹Aを待たせる、退ける

□ 315
call off A [A off]
元Aを去らせる
- ❶**A（予定の催し）を中止する**、A（約束など）を取り消す（≒cancel）
- ❷A（人・イヌなど）に攻撃［追跡］をやめさせる

□ 316
get off
❶分離のoff
- ❶（バスなどから）**降りる**（⇔get on）;（get off Aで）A（バスなど）から降りる
- ❷(1日の)仕事を終える；(get off Aで) A（仕事）を終える
- ❸(A［軽い罰など］で) 逃れる（with A）

□ 317
keep off
- ❶（Aに）**近寄らない**、（Aから）離れている（from A）；(keep off Aで) Aに近寄らない、行かない
- ❷(keep off A Bで) AをBに寄せつけない、近づけない
- ❸(keep off Aで) A（話題など）に触れない
- ❹(keep off Aで) A（酒など）を控える、慎む

□ 318
take off A [A off]
元Aを取り去る
- ❶**A（衣服など）を脱ぐ**；A（眼鏡など）を外す（⇔put on A）
- ❷(take offで)（飛行機が）離陸する
- ❸(take offで) 急いで立ち去る［出発する］
- ❹A（ある期間・日）を休暇として取る
- ❺A（体重）を減らす

□ 319
give off A
❶解放のoff
- **A（におい・光・熱・音など）を発する**、放つ（≒emit、release）；A（雰囲気など）を漂わせる

□ 320
show off
❶強調のoff
- ❶**見えを張る**、いいところを見せようとする
- ❷(show off A [A off]で) Aを見せびらかす、誇示する
- ❸(show off A [A off]で) Aを引き立たせる、よく見せる

Day 19 ») CD-A19
Quick Review
答えは右ページ下

- ☐ 手製で
- ☐ 暗記して
- ☐ 偶然に
- ☐ 誤って
- ☐ Aを固守する
- ☐ 1人ずつ
- ☐ 少しずつ
- ☐ 生まれつき
- ☐ AをBと見なす
- ☐ AをBと見なす
- ☐ 結果として
- ☐ そういうものとして
- ☐ 全体として
- ☐ 一般に
- ☐ 実は
- ☐ 当然のことながら

Check 2 Phrase

- ☐ turn off the radio（ラジオを消す）
- ☐ turn off the faucet（蛇口を閉める）

- ☐ put off the meeting（会議を延期する）
- ☐ put off making a decision（決定を先送りにする）

- ☐ call off the game（試合を中止する）

- ☐ get off at the next bus stop（次のバス停で降りる）
- ☐ get off work（仕事を終える）

- ☐ Keep off!（立ち入り禁止！）
- ☐ keep off the topic（その話題に触れない）

- ☐ take off a coat（コートを脱ぐ）
- ☐ take off for Sydney（シドニーへ向けて離陸する［出発する］）

- ☐ give off a strong smell（強いにおいを発する）
- ☐ give off poisonous gases（有毒ガスを放出する）

- ☐ show off A's talents（才能を見せびらかす）

Check 3 Sentence

- ☐ He forgot to turn off the heater when he left.（彼は出かけるときにヒーターを消すのを忘れた）

- ☐ They put off the game till tomorrow.（彼らは試合を明日に延期した）

- ☐ The search was called off due to darkness.（日没のため捜索は打ち切られた）

- ☐ I got off the train at Shin-Osaka Station.（私は新大阪駅で列車を降りた）

- ☐ Please keep off the grass.（芝生に入らないでください ●公園などの掲示板で使われる）

- ☐ Japanese people take off their shoes when entering their homes.（日本人は家に入るときに靴を脱ぐ）

- ☐ The flower gives off a sweet fragrance.（その花は甘い香りを発している）

- ☐ He tried to show off to his girlfriend.（彼は恋人にいいところを見せようとした）

Day 19)) CD-A19
Quick Review
答えは左ページ下

- ☐ by hand
- ☐ by heart
- ☐ by accident
- ☐ by mistake
- ☐ stand by A
- ☐ one by one
- ☐ little by little
- ☐ by nature
- ☐ see A as B
- ☐ regard A as B
- ☐ as a result
- ☐ as such
- ☐ as a whole
- ☐ as a rule
- ☐ as a matter of fact
- ☐ as a matter of course

CHAPTER 1
CHAPTER 2
CHAPTER 3
CHAPTER 4
CHAPTER 5

Day 21 副詞 out

Check 1　Listen ») CD-A21

□ 321
find out A [A out]
❶完了のout
元Aを見つけ出す

❶**Aを解明する**、Aの真相を知る；(find out Aで) A (～) ということを発見する、知る (that節・wh節)
❷(find outで) (Aについて) 情報 [真相] を得る、調べる (about A)
❸A (悪事など) を見抜く；A (人) の正体を見破る

□ 322
figure out A [A out]
元Aを計算する

❶**Aを解決する**、考え出す
❷(考えた末) Aを理解 [解釈、評価] する、Aが分かる (≒ make out A、understand)

□ 323
carry out A [A out]
元Aを運び出す

❶A (計画など) **を実行 [実施] する** (≒ put [bring] A into practice)
❷A (約束・義務・命令など) を遂行する、果たす

□ 324
make out A [A out]

❶(通例canを伴って) **Aを理解する** (≒ figure out A、understand)；Aを聞き [見] 分ける
❷A (小切手など) を作成する、書く
❸(make outで) ～のように言う (that節)
❹(make outで) うまくやる、成功する (≒ succeed)

□ 325
stand out
❶出現のout
元突き出ている

❶**目立つ**、人目につく
❷(Aの中で) 傑出している、卓越している (from [among, above] A)

□ 326
break out
元出て来る

❶(火事・戦争などが) **急に発生する**、勃発する
❷(A [習慣など] から) 脱する (of A)　❺「つまらなくなったのでやめる」というニュアンス
❸(吹き出物などが) 出てくる
❹(Aから) 脱獄する (of [from] A)

□ 327
turn out A

❶**結局はAになる**、Aであることが判明する
❷(turn out A [A out]で) A (明かりなど) を消す (≒ turn off A)
❸(turn outで) (Aに) 出かける、出席する (for A)
❹(turn out A [A out]で) Aを生産する (≒ produce)

□ 328
point out A [A out]

❶**Aを指摘する**、A (～) ということを指摘する (that節)
❷Aを (Bに) 指し示す (to B)

continued
▼

副詞outの主な用法は「完了」「出現」「停止」。さまざま動詞と結びついて、いろいろな意味を生み出す世界を楽しもう!

□ 聞くだけモード　Check 1
□ しっかりモード　Check 1 ▶ 2
□ かんぺきモード　Check 1 ▶ 2 ▶ 3

Check 2　Phrase

□ find out the truth（事実を探り出す）
□ find out that he was right（彼が正しかったことに気づく）

□ figure out what to do（何をすべきか考え出す）
□ figure out what he was saying（彼が言っていたことを理解する）

□ carry out the plan（計画を実行する）
□ carry out the order（命令を遂行する）

□ make out what he means（彼が言おうとしていることを理解する）
□ make out a check（小切手を書く）

□ stand out in a crowd（人込みの中で目立つ）

□ break out of the routine（マンネリから脱却する）
□ break out of the prison（刑務所から脱獄する）

□ turn out bad（結局はまずいことになる）
□ turn out for the event（その行事に出かける）

□ point out defects（欠陥を指摘する）
□ point out the museum to the tourists（観光客に美術館を指し示す）

Check 3　Sentence

□ Investigators found out the sequence of events leading to the accident.（調査官たちはその事故につながった一連の出来事を解明した）

□ Don't worry, I'll figure something out.（心配しないでください。私が何か解決法を考え出します）

□ The department store carried out the research on customer satisfaction.（そのデパートは顧客満足度に関する調査を実施した）

□ He couldn't make out what she was saying.（彼は彼女が言っていることが分からなかった）

□ He stands out from the rest of his classmates.（彼はクラスメートの中で飛び抜けて優秀である）

□ War was about to break out in the Middle East.（中東では戦争がまさに勃発しようとしていた）

□ Everything turned out fine.（結局、万事うまくいった）

□ He got surprised when I pointed out his mistake.（私が彼の間違いを指摘すると、彼は驚いた）

CHAPTER 1
CHAPTER 2
CHAPTER 3
CHAPTER 4
CHAPTER 5

continued
▼

Day 21

Check 1　　Listen 》CD-A21

□ 329
bring out A [A out]
元Aを取り出す

❶**A**（色・性質など）**をはっきり出す**
❷A（真相など）を明らかにする
❸A（才能など）を引き出す
❹A（新製品など）を出す、A（本）を出版する

□ 330
run out
❶停止のout
元走り出す

❶（物資などが）**尽きる**、なくなる；（人が）（Aを）使い果たす（of A）（≒ run short）
❷（契約などが）切れる、無効になる（≒ expire）
❸（A［人］を）見捨てる；（A［責任など］を）放棄する（on A）（≒ desert）

□ 331
put out A [A out]
元Aを外に出す

❶**A**（火など）**を消す**　✚ extinguishよりくだけた表現
❷Aを用意する、提供する
❸Aを困らせる、Aに面倒をかける（≒ annoy）
❹A（力など）を発揮する、出す
❺A（手など）を差し出す

□ 332
wear out A [A out]

❶**Aをすり減らす**、すり切らす、使い古す；（wear outで）すり減る、すり切れる
❷Aを疲れ果てさせる（≒ exhaust）

□ 333
drop out
❶離脱のout
元立ち去る

❶（Aから）**退学[退部] する**；（A［社会］から）逃避する（of A）；（競技で）落後する
❷（A［体制側］から）離脱する（of A）

□ 334
leave out A [A out]
元Aを出したままにしておく

❶**Aを**（Bから）**除外する**、省く（of B）
❷Aをのけ者にする

□ 335
give out A [A out]
❶方向のout

❶**Aを**（B［複数の人］に）**配る**、分配する（to B）
❷（give outで）（物質・能力などが）尽きる；（機能が）停止する
❸（give outで）（人が）疲れ果てる

□ 336
pick out A [A out]

❶**Aを選ぶ**、選び出す（≒ choose）　✚「注意深く選ぶ」というニュアンス
❷Aを見つけ出す、見分ける
❸A（曲）を聞き覚えで演奏する

Day 20 》CD-A20
Quick Review
答えは右ページ下

- □ 続ける
- □ 待つ
- □ 続ける
- □ Aを引き受ける

- □ Aを身に着ける
- □ Aを試着する
- □ Aをつける
- □ しっかりつかまる

- □ Aを消す
- □ Aを延期する
- □ Aを中止する
- □ 降りる

- □ 近寄らない
- □ Aを脱ぐ
- □ Aを発する
- □ 見えを張る

Check 2　Phrase

- ☐ bring out the flavor（風味を引き出す）
- ☐ bring out new products（新製品を出す）

- ☐ run out of money（お金を使い果たす）

- ☐ put out fire（火を消す）
- ☐ put out the sandwiches for breakfast（朝食にサンドイッチを出す）

- ☐ wear out A's shoes（靴を履き古す）
- ☐ wear him out（彼を疲れ果てさせる）

- ☐ drop out of high school（高校を中退する）

- ☐ leave out the sugar（[料理などで] 砂糖を入れないでおく）
- ☐ feel left out（のけ者にされていると感じる）

- ☐ give out copies of the documents（書類のコピーを配る）
- ☐ give out halfway（途中で尽きる；途中で停止する）

- ☐ pick out a present for her（彼女へのプレゼントを選ぶ）
- ☐ pick him out in a crowd（人込みの中から彼を見つけ出す）

Check 3　Sentence

- ☐ The attorney brought out new evidence.（その弁護士は新しい証拠を明らかにした）

- ☐ Food supplies will run out within two weeks.（備蓄食糧は2週間以内になくなるだろう）

- ☐ I forgot to put out the lights before leaving.（私は外出前に明かりを消すのを忘れた）

- ☐ My jeans have begun to wear out.（私のジーンズがすり切れ始めた）

- ☐ She dropped out of college after one semester.（彼女は1学期で大学を中退した）

- ☐ They decided to leave him out of the group.（彼らは彼をグループから外すことを決めた）

- ☐ He gave out the handouts to those present at the meeting.（彼は資料を会議の出席者に配った）

- ☐ Pick out whatever you want.（どれでも好きな物を選んでください）

Day 20))) CD-A20
Quick Review
答えは左ページ下

- ☐ go on
- ☐ hold on
- ☐ carry on
- ☐ take on A
- ☐ put on A
- ☐ try on A
- ☐ turn on A
- ☐ hang on
- ☐ turn off A
- ☐ put off A
- ☐ call off A
- ☐ get off
- ☐ keep off
- ☐ take off A
- ☐ give off A
- ☐ show off

Day 22　副詞
up

Check 1　Listen 》CD-A22

□ 337
pull up
❶運動のup
㈲引き上げる

❶(人が) **車を止める**；(車が) 止まる；(pull up A [A up]で) A (車・人など) を止める
❷(pull up A [A up]で) A (いすなど) を引き寄せる

□ 338
pick up A [A up]
㈲Aを持ち上げる

❶**Aを車で迎えに行く**、車に乗せる
❷Aを (途中で) 買う、Aを安く手に入れる
❸(pick oneself upで) (倒れた後に) 起き上がる
❹A (部屋など) を片づける、整頓する
❺(pick upで) 回復する、立ち直る

□ 339
look up A [A up]
㈲Aを見上げる

❶**Aを** (B [辞書など] で) **調べる**、探す (in B)
❷(look upで) (景気などが) よくなる、上向く
❸A (人) を訪ねる　➕「別の理由で来たついでに訪ねる」というニュアンス

□ 340
grow up
❶完了のup

❶**成長する**、大人になる
❷(命令文で) 大人らしく振る舞う [考える]
❸(事態などが) 生じる、起こる

□ 341
shut up

❶(しばしば命令文で) **黙る**；(shut up A [A up]で) A (人) を黙らせる
❷(shut up A [A up]で) Aを監禁する、閉じ込める
❸(shut up A [A up]で) A (店など) を閉鎖する

□ 342
hang up

❶(A [人] との) **電話を切る** (on A)
❷(hang up A [A up]で) A (服など) を (Bに) 掛ける (on B)
❸(be hung upで) (Aのことで) いらいらする (on [about] A)

□ 343
make up A [A up]
㈲Aを組み立てる

❶**A** (話・弁解など) **を作り上げる**、でっち上げる
❷A (詩など) を創作する
❸Aを構成する
❹Aを用意 [準備] する
❺A (人・顔など) に化粧する；(make upで) 化粧する

□ 344
fill up A [A up]

❶**A** (容器・タンクなど) **を** (Bで) **満たす** (with B)；A (車) を満タンにする
❷A (人) を満腹にさせる
❸(fill upで) (劇場などが) (A [人] で) 満員になる (with A)

continued
▼

今日は「上へ」が原意の副詞upを使った熟語をチェック！ 用法の違いで意味もさまざま。「動詞＋up」の「固まり」で覚えよう。

☐ 聞くだけモード　Check 1
☐ しっかりモード　Check 1 ▶ 2
☐ かんぺきモード　Check 1 ▶ 2 ▶ 3

Check 2　Phrase

☐ pull up along the curb（縁石沿いに車を止める）
☐ pull up a chair（いすを引き寄せる）

☐ pick her up at school（彼女を車で学校に迎えに行く）
☐ pick up food on the way home（帰宅途中に食品を買う）

☐ look up the word in the dictionary（その言葉を辞書で調べる）
☐ Things are looking up for A.（Aにとって状況はよくなってきている）

☐ grow up in Osaka（大阪で育つ）

☐ get him to shut up（彼を黙らせる）

☐ hang up and dial again（電話を切って、もう一度ダイヤルする）
☐ hang up a coat on a hanger（コートをハンガーに掛ける）

☐ make up a story（話をでっち上げる）
☐ make up a song（歌を創作する）

☐ fill up a tank with water（タンクを水で満たす）
☐ fill up with people（人々で満員になる）

Check 3　Sentence

☐ He pulled up in front of the bank.（彼は銀行の前に車を止めた）

☐ She drove to the station to pick up her husband.（彼女は夫を迎えに車で駅へ行った）

☐ He looked up the phone number in the phone book.（彼は電話帳でその電話番号を探した）

☐ My son wants to be a professional soccer player when he grows up.（私の息子は、大人になったらプロのサッカー選手になりたいと思っている）

☐ Just shut up and sit down!（黙って座りなさい！）

☐ He hung up on me without saying goodbye.（彼はさよならも言わないで私との電話を切った）

☐ He made up an excuse for being late.（彼は遅刻した口実をでっち上げた）

☐ Fill it [her] up.（満タンにしてください ⊕ガソリンスタンドで給油するときの表現。it、herはthe carを示す）

continued
▼

Day 22

Check 1　Listen))) CD-A22

□ 345
blow up A [A up]
㊥Aを吹き起こす

❶ **Aを爆破する**；(blow upで) 爆発する
❷Aを膨らます
❸A (写真) を引き伸ばす
❹(blow upで) (A [人] に) ひどく怒る (at A)
❺(blow upで) 一触即発の危機に発展する

□ 346
use up A [A up]

Aを使い尽くす、使い切る

□ 347
sum up A [A up]
㊥Aを合計する

A (意見・考えなど) **を要約する**、かいつまんで言う (≒ summarize)

□ 348
show up
❶出現のup

❶(人が) **現れる**、姿を現す　●「人が待っている所に現れる」というニュアンス
❷(物などが) はっきり [よく] 見える
❸(show up A [A up]で) A (人) を見劣りさせる、A (人) に恥をかかせる

□ 349
call up A [A up]

❶ **Aに電話をかける**
❷(コンピューターで) A (情報) を呼び出す
❸A (記憶など) を呼び起こす
❹A (人) を呼び出す、招集する

□ 350
stay [sit] **up** (late)
❶状態のup

寝ずに起きている　●stay up (late)のほうが「遊んでいて寝ないでいる」というニュアンス。sit upには「(寝ていて) 起き上がる」という意味もある

□ 351
hurry up

急ぐ、急いでする；(hurry up A [A up]で) A (人) を急がせる、A (仕事など) を急いでする

□ 352
cheer up

元気づく；(cheer up A [A up]で) Aを元気づける、励ます

Day 21))) CD-A21
Quick Review
答えは右ページ下

□ Aを解明する
□ Aを解決する
□ Aを実行する
□ Aを理解する

□ 目立つ
□ 急に発生する
□ 結局はAになる
□ Aを指摘する

□ Aをはっきり出す
□ 尽きる
□ Aを消す
□ Aをすり減らす

□ 退学する
□ Aを除外する
□ Aを配る
□ Aを選ぶ

Check 2　Phrase

- □ blow up a building（ビルを爆破する）
- □ blow up a balloon（風船を膨らませる）

- □ use up fuel（燃料を使い尽くす）

- □ sum up the main points（要点をまとめる）
- □ to sum up（要約すると、結論として）

- □ show up for the meeting（会議に姿を現す）

- □ call her up later（後で彼女に電話をかける）

- □ stay up all night（一晩中起きている）

- □ hurry things up（物事を迅速に進める）

- □ Cheer up!（元気を出せ！）
- □ cheer him up（彼を元気づける）

Check 3　Sentence

- □ The man was arrested for attempting to blow up city hall.（その男は市庁舎を爆破しようとした罪で逮捕された）

- □ He used up all the money he had saved.（彼は蓄えていたお金をすべて使い切った）

- □ The teacher asked the students to sum up the story in 100 words.（先生は生徒たちにその話を100語で要約するように言った）

- □ She finally showed up around midnight.（彼女は真夜中ごろになってやっと姿を現した）

- □ I called him up to tell him about the news.（私はそのニュースを知らせるために彼に電話をかけた）

- □ They stayed up all night playing cards.（彼らはトランプをしながら一晩中起きていた）

- □ Hurry up, or you'll miss the train.（急ぎなさい。さもないと電車に乗り遅れますよ）

- □ I wish she would cheer up.（彼女が元気になればいいのだが）

Day 21))) CD-A21
Quick Review
答えは左ページ下

- □ find out A
- □ figure out A
- □ carry out A
- □ make out A
- □ stand out
- □ break out
- □ turn out A
- □ point out A
- □ bring out A
- □ run out
- □ put out A
- □ wear out A
- □ drop out
- □ leave out A
- □ give out A
- □ pick out A

CHAPTER 1
CHAPTER 2
CHAPTER 3
CHAPTER 4
CHAPTER 5

Day 23

副詞
down

Check 1　Listen))) CD-A23

□ 353
break down
❶休止のdown
㈐崩れ落ちる

- ❶（機械などが）**故障する**、動かなくなる
- ❷（交渉などが）物別れに終わる、行き詰まる
- ❸（break down A [A down]で）A（物）を壊す、つぶす
- ❹（圧力などに）屈する
- ❺（物質が）（Aに）分解される（into A）

□ 354
burn down
㈐焼け落ちる

- ❶**全焼する**；（burn down A [down A]で）Aを全焼させる
- ❷（火が）下火になる

□ 355
shut down A [A down]
㈐A（窓など）を閉める

- ❶A（工場など）**を閉鎖する**；A（電気など）を止める；（shut downで）（店などが）休業する
- ❷A（相手選手など）を徹底的にマークして抑える

□ 356
take down A [A down]
㈐Aを降ろす、下げる

- ❶A（機械など）**を解体する**；A（建物など）を取り壊す
- ❷A（話など）を書き留める（≒put down A、write down A、get down A、set down A）

□ 357
slow down
❶減少のdown

- ❶**スピードを落とす**、減速する；（slow down A [A down]で）Aの速度を遅くする［落とす］
- ❷活気がなくなる
- ❸（人が）ゆっくりする、のんびりやる

□ 358
cut down A [A down]

- ❶**Aを減らす**、削減する；（cut downで）（Aを）減らす、削減する（on A）（≒cut back）
- ❷A（木）を切り倒す
- ❸A（文章など）を短くする
- ❹A（人）を殺す

□ 359
write down A [A down]
❶記入のdown

Aを書き留める（≒put down A、get down A、set down A）

□ 360
get down A [A down]
㈐Aを降ろす

- ❶**Aを書き留める**（≒put down A、write down A、set down A）
- ❷A（薬など）を飲み込む
- ❸（get downで）（A［仕事など］に）（本腰を入れて）取りかかる（to A）

continued
▼

「下へ」が原意の副詞downを使った熟語は、動作や状態の休止・減少を表すものが多いのが特徴。ニュアンスを感じながらチェック！

- ☐ 聞くだけモード　Check 1
- ☐ しっかりモード　Check 1 ▶ 2
- ☐ かんぺきモード　Check 1 ▶ 2 ▶ 3

Check 2　Phrase

【Pop Quiz!】
sum up A を1語で言い換えると？
▶答えは見出し番号347でチェック！

☐ burn down the house（その家を全焼させる）

☐ shut down operations（操業を中止する）

☐ take down a Christmas tree（クリスマスツリーを解体する）
☐ take down her phone number（彼女の電話番号を書き留める）

☐ slow down at the intersection（交差点で減速する）
☐ slow down the car（車を減速する）

☐ cut down (on) the number of A（Aの数を減らす）
☐ cut down a tree（木を切り倒す）

☐ write down the message（伝言を書き留める）

☐ get down what he says（彼の言うことを書き留める）
☐ get down to work（仕事に取りかかる）

Check 3　Sentence

☐ Her car broke down on her way home.（彼女の車は帰宅途中に故障した）

☐ The temple burned down 50 years ago and was rebuilt later.（その寺は50年前に全焼したが、その後再建された）

☐ The company decided to shut down its factory in China.（その会社は中国の工場を閉鎖することを決定した）

☐ They took down the building in five days.（彼らはそのビルを5日間で解体した）

☐ Slow down, or you will have an accident!（スピードを落とさないと事故を起こすよ！）

☐ You should cut down (on) the amount of coffee you drink.（あなたはコーヒーを飲む量を減らしたほうがいい）

☐ I wrote down his phone number.（私は彼の電話番号を書き留めた）

☐ I got down an idea on paper so I didn't forget it.（私は忘れないようにアイデアを紙に書き留めた）

continued

Day 23

Check 1　Listen))) CD-A23

□ 361
put down A [A down]
元Aを下に置く
- ❶**Aを書き留める**（≒ write down A、get down A、set down A）
- ❷A（反乱など）を鎮圧する（≒ suppress、subdue）
- ❸A（人）をけなす、こき下ろす
- ❹A（頭金）を払う

□ 362
set down A [A down]
元Aを下に置く
- ❶**Aを書き留める**（≒ put down A、write down A、get down A）
- ❷A（規則・条件など）を決める
- ❸Aを（Bと）考える、見なす（as B）

□ 363
settle down
❶状態のdown
- ❶（人が）**落ち着く**、静かになる；（settle down A [A down]で）A（人）をおとなしくさせる
- ❷（特に結婚して）身を固める、身を落ち着ける
- ❸（Aに）没頭する、身を入れる（to A）

□ 364
calm down
- ❶（人が）**落ち着く**；（calm down A [A down]で）A（人など）を鎮める、落ち着かせる、なだめる
- ❷（社会状態などが）静まる

□ 365
let down A [A down]
- ❶**A（人）を失望させる**、A（人）の期待に背く
- ❷A（物）を降ろす、下げる
- ❸A（服など）を長くする

□ 366
hold down A [A down]
❶抑制のdown
元Aを押さえつける
- ❶**A（価格など）を抑制する**、抑える（≒ restrain）
- ❷A（1つの仕事）を頑張って続ける；A（地位など）を保持する　➕「長期にわたって続ける、維持する」というニュアンス
- ❸A（人）を支配する

□ 367
turn down A [A down]
元Aをひっくり返す
- ❶**A（ガス・明かりなど）を弱くする**；A（ラジオなど）の音を低く[小さく]する（⇔ turn up A）
- ❷A（要求・申し出など）を断る、却下する　➕ refuse、rejectより遠回しな表現

□ 368
hand down A [A down]
❶運動のdown
元Aを取り降ろす
- ❶**A（判決・評決など）を言い渡す**；Aを公表する
- ❷Aを（B[後世]に）伝える、残す（to B）

Day 22))) CD-A22
Quick Review
答えは右ページ下

- □ 車を止める
- □ Aを車で迎えに行く
- □ Aを調べる
- □ 成長する
- □ 黙る
- □ 電話を切る
- □ Aを作り上げる
- □ Aを満たす
- □ Aを爆破する
- □ Aを使い尽くす
- □ Aを要約する
- □ 現れる
- □ Aに電話をかける
- □ 寝ずに起きている
- □ 急ぐ
- □ 元気づく

Check 2 Phrase

- ☐ put down her phone number (彼女の電話番号を書き留める)
- ☐ put down a revolt (反乱を鎮圧する)

- ☐ set down ideas on paper (アイデアを紙に書き留める)
- ☐ set down rules (規則を決める)

- ☐ settle him down (彼を落ち着かせる)
- ☐ settle down and start a family (身を固めて子どもをつくる)

- ☐ tell him to calm down (彼に落ち着くように言う)
- ☐ calm her down (彼女を落ち着かせる)

- ☐ let him down (彼を失望させる)
- ☐ let the basket down (かごを降ろす)

- ☐ hold down costs (経費を抑える)
- ☐ hold down a job ([辞めないで]仕事を続ける)

- ☐ turn down the air conditioner (エアコンを弱くする)
- ☐ turn down the proposal (その提案を断る)

- ☐ hand down a ruling (裁定を言い渡す)
- ☐ be handed down through generations (世代を通して伝えられる)

Check 3 Sentence

- ☐ Put down your name and address here. (こちらに名前と住所を書いてください)

- ☐ She set down her memories of her trip to France in a notebook. (彼女はフランスへの旅の思い出をノートに書き留めた)

- ☐ He settled down to study after lunch. (昼食後、彼は勉強に身を入れた)

- ☐ It will take a while for things to calm down. (事態が収まるにはしばらく時間がかかるだろう)

- ☐ Don't let me down!(失望させるなよ！)

- ☐ The government is trying to hold down prices. (政府は物価を抑制しようとしている)

- ☐ She turned down his invitation to dinner. (彼女は夕食への彼の招待を断った)

- ☐ The sentence will be handed down tomorrow. (判決は明日、言い渡される予定だ)

Day 22))) CD-A22
Quick Review
答えは左ページ下

- ☐ pull up
- ☐ pick up A
- ☐ look up A
- ☐ grow up
- ☐ shut up
- ☐ hang up
- ☐ make up A
- ☐ fill up A
- ☐ blow up A
- ☐ use up A
- ☐ sum up A
- ☐ show up
- ☐ call up A
- ☐ stay up
- ☐ hurry up
- ☐ cheer up

CHAPTER 1
CHAPTER 2
CHAPTER 3
CHAPTER 4
CHAPTER 5

Day 24

副詞
in ／ over ／ away ／ by

Check 1　Listen 》CD-A24

□ 369
set in
❶「中へ [に]」のin
　(好ましくないことが) **始まる** (≒begin、start)、起こる

□ 370
drop in [by, over]
元 入って来る
　(A [人] を／B [場所] に) **ちょっと立ち寄る** (on A/at B)

□ 371
break in
　❶ **侵入する**、押し入る　❶「盗むために侵入する」というニュアンス
　❷ (break in A [A in]で) Aを訓練する、慣らす
　❸ 話に割り込む
　❹ (break in A [A in]で) A (靴など) を履き慣らす

□ 372
fill in A [A in]
元 Aをふさぐ
　❶ **Aに必要事項を記入する** (≒fill out A) ; A (書類) を完成する
　❷ Aに (Bについての) 最新の情報を知らせる (on B)
　❸ Aに手を加えて仕上げる
　❹ (fill inで) (Aの) 代理 [代行] をする (for A)

□ 373
hand in A [A in]
　Aを (Bに) **提出する**、手渡す (to B) (≒turn in A、put in A、submit)

□ 374
take in A [A in]
元 Aを中に入れる
　❶ **Aを理解する**、Aが分かる
　❷ A (金など) を集める、得る
　❸ A (車など) を (修理などに) 持ち込む
　❹ A (客など) を泊める、受け入れる
　❺ Aをだます (≒deceive)

□ 375
bring in A [A in]
元 Aを持ち込む
　❶ **A** (資金・金額) **を稼ぐ**、A (利益・収入) をもたらす
　❷ A (人) を参加させる；Aを導入する

□ 376
turn in A [A in]
元 Aを中に入れる
　❶ **A** (宿題など) **を** (Bに) **提出する**、手渡す (to B) (≒hand in A、put in A、submit)
　❷ A (不必要になった物など) を (Bに) 返却する、返す (to B)
　❸ A (犯人など) を (B [警察] に) 引き渡す (to B)

continued

今日でChapter 2は最後。場所を表す副詞in、over、away、byを使った熟語で締めくくろう！いつものようにチャンツでスタート！

- ☐ 聞くだけモード　Check 1
- ☐ しっかりモード　Check 1 ▶ 2
- ☐ かんぺきモード　Check 1 ▶ 2 ▶ 3

Check 2　Phrase

☐ when winter sets in（冬になると）

☐ drop in on him（彼をちょっと訪ねる）

☐ break in through a window（窓から侵入する）
☐ break in new employees（新入社員を訓練する）

☐ fill in the blanks（空欄に必要事項を記入する）
☐ fill him in on the details（彼に詳細について知らせる）

☐ hand in homework（宿題を提出する）

☐ take in what he says（彼の言うことを理解する）
☐ take in $200 at the garage sale（ガレージセールで200ドルを得る）

☐ bring in $10 million（1000万ドルを稼ぐ）
☐ bring in new technology（新しい技術を導入する）

☐ turn in the assignment（課題を提出する）
☐ turn oneself in（自首する）

Check 3　Sentence

☐ This year the rainy season set in earlier than usual.（今年は梅雨がいつもより早く始まった）

☐ I dropped in at her house on my way home.（私は帰宅途中に彼女の家にちょっと立ち寄った）

☐ Burglars broke in last night and stole money.（昨夜、強盗が侵入してお金を盗んだ）

☐ She filled in the application form.（彼女は申込用紙［願書］に必要事項を記入した）

☐ He handed in his report to his boss yesterday.（彼は昨日、報告書を上司に提出した）

☐ When I won the lottery, I was too surprised to take in what had happened.（宝くじに当たったとき、あまりに驚いたので私は何が起きたのか分からなかった）

☐ The movie will bring in a lot of money.（その映画は大金を稼ぎ出すだろう）

☐ You must turn in every essay to pass the course.（この講座に及第するためには、すべてのリポートを提出しなければならない）

continued
▼

Day 24

Check 1　Listen » CD-A24

□ 377
take over A [A over]
❶「上方に；越えて」のover
㋐Aを持って行く
▶ ❶**A**（職務など）**を**（Bから）**引き継ぐ**（from B）（≒ succeed）
❷Aの支配権を得る、Aを乗っ取る

□ 378
turn over A [A over]
㋐Aをひっくり返す
▶ ❶**A**（財産など）**を**（Bに）**譲渡する**（to B）
❷A（犯人など）を（Bに）引き渡す（to B）
❸(turn overで)（エンジンなどが）始動［回転］する
❹Aを熟考する
❺A（金額）を売り上げる

□ 379
look over A [A over]
㋐Aを見渡す
▶ **Aにざっと目を通す**、Aをざっと調べる（≒ look through A）

□ 380
think over A [A over]
▶ **Aをじっくり[よく]考える**、熟考する

□ 381
pass away
❶「離れて」のaway
㋐（時が）過ぎる
▶ （人が）**死ぬ**、亡くなる、他界する　➕dieの遠回しの表現

□ 382
put away A [A away]
▶ ❶**Aを片づける**、しまう（≒ clear）
❷A（人）を（B［刑務所など］に）放り込む（in B）
❸A（飲食物）を平らげる
❹A（金など）を（将来に備えて）蓄える、取っておく

□ 383
go by
❶「通り過ぎて」のby
㋐通り過ぎる
▶ ❶（時などが）**経過する**（≒ pass）
❷(go by Aで) Aに従う、Aを信用する
❸(go by Aで) Aに基づいて判断［行動］する

□ 384
pass by
▶ ❶**通り過ぎる**：(pass by Aで) Aを通り過ぎる
❷(pass by Aで) A（人など）に影響［喜び］を与えない

Day 23 » CD-A23　Quick Review
答えは右ページ下

- 故障する
- 全焼する
- Aを閉鎖する
- Aを解体する
- スピードを落とす
- Aを減らす
- Aを書き留める
- Aを書き留める
- Aを書き留める
- Aを書き留める
- 落ち着く
- 落ち着く
- Aを失望させる
- Aを抑制する
- Aを弱くする
- Aを言い渡す

Check 2　Phrase

☐ take over his post（彼の地位を引き継ぐ）
☐ take over the world（世界を支配する）

☐ turn over the property to the trustee（財産を管財人に任せる）
☐ turn the suspect over to the police（容疑者を警察に引き渡す）

☐ look over the letter（手紙にざっと目を通す）

☐ think over what he said（彼が言ったことをじっくり考える）

【Pop Quiz!】
hold down Aを1語で言い換えると？
▶答えは見出し番号366でチェック！

☐ put the dishes away（皿を片づける）
☐ put away $200,000 for retirement（退職に備えて20万ドルを蓄える）

☐ as years go by（年がたつにつれて　❶このasは「〜するにつれて」という意味の接続詞）
☐ go by the rules（規則に従う）

☐ as years pass by（年がたつにつれて）
☐ pass by a school（学校を通り過ぎる）

Check 3　Sentence

☐ I took over the job from her while she was on maternity leave.（彼女が出産育児休暇の間、私はその仕事を彼女から引き継いだ）

☐ The kidnappers turned the hostages over to representatives of the Red Cross.（誘拐犯たちは人質たちを赤十字社の代理人へ引き渡した）

☐ He looked over the newspaper.（彼は新聞にざっと目を通した）

☐ I'll think it over for a while, and give you a call.（その件についてしばらくじっくり考えてから、あなたに電話します）

☐ It's been five years since my grandfather passed away.（祖父が他界してから5年になる）

☐ Put away your toys.（おもちゃを片づけなさい）

☐ Summer vacation went by quickly.（夏休みはあっという間に過ぎた）

☐ Time passes by so fast [quickly].（時はあっという間に過ぎ去る）

Day 23))) CD-A23
Quick Review
答えは左ページ下

☐ break down
☐ burn down
☐ shut down A
☐ take down A
☐ slow down
☐ cut down A
☐ write down A
☐ get down A
☐ put down A
☐ set down A
☐ settle down
☐ calm down
☐ let down A
☐ hold down A
☐ turn down A
☐ hand down A

CHAPTER 1
CHAPTER 2
CHAPTER 3
CHAPTER 4
CHAPTER 5

Chapter 2 Review

左ページの(1)〜(20)の熟語の同意熟語・類義熟語（または同意語・類義語）（≒）、反意熟語・反対熟語（または反意語・反対語）（⇔）を右ページのA〜Tから選び、カッコの中に答えを書き込もう。意味が分からないときは、見出し番号を参照して復習しておこう（答えは右ページ下）。

- □ (1) on purpose (147) ⇔は?（　　）
- □ (2) on duty (159) ≒は?（　　）
- □ (3) in practice (170) ⇔は?（　　）
- □ (4) in order (177) ⇔は?（　　）
- □ (5) out of the question (190) ≒は?（　　）
- □ (6) refer to A (193) ≒は?（　　）
- □ (7) at first (210) ≒は?（　　）
- □ (8) at any rate (222) ≒は?（　　）
- □ (9) for the most part (231) ≒は?（　　）
- □ (10) stand for A (236) ≒は?（　　）
- □ (11) dispose of A (243) ≒は?（　　）
- □ (12) be sure of A (248) ≒は?（　　）
- □ (13) deal with A (259) ≒は?（　　）
- □ (14) with ease (271) ⇔は?（　　）
- □ (15) prevent A from doing (283) ≒は?（　　）
- □ (16) as a rule (302) ≒は?（　　）
- □ (17) carry out A (323) ≒は?（　　）
- □ (18) put out A (331) ≒は?（　　）
- □ (19) set in (369) ≒は?（　　）
- □ (20) pass away (381) ≒は?（　　）

A. put A into practice
B. out of order
C. represent
D. in any case
E. extinguish
F. with difficulty
G. in the beginning
H. at work
I. in theory
J. be confident of A
K. begin
L. cope with A
M. impossible
N. generally
O. get rid of A
P. mention
Q. prohibit A from doing
R. by accident
S. die
T. mostly

【解答】 (1) R (2) H (3) I (4) B (5) M (6) P (7) G (8) D (9) T (10) C
(11) O (12) J (13) L (14) F (15) Q (16) N (17) A (18) E (19) K (20) S

CHAPTER 3

語順で覚える熟語

Chapter 3 では、「動詞と前置詞」「be動詞と前置詞」を含んだ熟語を、「語順」の視点から覚えていきます。語順で覚えれば「英語のリズム」がきっとつかめるはず。まずは、Introductionからスタート！

英語でコレ言える？

この文を英語に訳してよ。キミみたいにフランス語ができたらなあ。

Could you (　　　) this sentence (　　　) English? I wish I were as good at French as you.

▼

答えは Day 31 でチェック！

Introduction
【語順の働き】
▶ 126

Day 25
【語順1：動詞＋to do／動詞＋to A】
▶ 130

Day 26
【語順1：動詞＋on A／動詞＋for A】
▶ 134

Day 27
【語順1：動詞＋in A／動詞＋into A】
▶ 138

Day 28
【語順1：動詞＋with A／動詞＋from A】
▶ 142

Day 29
【語順2：動詞＋A to do／動詞＋A to B】
▶ 146

Day 30
【語順2：動詞＋A on B／動詞＋A for B】
▶ 150

Day 31
【語順2：動詞＋A of B／動詞＋A into B】
▶ 154

Day 32
【語順2：動詞＋A with B／動詞＋A as B】
▶ 158

Day 33
【語順3：be＋形容詞＋to do／be＋形容詞＋to A】
▶ 162

Day 34
【語順3：be＋形容詞＋in A／be＋形容詞＋for A】
▶ 166

Day 35
【語順3：be＋形容詞＋of A／be＋形容詞＋with A】
▶ 170

Chapter 3 Review
▶ 174

□ Introduction 語順の働き

語順の種類とその働き　*用法の種類は厳密なものでなく、熟語の意味の違いで異なることもあります

語順1 **動詞＋to do** ▶ Day 25	**働き**：動詞の後にto不定詞が続き、主として「**～するようになる、～するのを…する**」を表す
語順1 **動詞＋to A** ▶ Day 25	**働き**：動詞の後に、主として「❶対象、❷到達」の前置詞toが続き、「**Aに（対して）～する**」を表す
語順1 **動詞＋on A** ▶ Day 26	**働き**：動詞の後に、主として「❶対象、❷依存」の前置詞onが続き、「**Aに～する、Aを～する**」を表す
語順1 **動詞＋for A** ▶ Day 26	**働き**：動詞の後に、主として「❶目的、❷準備」の前置詞forが続き、「**Aを（求めて）～する、Aに備えて～する**」を表す
語順1 **動詞＋in A** ▶ Day 27	**働き**：動詞の後に、主として「❶従事、❷分野、❸対象」の前置詞inが続き、「**Aに～する、Aを～する**」を表す
語順1 **動詞＋into A** ▶ Day 27	**働き**：動詞の後に、主として「変化」の前置詞intoが続き、「**A（という状態）になる、変わる**」を表す
語順1 **動詞＋with A** ▶ Day 28	**働き**：動詞の後に、主として「❶対象、❷一致、❸敵対」の前置詞withが続き、「**Aを～する、Aと～する**」を表す
語順1 **動詞＋from A** ▶ Day 28	**働き**：動詞の後に、主として「❶起源、❷分離」の前置詞fromが続き、「**Aから～する**」を表す
語順2 **動詞＋A to do** ▶ Day 29	**働き**：動詞の目的語Aの後にto不定詞が続き、主として「**Aに～することを…する、Aに～させる**」を表す
語順2 **動詞＋A to B** ▶ Day 29	**働き**：動詞の目的語Aの後に、主として「❶対象、❷比較」の前置詞toが続き、「**AをBに～する、AをBと～する**」を表す
語順2 **動詞＋A on B** ▶ Day 30	**働き**：動詞の目的語Aの後に、主として「❶対象、❷基礎、❸関連」の前置詞onが続き、「**AをBに～する、AにBについて［のことで］～する**」を表す

continued
▼

各Dayの学習に入る前に、まずは「動詞と前置詞」「be動詞と前置詞」を含んだ熟語を、語順の視点で見ていこう。前置詞のイメージをつかみながら覚えていけば、熟語の意味だけでなく、「英語のリズム」もきっと身につくはず!

熟語の例　＊カッコ内の数字は見出し番号を表します

❶ come to do：～するようになる（385）
❷ forget to do：～するのを忘れる（389）

❶ apply to A：A（人・機関など）に申し込む（393）
❷ lead to A：（事が）Aを引き起こす（397）

❶ focus on A：Aに注意［精神、考え］を集中させる（401）
❷ rely on A：Aを信頼する（405）

❶ search for A：Aを探す（409）
❷ prepare for A：Aに備える（415）

❶ participate in A：Aに参加する（417）
❷ result in A：Aという結果になる（420）
❸ believe in A：Aの存在を信じる［ている］（424）

change into A：Aに変化する（425）

❶ deal with A：A（問題など）を処理［処置］する（433）
❷ agree with A：A（人）と意見が一致する（436）
❸ compete with A：Aと競う（439）

❶ come from A：Aの出身である（441）
❷ recover from A：A（病気・けがなど）から回復する（444）

allow A to do：Aに～することを許可する（449）
get A to do：（説得などして）Aに～させる（455）

❶ add A to B：AをBに加える（457）
❷ compare A to B：AをBと比較する（463）

❶ focus A on B：A（注意など）をBに集中させる（465）
❷ base A on B：A（理論など）の基礎をB（事実など）に置く（470）
❸ advise A on B：AにBについて助言［忠告］する（471）

continued
▼

□ Introduction

語順の種類とその働き

語順2
動詞＋A for B
▶ Day 30

働き：動詞の目的語Aの後に、主として「❶目的、❷特性、❸代用、❹理由」の前置詞forが続き、「**AをB（のため）に~する、AをBと~する、AをBのことで~する**」を表す

語順2
動詞＋A of B
▶ Day 31

働き：動詞の目的語Aの後に、主として「❶関連、❷分離」の前置詞ofが続き、「**AにBについて~する、AからBを~する**」を表す

語順2
動詞＋A into B
▶ Day 31

働き：動詞の目的語Aの後に、主として「変化」の前置詞intoが続き、「**AをBに変える、AをB（という状態）に~する**」を表す

語順2
動詞＋A with B
▶ Day 32

働き：動詞の目的語Aの後に、主として「❶材料、❷対象」の前置詞withが続き、「**AにBを~する、AをBで~する、AをBと~する**」を表す

語順2
動詞＋A as B
▶ Day 32

働き：動詞の目的語Aの後に、主として「目的補語（~として［の］）」の前置詞asが続き、「**AをBと（して）~する**」を表す

語順3
be＋形容詞＋to do
▶ Day 33

働き：主語の状態・様子を表す形容詞の後にto不定詞が続き、主として「**（主語が）~する状態にある［様子である］**」を表す

語順3
be＋形容詞＋to A
▶ Day 33

働き：主語の状態・様子を表す形容詞の後に、主として「❶対象、❷比較」の前置詞toが続き、「**Aに~ている、Aと~ている**」を表す

語順3
be＋形容詞＋in A
▶ Day 34

働き：主語の状態・様子を表す形容詞の後に、主として「❶分野、❷従事」の前置詞inが続き、「**Aに~ている**」を表す

語順3
be＋形容詞＋for A
▶ Day 34

働き：主語の状態・様子を表す形容詞の後に、主として「❶目的、❷理由」の前置詞forが続き、「**Aに~ている、A（のこと）で~ている**」を表す

語順3
be＋形容詞＋of A
▶ Day 35

働き：主語の状態・様子を表す形容詞の後に、主として「❶対象、❷分離」の前置詞ofが続き、「**Aに［を］~ている、Aから~ている**」を表す

語順3
be＋形容詞＋with A
▶ Day 35

働き：主語の状態・様子を表す形容詞の後に、主として「❶対象、❷材料、❸敵対」の前置詞withが続き、「**Aに［を］~ている、Aで~ている**」を表す

熟語の例

❶ provide A for B：A（必要な物など）をB（人など）に供給［提供］する (473)
❷ take A for B：AをBだと思う (475)
❸ exchange A for B：AをBと交換する (477)
❹ blame A for B：BをA（人）の責任にする (479)

❶ inform A of B：A（人）にB（ニュースなど）について知らせる (481)
❷ clear A of B：A（場所）からB（人・物）を取り除く (486)

turn A into B：AをBに変える (489)

❶ provide A with B：A（人など）にB（必要な物など）を供給［提供］する (497)
❷ share A with B：A（利害・考え・情報など）をB（人）と共有する (499)

see A as B：AをBと見なす (505)

be likely to do：〜しそうである (513)
be ready to do：〜する用意［準備］ができている (514)

❶ be used to A：Aに慣れている (521)
❷ be similar to A：Aと似ている (526)

❶ be interested in A：Aに興味［関心］を持っている (529)
❷ be involved in A：（よい意味で）A（活動など）に参加している (534)

❶ be suitable for A：Aに適している (537)
❷ be known for A：Aで知られている (540)

❶ be aware of A：Aに気づいている (545)
❷ be independent of A：Aに頼っていない (549)

❶ be familiar with A：Aをよく知っている (553)
❷ be filled with A：（場所・容器などが）Aでいっぱいである (558)
❸ be faced with A：A（困難など）に直面している (559)

Day 25 語順1
動詞＋to do／動詞＋to A

Check 1　Listen 》CD-B1

□ 385
come to do
→ **〜するようになる**（≒get to do）　●習得の結果「〜するようになる」はlearn to do

□ 386
get to do
→ ❶**〜するようになる**（≒come to do）　●doにはknow、likeなど状態を表す動詞が来る
❷〜する機会［特権］を得る、〜することができる

□ 387
happen [chance] **to** do
→ **偶然〜する**、たまたま〜する　●chance to doは文語的な表現

□ 388
fail to do
→ ❶**〜（しようとして）できない**、〜し損なう
❷〜するのを怠る、〜しない

□ 389
forget to do
→ **〜するのを忘れる**　●forget doingは「〜したことを忘れる」

□ 390
remember to do
→ **忘れずに〜する**　●remember doingは「〜したことを覚えている」

□ 391
manage to do
→ **どうにか［何とか］〜する**、うまく［首尾よく］〜する　●「非常に努力した後でやり遂げる」というニュアンス

□ 392
afford to do
→ ❶(can afford to doで)**〜する（経済的・時間的）余裕がある**
❷(can afford to doで)〜できる

continued ▼

今日から、「語順」で熟語を覚える Chapter 3 に突入。Day 28までの4日間では、「動詞＋前置詞＋A」型の熟語を押さえていこう。

- □ 聞くだけモード　Check 1
- □ しっかりモード　Check 1 ▶ 2
- □ かんぺきモード　Check 1 ▶ 2 ▶ 3

Check 2　Phrase

□ come to know her（彼女と知り合いになる）

□ get to like the job（仕事を好きになる）

□ happen to see him at the station（駅で偶然彼に出会う）

□ fail to solve the problem（問題を解けない）

□ forget to close the door（ドアを閉めるのを忘れる）

□ remember to lock the door（忘れずにドアに鍵を掛ける）

□ manage to get tickets for the concert（そのコンサートのチケットを何とか手に入れる）

□ can afford to buy a new car（新車を買う余裕がある）

Check 3　Sentence

□ How did you come to know each other?（あなたたちはどうやって知り合いになったのですか?）

□ She is a nice person once you get to know her.（知り合いになれば、彼女はとてもいい人だ）

□ She happened to be free that day.（彼女はその日、偶然暇だった）

□ The doctor failed to save the man's life.（医師はその男性の命を救うことができなかった）

□ She forgot to go to the bank to withdraw money.（彼女はお金を下ろしに銀行に行くのを忘れた）

□ Remember to send the mail on the way to work.（通勤途中にその手紙を出すのを忘れないで）

□ He managed to pass the exam.（彼はどうにかその試験に合格した）

□ I can't afford to take a vacation this summer.（私は今年の夏は休暇を取る余裕がない）

continued
▼

Day 25

Check 1　Listen 》CD-B1

□ 393
apply to A
❶対象のto

❶**A（人・機関など）に申し込む**、志願［出願］する
　apply for Aは「A（就職・入学など）を申し込む、志願［出願］する」
❷（規則などが）Aに適用される、当てはまる

□ 394
refer to A

❶**Aに言及する**、触れる（≒ mention）
❷A（本など）を参照する
❸Aに関係する、当てはまる
❹（refer A to Bで）A（人）をB（人・場所など）に差し向ける、照会させる；A（人）にB（本など）を調べさせる

□ 395
occur to A

（考えなどが）**Aの心に（ふと）浮かぶ**、思い出される　　「A（考えなど）を思いつく」はcome up with A、hit on [upon] A

□ 396
look forward to A
元Aへ向かって前方を見る

Aを楽しみに待つ、期待する

□ 397
lead to A
❶到達のto
元Aに通じる

（事が）**Aを引き起こす**、A（ある結果）に至る、つながる

□ 398
get to A

❶**Aに到着する**（≒ arrive at A）
❷A（人）に連絡をつける
❸A（仕事など）を始める
❹Aを悩ます、怒らせる

□ 399
amount to A

❶**合計Aとなる**、総計Aに達する（≒ add up to A）
❷結局Aになる、結果的にAになる

□ 400
belong to A
❶付属のto

❶（人が）**A（団体・組織など）に所属する**、Aの一員である
❷（物が）A（団体・組織など）の所有である
❸（分類上）Aに属する

Day 24 》CD-A24
Quick Review
答えは右ページ下

- □ 始まる
- □ ちょっと立ち寄る
- □ 侵入する
- □ Aに必要事項を記入する

- □ Aを提出する
- □ Aを理解する
- □ Aを稼ぐ
- □ Aを提出する

- □ Aを引き継ぐ
- □ Aを譲渡する
- □ Aにざっと目を通す
- □ Aをじっくり考える

- □ 死ぬ
- □ Aを片づける
- □ 経過する
- □ 通り過ぎる

Check 2　Phrase	Check 3　Sentence
☐ apply to five colleges（5つの大学に出願する）	☐ He decided to apply to Harvard University.（彼はハーバード大学に出願することを決めた）
☐ refer to the issue（その問題について言及する） ☐ refer to the list（リストを参照する）	☐ She thought he was referring to her.（彼女は、彼が彼女のことを言っているのだと思った）
☐ It occurs to A that〜.（〜ということがAの心に浮かぶ）	☐ A good idea occurred to me.（妙案が私の心に浮かんだ）
☐ look forward to skiing in Hokkaido（北海道でスキーをするのを楽しみに待つ）	☐ My daughter is looking forward to her birthday.（私の娘は誕生日を楽しみにしている）
☐ lead to flooding（洪水を引き起こす） ☐ lead to the arrest of the murderer（殺人犯の逮捕につながる）	☐ High cholesterol levels may lead to a heart attack.（高いコレステロール値は心臓発作を引き起こすことがある）
☐ get to Tokyo（東京に到着する） ☐ get to work（仕事に取りかかる）	☐ I caught the train and got to my destination around midnight.（私は電車に間に合って、真夜中近くに目的地に到着した）
☐ amount to $5,000（合計5000ドルになる） ☐ amount to the same thing（結局同じことになる）	☐ The number of unemployed in Germany amounted to five million in 2006.（ドイツ国内の失業者数は2006年に500万人に達した）
☐ belong to the basketball club（バスケットボール部に所属している） ☐ belong to the school（[物が]学校の所有である）	☐ He plays the violin and belongs to the city orchestra.（彼はバイオリンが弾けて、市のオーケストラに入っている）

Day 24))) CD-A24
Quick Review
答えは左ページ下

☐ set in　☐ hand in A　☐ take over A　☐ pass away
☐ drop in　☐ take in A　☐ turn over A　☐ put away A
☐ break in　☐ bring in A　☐ look over A　☐ go by
☐ fill in A　☐ turn in A　☐ think over A　☐ pass by

Day 26 語順1
動詞＋on A／動詞＋for A

Check 1　Listen 》CD-B2

□ 401
focus on A
❶対象のon

- ❶**Aに注意**[精神、考え]**を集中させる**（≒concentrate on A）；（focus A on Bで）A（注意など）をBに集中させる（≒concentrate A on B）
- ❷Aに焦点が合う；（focus A on Bで）Aの焦点をBに合わせる

□ 402
work on [upon] A

- ❶**A**（問題など）**に取り組む**
- ❷A（物）を建てる、修理する；A（機械など）を調節[調整]する
- ❸A（人）に（～するよう）働きかける（to do）；Aに影響を与える

□ 403
concentrate on A

- **Aに努力**[注意]**を集中する**、Aに専念[専心]する（≒focus on A）；（concentrate A on Bで）A（努力・注意など）をB（仕事・目的など）に集中する（≒focus A on B）

□ 404
reflect on [upon] A

- ❶**Aを熟考**[思案]**する**（≒consider）
- ❷（well、badlyなどの副詞を伴って）Aによい[悪い]印象を与える

□ 405
rely on [upon] A
❶依存のon

- ❶**Aを信頼する**（≒trust）；Aを当てにする
- ❷Aに（Bを／～することを）頼る（for B/to do）

□ 406
depend on [upon] A

- ❶**Aによって決まる**、A次第である（≒be dependent on [upon] A、turn on A）
- ❷Aに頼る、依存する（≒look to A）
- ❸Aを信頼[信用]する；Aが～するのを当てにする（to do）

□ 407
live on A

- ❶**Aを食べて生きている**、Aを常食とする　❶「（動物が）Aを常食とする」はfeed on A
- ❷A（年金など）をよりどころに暮らす
- ❸（live onで）生き続ける

□ 408
call on [upon] A

- ❶**Aに**（Bを）**頼む**、求める、訴える（for B）
- ❷A（人）をちょっと訪れる　❶「A（場所）に立ち寄る」はcall at A

continued ▼

今日は「対象・依存」のon、「目的」のforを使った熟語を中心にチェック。「細切れ時間」を使って、熟語に触れる回数を増やそう！

☐ 聞くだけモード　Check 1
☐ しっかりモード　Check 1 ▶ 2
☐ かんぺきモード　Check 1 ▶ 2 ▶ 3

CHAPTER 1

Check 2　Phrase

☐ focus on strategy（戦略に注意を集中させる）

☐ work on the project（そのプロジェクトに取り組む）
☐ work on a car（自動車を修理する）

☐ concentrate on driving（運転に注意を集中する）

☐ reflect on the problem（その問題を熟考する）
☐ reflect badly on her（彼女に悪い印象を与える）

☐ rely on him（彼を信頼する）
☐ rely on radio for information（情報をラジオに頼る）

☐ depend on the weather（天気次第である）
☐ depend on him for help（彼の助けに頼る）

☐ live on rice（米を主食とする）
☐ live on a pension（年金をよりどころに暮らす）

☐ call on her for help（彼女に助けを求める）
☐ call on him at his office（彼の事務所に彼を訪ねる）

Check 3　Sentence

☐ You should focus on your work.（あなたは仕事に精神を集中させたほうがいい）

☐ The government is working on the economic reform.（政府は経済改革に取り組んでいる）

☐ Turn off the radio and concentrate on your homework!（ラジオを消して、宿題に集中しなさい！）

☐ We should reflect on what to do next.（私たちは次に何をすべきかよく考えるべきだ）

☐ You can rely on me for help.（あなたは私の助けを当てにすることができる）

☐ Your success depends on your efforts.（あなたの成功はあなたの努力次第である）

☐ Some young people live on junk food.（若者の中にはジャンクフードを常食にしている人もいる）

☐ She called on him for support.（彼女は彼に支援を求めた）

CHAPTER 2

CHAPTER 3

CHAPTER 4

CHAPTER 5

continued ▼

Day 26

Check 1 Listen))) CD-B2

409 search for A
❶目的のfor
- **Aを探す**、求める (≒ look for A、hunt for A)

410 call for A
- ❶A(援助など)**を求める**、要求する、訴える (≒ demand) ❹「公に強く求める」というニュアンス
- ❷Aを必要とする (≒ require)
- ❸A(天気)を予報する

411 look for A
- ❶**Aを探す**、求める (≒ search for A、hunt for A)
- ❷Aを期待[予期]する
- ❸(通例進行形で)A(面倒など)を(自分から)招く、求める

412 apply for A
- **A(就職・入学など)を申し込む**、志願[出願]する、問い合わせる ❹apply to Aは「A(人・機関など)に申し込む、志願[出願]する」

413 care for A
- ❶**Aの世話をする**、面倒を見る (≒ take care of A、look after A、see to A、watch over A)
- ❷(通例、否定文・疑問文で)Aが好きである (≒ like)
- ❸(通例、wouldを伴う否定文・疑問文で)Aを望む

414 send for A
- ❶(手紙・電話などで)**Aが来るように頼む**、Aを呼び[取り]にやる
- ❷(send A for Bで)A(人)にBを呼び[取り]に行かせる
- ❸Aを(郵送で)取り寄せる

415 prepare for A
❶準備のfor
- ❶**Aに備える**、Aに備えて準備する
- ❷(prepare A for Bで)BのためにAを用意[準備]する
- ❸(prepare A for Bで)A(人)にB(事)の覚悟[準備、装備]をさせる

416 make up for A
❶代用のfor
- **A(損失など)の埋め合わせ[償い]をする** (≒ compensate for A)

Day 25))) CD-B1 Quick Review 答えは右ページ下

- □ 〜するようになる
- □ 〜するようになる
- □ 偶然〜する
- □ 〜できない
- □ 〜するのを忘れる
- □ 忘れずに〜する
- □ どうにか〜する
- □ 〜する余裕がある
- □ Aに申し込む
- □ Aに言及する
- □ Aの心に浮かぶ
- □ Aを楽しみに待つ
- □ Aを引き起こす
- □ Aに到着する
- □ 合計Aとなる
- □ Aに所属する

Check 2 Phrase

- search for a parking space (駐車スペースを探す)

- call for help (助けを求める)
- call for a strike (ストライキを要求する)

- look for a job (仕事を探す)
- be looking for trouble (面倒を招く)

- apply for a job (就職を申し込む)
- apply for a visa (ビザを申請する)

- care for patients (患者たちの世話をする)
- not care for him (彼のことを好きではない)

- send for a doctor (医者に来てもらうように頼む)
- send for a free catalog (無料のカタログを取り寄せる)

- prepare for an emergency (緊急事態に備える)
- prepare rooms for guests (宿泊客たちのために部屋を用意する)

- make up for the loss (損失を補う)
- make up for lost time (遅れを取り戻す)

Check 3 Sentence

- The police have searched for the missing girl. (警察は行方不明の少女を探している)

- Many people have called for bans on human cloning. (多くの人がヒトのクローン作成の禁止を求めている)

- He's looking for a blue jacket. (彼はブルーのジャケットを探している)

- He applied for permanent residence in the U.S. (彼は米国での永住を申請した)

- He cared for his mother when she was ill. (彼は母親が病気のとき、彼女の世話をした)

- My daughter had a high fever, so we sent for the doctor. (娘が高熱を出したので、医者に来てもらうように頼んだ)

- The country is preparing for war. (その国は戦争に備えて準備をしている)

- The driver was speeding to make up for lost time. (その運転手は遅れを取り戻そうとして制限速度以上で運転していた)

Day 25 》CD-B1
Quick Review
答えは左ページ下

- come to do
- get to do
- happen to do
- fail to do
- forget to do
- remember to do
- manage to do
- afford to do
- apply to A
- refer to A
- occur to A
- look forward to A
- lead to A
- get to A
- amount to A
- belong to A

CHAPTER 1
CHAPTER 2
CHAPTER 3
CHAPTER 4
CHAPTER 5

Day 27 語順1
動詞＋in A／動詞＋into A

Check 1　Listen ») CD-B3

□ 417 **participate in** A ❶従事のin	**Aに参加する**、加わる（≒ take part in A、join in A）
□ 418 **major in** A	**Aを専攻する**　❶通例、学部レベルに用いる。大学院以上のレベルで「Aを専攻する」はspecialize in Aを使うことが多い
□ 419 **deal in** A	❶（人・店などが）**A（商品）を売買する**、商う、扱う　❶deal with Aは「A（人・会社など）と取引する」 ❷Aに関係する、従事する ❸（deal A inで）A（人）を仲間に入れる
□ 420 **result in** A ❶分野のin	**Aという結果になる**、帰着する、Aに終わる（≒ end in A）　❶result from Aは「Aに起因［由来］する」
□ 421 **succeed in** A	（人が）**Aに成功する**、（計画などが）Aでうまくいく、成功する
□ 422 **end in** A	**Aの結果になる**、終わりがAになる（≒ result in A）
□ 423 **lie in** A	❶（事実・責任・問題などが）**Aにある**、見いだされる ❷（死体が）Aに埋葬されている
□ 424 **believe in** A ❶対象のin	❶**Aの存在を信じる**［ている］；A（宗教）を信仰する［している］ ❷Aの価値［正しさ］を信じる［ている］ ❸A（人）を（人柄や能力の点で）信用［信頼］する［している］

continued
▼

Chapter 2で取り上げなかった前置詞intoは、「変化」の用法がほとんど。「従事・分野」のinと併せて、しっかりと身につけよう。

☐ 聞くだけモード　Check 1
☐ しっかりモード　Check 1 ▶ 2
☐ かんぺきモード　Check 1 ▶ 2 ▶ 3

Check 2　Phrase

☐ participate in a cleanup of the park（公園の清掃に参加する）

☐ major in economics（経済学を専攻する）

☐ deal in a variety of goods（さまざまな商品を扱う）

☐ result in success（成功に終わる）

☐ succeed in persuading him（彼の説得に成功する）
☐ succeed in the entrance examination（入試に合格する）

☐ end in failure（失敗に終わる）
☐ end in a tie（引き分けに終わる）

☐ lie in lack of experience（[失敗などの原因が] 経験不足にある）

☐ believe in God（神の存在を信じている）
☐ believe in her（彼女を信頼している）

Check 3　Sentence

☐ More than 200 people participated in the conference.（200人を超える人々がその会議に参加した）

☐ She majored in English literature at her university.（彼女は大学で英文学を専攻した）

☐ The shop deals in furniture.（その店は家具を扱っている）

☐ The plan resulted in failure.（その計画は失敗に終わった）

☐ He succeeded in finding a job.（彼は仕事を見つけるのに成功した）

☐ Their marriage ended in divorce.（彼らの結婚生活は離婚に終わった）

☐ Our future lies in education.（私たちの未来は教育にかかっている）

☐ He believes in life after death.（彼は死後の世界を信じている）

continued
▼

Day 27

Check 1　Listen 》CD-B3

☐ 425
change into [to] A
❶変化のinto

- ❶**Aに変化する**、変わる；(change A into Bで) AをBに変える
- ❷(change into Aで) (Bから) Aに着替える (from [out of] B)

☐ 426
go into A
元Aに入る

- ❶**A**（職業など）**に従事する**、就く、入る
- ❷Aを詳しく説明［調査］する
- ❸（時間・金が）Aに使われる、費やされる
- ❹A（木・壁など）にぶつかる、衝突する

☐ 427
get into A
元Aの中へ入る

- ❶**A**（学校）**に入学する**、A（チームなど）に入る
- ❷A（人）の心に取りつく
- ❸A（議論など）を始める
- ❹A（ある状態）に陥る、なる；(get A into Bで) A（人など）をB（ある状態）に陥れる

☐ 428
fall into A
元Aに落ち込む

- ❶（急に）**A**（ある状態）**に陥る**、なる
- ❷A（部分など）に分けられる、分類される
- ❸A（会話など）を始める

☐ 429
enter into A
元Aの中へ入る

- ❶**A**（契約・関係など）**を**（Bと）**結ぶ** (with B)
- ❷A（交渉・事業など）を始める
- ❸A（計画・解釈など）に入っている、あらかじめ計算されている

☐ 430
come into A
元Aに入る

- ❶**A**（の状態・事態）**になる**
- ❷A（グループ・活動など）に参加する、加入する
- ❸A（財産など）を相続する

☐ 431
turn into A
元Aに入る

（性質などの点で）**Aに変わる**、なる；(turn A into Bで) AをBに変える、変化させる

☐ 432
burst into A
元Aに乱入する

突然Aし始める、Aを突然始める（≒ burst out doing）

Day 26 》CD-B2
Quick Review
答えは右ページ下

- ☐ Aに注意を集中させる
- ☐ Aに取り組む
- ☐ Aに努力を集中する
- ☐ Aを熟考する
- ☐ Aを信頼する
- ☐ Aによって決まる
- ☐ Aを食べて生きている
- ☐ Aに頼む
- ☐ Aを探す
- ☐ Aを求める
- ☐ Aを探す
- ☐ Aを申し込む
- ☐ Aの世話をする
- ☐ Aが来るように頼む
- ☐ Aに備える
- ☐ Aの埋め合わせをする

Check 2 Phrase

- □ change into spring([冬が] 春に変わる)
- □ change into a swimsuit(水着に着替える)

- □ go into business(実業界に入る)
- □ go into the matter(その問題について詳しく説明する)

- □ get into Kyoto University(京都大学に入学する)
- □ get into trouble(困ったことになる;ごたごたを起こす)

- □ fall into a coma(昏睡状態に陥る)
- □ fall into three categories(3つのカテゴリーに分類される)

- □ enter into a contract(契約を結ぶ)
- □ enter into negotiations(交渉を始める)

- □ come into effect [being](発効[出現] する)
- □ come into a club(クラブに加入する)

- □ turn into gas [liquid](気体 [液体] になる)
- □ turn milk into butter(牛乳をバターにする)

- □ burst into laughter(急に笑いだす)

Check 3 Sentence

- □ The temperature at which ice changes into water is called its "melting point."(氷が水に変化する温度は「融点」と呼ばれている)

- □ He wants to go into politics.(彼は政界に入りたいと思っている)

- □ She wants to get into medical school.(彼女は医学部に入りたいと思っている)

- □ When she went to bed, she fell into a deep sleep.(ベッドに入ると、彼女は深い眠りに落ちた)

- □ The agreement was entered into in 2005.(その協定は2005年に結ばれた)

- □ The law will come into effect on April 1st.(その法律は4月1日に発効する)

- □ She is 17 years old and turning into an adult.(彼女は17歳で、大人になろうとしている)

- □ When she heard the news, she burst into tears.(その知らせを聞くと、彼女は急に泣きだした)

Day 26))) CD-B2
Quick Review
答えは左ページ下

- □ focus on A
- □ work on A
- □ concentrate on A
- □ reflect on A
- □ rely on A
- □ depend on A
- □ live on A
- □ call on A
- □ search for A
- □ call for A
- □ look for A
- □ apply for A
- □ care for A
- □ send for A
- □ prepare for A
- □ make up for A

CHAPTER 1
CHAPTER 2
CHAPTER 3
CHAPTER 4
CHAPTER 5

Day 28

語順1
動詞＋with A／動詞＋from A

Check 1　Listen 》CD-B4

□ 433
deal with A
❶対象のwith

❶**A（問題など）を処理[処置]する**、A（問題など）に対処する（≒ cope with A, attend to A）
❷A（人）に対して振る舞う、行動する
❸A（人・会社など）と取引する
❹A（事柄）を論じる、扱う

□ 434
interfere with A

Aを妨げる、邪魔する

□ 435
part with A

A（物）を手放す、捨てる、売り払う　❶「嫌々ながら手放す」というニュアンス。「A（人）と別れる」という意味ではpart from Aが一般的

□ 436
agree with A
❶一致のwith

A（人）と意見が一致する、A（意見など）に同意する（≒ go along with A　⇔ disagree with A）

□ 437
get along with A
㋳Aと一緒に進む

❶**A（人）と仲よくやっていく**
❷Aを使って[Aのおかげで]何とかやっていく
❸A（仕事など）に関してうまくいく

□ 438
correspond with A

❶**Aと文通[通信]する**
❷Aに一致する、合う　❶この意味ではcorrespond to Aも可

□ 439
compete with [against] A
❶敵対のwith

Aと競う、競争する、張り合う

□ 440
do with A
❶材料のwith

❶**Aで済ませる**、満足する　❶do [go] without Aは「Aなしで済ます、やっていく」
❷（can、couldを伴って）Aがあればありがたい、Aが欲しい、Aが必要である
❸Aを扱う、処理する

continued
▼

Check 3までちゃんと学習してる? 熟語をマスターするには、何度も熟語と「出会う」ことが不可欠。焦らず着実に学習を進めよう!

- ☐ 聞くだけモード　Check 1
- ☐ しっかりモード　Check 1 ▶ 2
- ☐ かんぺきモード　Check 1 ▶ 2 ▶ 3

Check 2　Phrase

☐ deal with the problem（その問題を処理する）
☐ deal with the company（その会社と取引する）

☐ interfere with his work（彼の仕事の邪魔をする）

☐ part with money（お金を手放す）

☐ agree with him（彼と意見が一致する）
☐ agree with her opinion（彼女の意見に同意する）

☐ get along with neighbors（隣人たちといい関係にある）
☐ get along with his help（彼の援助のおかげで何とかやっていく）

☐ correspond with a pen pal（ペンフレンドと文通する）
☐ correspond with the facts（事実と一致する）

☐ compete with him（彼と競い合う）
☐ compete with foreign companies（海外企業と競争する）

☐ do with one meal a day（1日1食で済ませる）

Check 3　Sentence

☐ The government has to deal with social problems.（政府は社会問題に対処しなければならない）

☐ The noise from the street interfered with my sleep.（通りの騒音が私の眠りを妨げた）

☐ He finally parted with his old car.（彼はとうとう古い車を手放した）

☐ I agree with what he said.（私は彼の言ったことに同意している）

☐ She doesn't get along with her boss at all.（彼女は上司と全くうまくいっていない）

☐ I've been corresponding with him for five years.（私は彼と5年間、文通を続けている）

☐ I can't compete with him when it comes to mathematics.（数学のことになると、私は彼にはかなわない）

☐ She can do with only donuts for breakfast.（彼女は朝食をドーナツだけで済ませている）

continued
▼

Day 28

Check 1　Listen))) CD-B4

□ 441
come from A
❶起源のfrom
元Aから来る

➤ ❶**Aの出身である**；（物が）Aの産物である、Aの製品である
❷Aから生じる、Aに由来する　➕derive from Aよりくだけた表現

□ 442
hear from A

Aから連絡［手紙、電話、伝言］**をもらう**　➕hear of Aは「Aの消息［うわさ、存在］を聞く」

□ 443
result from A

Aに起因［由来］**する**、A（原因・条件など）から結果として生じる［起こる］　➕result in Aは「Aという結果になる」

□ 444
recover from A
❶分離のfrom

A（病気・けがなど）**から回復する**（≒ get over A）；Aから復旧［復興］する

□ 445
graduate from A

A（各種の学校）**を卒業する**

□ 446
differ from A
❶相違のfrom

Aと異なる、違う　➕be different from Aよりフォーマルな表現

□ 447
suffer from A
❶原因のfrom

Aに苦しむ、悩む；（病気）を患う、病む

□ 448
refrain from A
❶抑制のfrom

Aを差し控える、慎む、我慢する（≒ abstain from A）　➕keep from Aよりフォーマルな表現

Day 27))) CD-B3
Quick Review
答えは右ページ下

- □ Aに参加する
- □ Aを専攻する
- □ Aを売買する
- □ Aという結果になる
- □ Aに成功する
- □ Aの結果になる
- □ Aにある
- □ Aの存在を信じる
- □ Aに変化する
- □ Aに従事する
- □ Aに入学する
- □ Aに陥る
- □ Aを結ぶ
- □ Aになる
- □ Aに変わる
- □ 突然Aし始める

Check 2 Phrase

- come from Osaka（大阪の出身である）

- hear from an old friend（旧友から連絡をもらう）

- result from poor diet（[病気などが] 不十分な食生活に起因する）

- recover from (an) illness（病気から回復する）
- recover from the recession（不景気から立ち直る）

- graduate from college（大学を卒業する）

- differ from person to person [place to place]（人 [地域] によって異なる）

- suffer from a headache（頭痛に苦しむ）
- suffer from poverty（貧困に苦しむ）

- refrain from drinking（飲酒を慎む）

Check 3 Sentence

- "Where do you come from?" "Japan."（「出身はどちらですか?」「日本です」）

- I haven't heard from her for a long time.（私は長い間、彼女から連絡をもらっていない）

- The fire resulted from a gas explosion.（その火事はガス爆発が原因だった）

- She is recovering from surgery.（彼女は手術から回復しつつある）

- He graduated from Waseda University in 2002.（彼は早稲田大学を2002年に卒業した）

- My opinion differs greatly from his.（私の意見は彼の意見とかなり違う）

- She's been suffering from asthma.（彼女はぜん息を患っている）

- We are expected to refrain from smoking in public places.（公共の場所では喫煙を差し控えるよう求められている）

Day 27 ») CD-B3
Quick Review
答えは左ページ下

- participate in A
- major in A
- deal in A
- result in A
- succeed in A
- end in A
- lie in A
- believe in A
- change into A
- go into A
- get into A
- fall into A
- enter into A
- come into A
- turn into A
- burst into A

CHAPTER 1

CHAPTER 2

CHAPTER 3

CHAPTER 4

CHAPTER 5

Day 29

語順2
動詞＋A to do／動詞＋A to B

Check 1　Listen » CD-B5

□ 449
allow A **to** do
- ❶ **Aに〜することを許可する**
- ❷ Aに〜させておく、Aを〜するままにしておく
- ❸ Aが〜することを可能にする

□ 450
want A **to** do
- **A（人）に〜してもらいたい**、A（人）が〜することを望む

□ 451
enable A **to** do
- **Aに〜できるようにする**、Aに〜する能力［手段、権利］を与える

□ 452
encourage A **to** do
- **A（人）を〜するよう励ます**、けしかける

□ 453
ask A **to** do
- **Aに〜するように頼む**、Aに〜してほしいと言う

□ 454
tell A **to** do
- **Aに〜しろと言う**　❶ ask A to do、require A to do よりも命令的なニュアンス

□ 455
get A **to** do
- （説得などして）**Aに〜させる**、してもらう（≒ have A do、talk A into doing、persuade A to do [into doing]）

□ 456
cause A **to** do
- **A（人・事）に〜させる**（原因となる）　❶ 通例、意図的でない因果関係を表す

continued
▼

今日からDay 32までは「動詞＋A＋前置詞＋B」型の熟語をチェック！ まずは、to不定詞、「対象・比較」のtoを使った熟語を見ていこう。

- □ 聞くだけモード　Check 1
- □ しっかりモード　Check 1 ▶ 2
- □ かんぺきモード　Check 1 ▶ 2 ▶ 3

Check 2　Phrase

□ allow him to enter the building（彼にそのビルへ入ることを許可する）
□ allow a door to be opened（ドアを開けたままにしておく）

□ want her to come to the party（彼女にパーティーに来てもらいたい）

□ enable people to work from home（[通信手段の発達などが]人々が在宅勤務できるようにする）

□ encourage him to study harder（もっと一生懸命勉強するように彼を励ます）

□ ask him to be quiet（彼に静かにするように頼む）

□ tell her to take out the trash（彼女にごみを出すように言う）

□ get him to stop drinking（彼に飲酒をやめさせる）
□ get her to help with the job（彼女に仕事を手伝ってもらう）

□ cause him to be late（[渋滞などが]彼を遅刻させる原因となる）

Check 3　Sentence

□ Her parents didn't allow her to go out late at night.（彼女の両親は、彼女が夜遅くに外出するのを許可しなかった）

□ He wants her to marry him.（彼は彼女に自分と結婚してほしいと思っている）

□ This skill will enable you to find a job in the IT industry.（このスキルがあれば、あなたはIT業界で仕事を見つけることができるだろう）

□ Her parents encouraged her to apply to the university.（彼女の両親は彼女にその大学に出願することを勧めた）

□ She asked him to help her with her homework.（彼女は彼に宿題を手伝ってほしいと言った）

□ The doctor told me to take a few days to rest.（医者は私に数日間休養を取るように言った）

□ The teacher got her students to clean the classroom.（その先生は生徒たちに教室を掃除させた）

□ Heavy rain caused the game to be suspended.（大雨によりその試合は延期となった）

continued ▼

Day 29

Check 1   Listen)) CD-B5

457 add A to B — ❶対象のto
AをBに加える、つけ足す

458 apply A to B
❶**AをBに応用する**、利用する
❷A（規則など）をBに適用する
❸A（薬・ペンキなど）をBに塗る

459 leave A to B
❶**AをBに任せる**、委ねる
❷A（遺産）をB（人）に残す、遺贈する

460 attach A to B
❶**AをBにくっつける**、貼りつける、結びつける、添付する
❷A（重要性など）をBにあると考える
❸(be attached to Aで) Aに愛情［愛着］を持っている
❹(be attached to Aで) A（団体など）に所属している

461 devote A to B
❶**A**（時間・努力など）**をB**（目的・仕事など）**にささげる**、充てる
❷(devote oneself to Aで) A（仕事など）に専念する、一身をささげる

462 owe A to B
❶**A**（金）**をB**（人・店など）**に借りている**
❷A（物・事）についてBのおかげ［恩恵］を被っている
❸A（義務など）をB（人）に負っている

463 compare A to [with] B — ❶比較のto
❶**AをBと比較する**、比べる
❷AをBに例える、なぞらえる

464 prefer A to B
BよりもAを好む

Day 28)) CD-B4 Quick Review 答えは右ページ下
- Aを処理する
- Aを妨げる
- Aを手放す
- Aと意見が一致する
- Aと仲よくやっていく
- Aと文通する
- Aと競う
- Aで済ませる
- Aの出身である
- Aから連絡をもらう
- Aに起因する
- Aから回復する
- Aを卒業する
- Aと異なる
- Aに苦しむ
- Aを差し控える

Check 2　Phrase

☐ add sugar to tea（紅茶に砂糖を加える）
☐ add 2 to 5（5に2を足す）

☐ apply A's energies to the examination（その試験に力を注ぐ）

☐ leave the decision to him（決定を彼に任せる）
☐ leave assets to charity（遺産を慈善事業に贈る）

☐ attach documents to an e-mail（電子メールに文書を添付する）
☐ attach importance to the decision（決定を重視する）

☐ devote more time to studying（より多くの時間を勉強に充てる）
☐ devote oneself to charity work（慈善活動に専念する）

☐ owe 5,000 yen to her（彼女に5000円を借りている）
☐ owe his success to her（彼の成功は彼女のおかげである）

☐ compare her work to his（彼女の作品を彼の作品と比較する）
☐ compare life to a journey（人生を旅に例える）

☐ prefer beef to pork（豚肉よりも牛肉を好む）

Check 3　Sentence

☐ She added some salt and spice to the soup.（彼女はスープに塩とコショウを少し加えた）

☐ He applied the money to payment of a debt.（彼はそのお金を借金の返済に使った）

☐ My boss left the work to me.（私の上司はその仕事を私に任せた）

☐ He attached his photo to the application form.（彼は願書に彼の写真を貼りつけた）

☐ We need to devote more money to the project.（私たちはより多くのお金をそのプロジェクトに充てる必要がある）

☐ At that time he owed $2 million to his bank.（当時、彼は銀行から200万ドル借りていた）

☐ They compared sales figures for the second quarter to the first quarter.（彼らは第2四半期の売上高を第1四半期と比べた）

☐ She prefers tea to coffee.（彼女はコーヒーよりも紅茶が好きだ）

Day 28 》CD-B4
Quick Review
答えは左ページ下

☐ deal with A　☐ get along with A　☐ come from A　☐ graduate from A
☐ interfere with A　☐ correspond with A　☐ hear from A　☐ differ from A
☐ part with A　☐ compete with A　☐ result from A　☐ suffer from A
☐ agree with A　☐ do with A　☐ recover from A　☐ refrain from A

CHAPTER 1
CHAPTER 2
CHAPTER 3
CHAPTER 4
CHAPTER 5

Day 30

語順2
動詞＋A on B／動詞＋A for B

Check 1　Listen))) CD-B6

465 focus A on B
❶対象のon
- ❶ **A（注意など）をBに集中させる**（≒ concentrate A on B）
- ❷Aの焦点をBに合わせる

466 spend A on B
- ❶ **A（金・資源など）をBに使う**
- ❷A（時間）をBに費やす

467 force A on [upon] B
- **A（仕事・考えなど）をB（人）に押しつける**　❶「相手が嫌がることを強制する」というニュアンス

468 blame A on B
- **AをB（人）の責任にする**、せいにする　❶ blame A on Bはblame B for Aに言い換え可能

469 concentrate A on B
- **A（努力・注意など）をB（仕事・目的など）に集中する**（≒ focus A on B）

470 base A on [upon] B
❶基礎のon
- **A（理論など）の基礎をB（事実など）に置く**、A（判断など）の根拠をBに置く　❶しばしばbe based on A（Aに基づいている）のように受け身で用いられる

471 advise A on B
❶関連のon
- **AにBについて助言[忠告]する**

472 congratulate A on B
- **A（人）にBのことを祝う**、A（人）にBのことでお祝いを述べる

continued
▼

チェックボックスを活用してる？ 理解できた熟語にはチェックを入れて、学習のペースメーカーとして使ってみよう。

- □ 聞くだけモード　Check 1
- □ しっかりモード　Check 1 ▶ 2
- □ かんぺきモード　Check 1 ▶ 2 ▶ 3

Check 2　Phrase

□ focus A's attention on work
(仕事に注意を集中させる)
□ focus a telescope on the star (望遠鏡の焦点をその星に合わせる)

□ spend $20,000 on a new car
(2万ドルを新車に支払う)
□ spend time on reading (読書に時間を費やす)

□ force piano lessons on her
(彼女にピアノのレッスンを強制する)

□ blame the accident on him
(その事故を彼のせいにする)

□ concentrate A's full attention on the problem (その問題に全注意力を集中する)

□ base decisions on facts (決定の根拠を事実に置く)

□ advise him on stock investments (株式投資について彼に助言する)

□ congratulate him on passing the entrance examination (彼に入試合格のお祝いを述べる)

Check 3　Sentence

□ The government should focus its attention on economic development. (政府は経済発展に配慮すべきだ)

□ The government should spend more money on education. (政府は教育にもっと多くのお金を使うべきだ)

□ You shouldn't force your opinions on others. (あなたは自分の考えを他人に押しつけるべきでない)

□ Don't blame your failures on others. (自分の失敗を他人のせいにしてはいけません)

□ Just concentrate your efforts on your studies. (勉強に努力を集中しなさい)

□ The theory is based on the results of experiments. (その理論は実験の結果に基づいている)

□ He advised me on my job search. (彼は仕事探しについて私に助言してくれた)

□ He congratulated me on my success. (彼は私の成功を祝ってくれた)

continued ▼

Day 30

Check 1　Listen))) CD-B6

□ 473
provide A for B
❶目的のfor
▶ **A（必要な物など）をB（人など）に供給[提供]する**、与える　⊕provide A for Bはprovide B with Aに言い換え可能 ▶

□ 474
ask A for B
▶ **A（人）にB（事・物）を欲しいと言う**、くれと頼む　⊕ask A of Bは「B（人）にA（事・物）を頼む」 ▶

□ 475
take A for B
❶特性のfor
元AをBとして受け取る
▶ ❶**AをBだと思う**
❷誤ってAをBだと思い込む（≒mistake A for B） ▶

□ 476
mistake A for B
▶ **A（人・物）をB（別の人・物）と間違える**、思い違いをする（≒take A for B） ▶

□ 477
exchange A for B
❶代用のfor
▶ ❶**AをBと交換する**　⊕「よりよい[適している、有用な]物と交換する」というニュアンス
❷AをBに両替する（≒change A for B）　⊕通例、通貨の両替について使う。「A（金銭）をB（小銭）にくずす」はbreak A into B ▶

□ 478
substitute A for B
▶ **AをBの代わりに用いる**、AをBの代わりにする ▶

□ 479
blame A for B
❶理由のfor
▶ ❶**BをA（人）の責任にする**、せいにする　⊕blame A for Bはblame B on Aに言い換え可能
❷A（人）をBのことで非難する、責める（≒accuse A of B） ▶

□ 480
punish A for B
▶ **A（人）をB（悪事など）のかどで罰する**、処罰する ▶

Day 29))) CD-B5
Quick Review
答えは右ページ下

□ Aに～することを許可する　□ Aに～するように頼む　□ AをBに加える　□ AをBにささげる
□ Aに～してもらいたい　□ Aに～しろと言う　□ AをBに応用する　□ AをBに借りている
□ Aに～できるようにする　□ Aに～させる　□ AをBに任せる　□ AをBと比較する
□ Aを～するよう励ます　□ Aに～させる　□ AをBにくっつける　□ BよりもAを好む

Check 2　Phrase

- [ ] provide a good education for students（生徒たちに優れた教育を与える）

- [ ] ask him for advice（彼にアドバイスを求める）

- [ ] take it for the truth（それを真実だと思う）
- [ ] take him for a doctor（彼を医者だと思い込む）

- [ ] mistake salt for sugar（塩を砂糖と間違える）

- [ ] exchange dollars for euros（ドルをユーロに両替する）

- [ ] substitute sugar for honey（砂糖をはちみつの代わりに用いる）

- [ ] blame him for the accident（その事故を彼のせいにする）

- [ ] punish her for being late（遅刻したことで彼女を罰する）

Check 3　Sentence

- [ ] The charity provides blankets and clothing for homeless people.（その慈善団体はホームレスの人々に毛布と服を提供している）

- [ ] He asked his boss for a raise.（彼は上司に昇給を求めた）

- [ ] Don't take me for a fool.（私をばかだと思わないでください）

- [ ] I mistook his brother for him.（私は彼の兄を彼と間違えた）

- [ ] He exchanged his shirt for a larger size.（彼はシャツを大きいサイズに交換した）

- [ ] She substitutes low-fat milk for whole milk.（彼女は全乳の代わりに低脂肪乳を飲んでいる）

- [ ] His mother blamed him for being lazy.（彼の母親は彼を怠惰だと責めた）

- [ ] His parents punished him for stealing their money.（彼の両親はお金を盗んだことで彼を罰した）

CHAPTER 1
CHAPTER 2
CHAPTER 3
CHAPTER 4
CHAPTER 5

Day 29))) CD-B5
Quick Review
答えは左ページ下

- [ ] allow A to do
- [ ] want A to do
- [ ] enable A to do
- [ ] encourage A to do
- [ ] ask A to do
- [ ] tell A to do
- [ ] get A to do
- [ ] cause A to do
- [ ] add A to B
- [ ] apply A to B
- [ ] leave A to B
- [ ] attach A to B
- [ ] devote A to B
- [ ] owe A to B
- [ ] compare A to B
- [ ] prefer A to B

Day 31　語順2
動詞＋A of B／動詞＋A into B

Check 1　　Listen)) CD-B7

□ 481
inform A **of** [about] B
❶関連のof
— A（人）にB（ニュースなど）について知らせる、通知する

□ 482
assure A **of** B
— A（人）にB（物・事）を保証する　⊕「絶対に大丈夫だと安心させる」というニュアンス

□ 483
remind A **of** [about] B
— A（人）にB（人・事・物）を気づかせる、思い出させる

□ 484
accuse A **of** B
— ❶A（人）をB（犯罪など）のかどで告発[告訴、起訴]する、訴える
❷A（人）をB（不正行為など）のかどで非難する、責める（≒blame A for B）

□ 485
suspect A **of** B
— A（人）にB（悪事・犯罪など）の容疑[嫌疑]をかける

□ 486
clear A **of** B
❶分離のof
— A（場所）からB（人・物）を取り除く、排除する、片づける　⊕clear A of BはclearBfrom Aに言い換え可能

□ 487
rob A **of** B
— A（人・場所）からB（金・物など）を奪う、強奪する（≒deprive A of B、strip A of B）

□ 488
deprive A **of** B
— A（人・物）からB（人・物・地位など）を奪う（≒rob A of B、strip A of B）；AにBを与えない　⊕「必要な物・欲しい物を取り上げる」というニュアンス

continued
▼

ここでも、of では「分離」の用法に要注意。「AをBに変える」を表す「変化」の into の用法も完ぺきにしておこう。

- ☐ 聞くだけモード　Check 1
- ☐ しっかりモード　Check 1 ▶ 2
- ☐ かんぺきモード　Check 1 ▶ 2 ▶ 3

Check 2　Phrase

☐ **inform** them **of** the news（彼らにそのニュースについて知らせる）

☐ **assure** customers **of** the best service（顧客に最高のサービスを保証する）

☐ **remind** him **of** the meeting（彼にその会議[があること]を気づかせる）

☐ **accuse** him **of** theft（彼を窃盗のかどで訴える）
☐ **accuse** her **of** lying（彼女をうそをついていると責める）

☐ **suspect** him **of** fraud（彼に詐欺の容疑をかける）

☐ **clear** the street **of** snow（通りを除雪する）

☐ **rob** him **of** his fortune（彼から財産を奪う）
☐ **be robbed of** A（Aを奪われる）

☐ **deprive** her **of** her liberty（彼女から自由を奪う）

Check 3　Sentence

☐ He **informed** us **of** his safe arrival.（彼は私たちに無事に到着したことを知らせてきた）

☐ They **assured** me **of** his sincerity.（彼らは彼が誠実であることを私に保証した）

☐ He **reminded** her **of** the party that evening.（彼は彼女にその晩のパーティーについて念を押した）

☐ The man was **accused of** murder.（その男は殺人のかどで起訴された）

☐ The man is **suspected of** murder.（その男は殺人の容疑をかけられている）

☐ She **cleared** the table **of** dishes and glasses after dinner.（彼女は夕食後、テーブルから食器とグラスを片づけた）

☐ The man **robbed** her **of** her purse.（その男は彼女から財布を奪った）

☐ Children living in poverty tend to be **deprived of** their right to education.（貧困の中で暮らしている子どもたちは、教育を受ける権利を奪われがちである）

continued
▼

Day 31

Check 1　Listen 》CD-B7

□ 489
turn A into B
❶変化のinto
→ **AをBに変える**、変化させる

□ 490
convert A into B
→ **AをBに変える**、変形[転換、変質]させる ➕「機能上変える」というニュアンス

□ 491
change A into B
→ **AをBに変える**、変化させる

□ 492
make A into B
→ ❶**A**（材料など）**をB**（製品など）**にする**
❷A（人）をB（英雄など）にする

□ 493
transform A into B
→ **A**（物）**をBに変形**[変質]**させる** ➕「外見・形・性質を完全に変える」というニュアンス

□ 494
divide A into B
→ ❶**AをBに分ける**、分割する
❷AをBに分類する
❸A（数）でB（数）を割る ➕この意味のdivide A into Bはdivide B by Aに言い換え可能

□ 495
put A into B
㊨AをBの中へ入れる
→ ❶**A**（言葉など）**をB**（他国語）**に翻訳する**、言い換える ➕translate A into Bよりくだけた表現
❷A（考えなど）をB（言葉など）で表現する

□ 496
translate A into B
→ **A**（言語など）**をB**（ほかの言語）**に翻訳**[通訳]**する** ➕put A into Bよりフォーマルな表現

Day 30 》CD-B6
Quick Review
答えは右ページ下

- □ AをBに集中させる
- □ AをBに使う
- □ AをBに押しつける
- □ AをBの責任にする
- □ AをBに集中する
- □ Aの基礎をBに置く
- □ AをBに押しつける
- □ AにBのことを祝う
- □ AをBに供給する
- □ AにBについて助言する
- □ AにBを欲しいと言う
- □ AをBだと思う
- □ AをBと交換する
- □ AをBの代わりに用いる
- □ BをAの責任にする
- □ AをBのかどで罰する

Check 2   Phrase

- ☐ turn water into ice(水を氷に変化させる)
- ☐ turn a boy into a frog([魔法などで]少年をカエルにする)

- ☐ convert an attic into a bedroom(屋根裏部屋を寝室に変える)

- ☐ change the backyard into a garden(裏庭を庭園に変える)

- ☐ make milk into yogurt(牛乳をヨーグルトにする)

- ☐ transform light into energy(光をエネルギーに変える)

- ☐ divide the pizza into eight equal parts(ピザを均等に8つに分ける)

- ☐ put an English novel into Japanese(英語の小説を日本語に翻訳する)

- ☐ translate Japanese into Chinese(日本語を中国語に翻訳する)

Check 3   Sentence

- ☐ Heavy rains turned streams into torrents.(大雨が小川を激流に変えた)

- ☐ The city converted the school gymnasium into a shelter.(市はその学校の体育館を避難所にした)

- ☐ The magician changed a handkerchief into a pigeon.(そのマジシャンはハンカチをハトに変えた)

- ☐ The film company made the novel into a movie.(その映画会社はその小説を映画化した)

- ☐ They transformed the old building into a museum.(彼らはその古いビルを美術館に変えた)

- ☐ She divided the bread dough into two parts and made each into a ball.(彼女はパン生地を2つに分けて、それぞれを丸めた)

- ☐ Put these Japanese sentences into German.(これらの日本語の文をドイツ語に訳しなさい)

- ☐ She translated the book into English.(彼女はその本を英語に翻訳した)

Day 30))) CD-B6
Quick Review
答えは左ページ下

- ☐ focus A on B
- ☐ spend A on B
- ☐ force A on B
- ☐ blame A on B
- ☐ concentrate A on B
- ☐ base A on B
- ☐ advise A on B
- ☐ congratulate A on B
- ☐ provide A for B
- ☐ ask A for B
- ☐ take A for B
- ☐ mistake A for B
- ☐ exchange A for B
- ☐ substitute A for B
- ☐ blame A for B
- ☐ punish A for B

CHAPTER 1

CHAPTER 2

CHAPTER 3

CHAPTER 4

CHAPTER 5

Day 32　語順2
動詞＋A with B／動詞＋A as B

Check 1　　Listen 》CD-B8

□ 497
provide A with B
❶材料の with
> **A**（人など）**に B**（必要な物など）**を供給**[提供]**する**、与える（≒ supply A with B）　➕ provide A with B は provide B for A に言い換え可能

□ 498
fill A with B
> ❶ **A**（場所・容器など）**を B でいっぱいにする**、満たす
> ❷ A（時間など）を B（事）で占める

□ 499
share A with B
❶対象の with
> **A**（利害・考え・情報など）**を B**（人）**と共有する**、分かち合う

□ 500
help A with B
> **A**（人）**の B**（仕事など）**を手伝う**

□ 501
replace A with B
> **A を B と取り換える**、A の代わりを B で補う

□ 502
present A with B
> ❶ **A**（人・団体）**に B**（物）**を贈る**、贈呈[進呈]する
> ❷ A（人）に B（物）を提出する
> ❸ A（人）に B（お世辞など）を恭しく述べる

□ 503
associate A with B
> **A を B と結びつけて考える**、A で B を連想する；A を B と関連づける（≒ connect A with B）

□ 504
supply A with B
> **A**（人など）**に B**（足りない物）**を供給**[支給]**する**（≒ provide A with B）　➕ supply A with B は supply B to [for] A に言い換え可能

continued ▼

withでは「材料・対象」の用法を再確認。asでは「動詞＋A as B」で「A＝B」の関係になっていることを理解しよう。

- □ 聞くだけモード　Check 1
- □ しっかりモード　Check 1 ▶ 2
- □ かんぺきモード　Check 1 ▶ 2 ▶ 3

Check 2　Phrase

- □ provide them with information（彼らに情報を提供する）

- □ fill a glass with milk（グラスをミルクで満たす）
- □ fill the hole with soil（穴を土で埋める）

- □ share information with each other（お互いに情報を共有する）
- □ share happiness with others（他者と幸せを分かち合う）

- □ help her with her homework（彼女の宿題を手伝う）

- □ replace the old battery with a new one（古い電池を新しい電池と取り換える）

- □ present her with a gift（彼女に贈り物を贈る）
- □ present the committee with a report（委員会に報告書を提出する）

- □ associate war with misery（戦争と悲惨さを結びつけて考える）

- □ supply refugees with food（避難民に食料を供給する）

Check 3　Sentence

- □ Newspapers provide us with the facts.（新聞は私たちに事実を知らせてくれる）

- □ She filled her bag with books.（彼女はかばんに本を詰めた）

- □ I share a room with an American student in a dormitory.（私は寮でアメリカ人の学生と部屋を共有している）

- □ Husbands should help their wives with housework.（夫は妻の家事を手伝うべきだ）

- □ I'll replace my old PC with a brand-new one.（私は自分の古いパソコンを新品のパソコンと取り換えるつもりだ）

- □ The company presented him with a gold watch for his 30 years of service.（勤続30年を記念して、会社は彼に金の時計を贈呈した）

- □ Many people associate the countryside with peace and relaxation.（多くの人は田舎というと平和やくつろぎを連想する）

- □ The company supplies all employees with a mobile phone.（その会社は全従業員に携帯電話を支給している）

continued ▼

Day 32

Check 1　Listen 》CD-B8

□ 505
see A as B
❶「〜として（の）」のas

AをBと見なす、考える、想像する（≒ view A as B、think of A as B、regard A as B、look on A as B）

□ 506
view A as B

AをBと見なす（≒ see A as B、think of A as B、regard A as B、look on A as B）

□ 507
regard A as B

AをBと見なす、考える、思う（≒ see A as B、view A as B、think of A as B、look on A as B）

□ 508
refer to A as B

AをBと呼ぶ、言う

□ 509
describe A as B

AをBだと言う、評する

□ 510
think of A as B

AをBと考える、見なす（≒ see A as B、view A as B、regard A as B、look on A as B）

□ 511
accept A as B

AをBとして容認する、受け入れる、認める、見なす

□ 512
recognize A as B

AをBだと認める　❷「重要なもの・優れたものであると認める」というニュアンス

| Day 31 》CD-B7
Quick Review
答えは右ページ下 | □ AにBについて知らせる
□ AにBを保証する
□ AにBを気づかせる
□ AをBのかどで告発する | □ AにBの容疑をかける
□ AからBを取り除く
□ AからBを奪う
□ AからBを奪う | □ AをBに変える
□ AをBに変える
□ AをBに変える
□ AをBにする | □ AをBに変形させる
□ AをBに分ける
□ AをBに翻訳する
□ AをBに翻訳する |

Check 2 Phrase

- ☐ **see** him **as** a little kid（彼を子どもと見なす）

- ☐ **view** him **as** an opponent（彼を敵と見なす）

- ☐ **regard** the situation **as** stable（状況は安定していると見なす）

- ☐ **refer to** New York **as** "the Big Apple"（ニューヨークを「ビッグアップル」と呼ぶ） ❶the Big Appleはニューヨークの愛称

- ☐ **describe** her **as** charming（彼女を魅力的だと言う）

- ☐ **think of** her **as** a brilliant musician（彼女を素晴らしい音楽家だと考える）

- ☐ **accept** facts **as** facts（事実を事実として受け入れる）

- ☐ **recognize** him **as** leader（彼を指導者だと認める）

Check 3 Sentence

- ☐ **I can't see him as a teacher.**（私は彼を先生とは思えない）

- ☐ **I view her as my best friend.**（私は彼女を一番の親友だと思っている）

- ☐ **I regard Beethoven's Ninth Symphony as his best work.**（私はベートーベンの交響曲第9番が彼の最高傑作だと思う）

- ☐ **The ASEAN countries now officially refer to Burma as Myanmar.**（ASEAN諸国では現在、公式にはビルマをミャンマーと呼んでいる）

- ☐ **Many people describe him as an earnest, intelligent man.**（多くの人が彼をまじめで聡明な人物だと評している）

- ☐ **He thinks of himself as an ordinary guy.**（彼は自分のことを普通の男だと思っている）

- ☐ **They accepted him as a new member of the club.**（彼らは彼をクラブの新メンバーとして認めた）

- ☐ **He is recognized as one of the world's greatest novelists.**（彼は世界で最も偉大な小説家の1人として認められている）

Day 31))) CD-B7
Quick Review
答えは左ページ下

☐ inform A of B ☐ suspect A of B ☐ turn A into B ☐ transform A into B
☐ assure A of B ☐ clear A of B ☐ convert A into B ☐ divide A into B
☐ remind A of B ☐ rob A of B ☐ change A into B ☐ put A into B
☐ accuse A of B ☐ deprive A of B ☐ make A into B ☐ translate A into B

Day 33

語順3
be＋形容詞＋to do／be＋形容詞＋to A

Check 1　Listen 》CD-B9

☐ 513
be likely to do
〜**しそうである**、多分〜するであろう（⇔ be unlikely to do）

☐ 514
be ready to do
❶ 〜**する用意**[準備]**ができている**（≒ be prepared to do）
❷ 喜んで[進んで]〜する（≒ be glad to do、be willing to do）

☐ 515
be free to do
（人が）**自由に〜できる**

☐ 516
be sure [certain] **to** do
きっと〜する、〜するのは確実である　➕ be certain to do のほうが強いニュアンス

☐ 517
be willing to do
❶ **快く〜する**、〜するのをいとわない（≒ be glad to do）
❷ 〜する用意がある（≒ be ready to do、be prepared to do）

☐ 518
be supposed to do
❶（人が）〜**することになっている**、〜するはずである；（否定文で）〜してはいけないことになっている
❷（物・事が）〜するよう意図されている

☐ 519
be forced to do
〜**せざるを得ない**　➕ be compelled to do より一般的な表現

☐ 520
be compelled to do
〜**せざるを得ない**、仕方なく〜する　➕ be forced to do よりフォーマルな表現

continued
▼

今日からDay 35までの3日間では、「be＋形容詞＋前置詞＋A」型の熟語をマスター。まずは、前置詞toを使った熟語からスタート！

- □ 聞くだけモード　Check 1
- □ しっかりモード　Check 1 ▶ 2
- □ かんぺきモード　Check 1 ▶ 2 ▶ 3

Check 2　Phrase

□ **be likely to succeed**（成功しそうである）
□ **be likely to rain**（[itを主語として]雨が降りそうである）

□ **be ready to go**（出発の準備ができている）
□ **be ready to help her**（喜んで彼女を助ける）

□ **be free to choose**（自由に選べる）

□ **be sure to succeed**（きっと成功する）
□ **be sure to rain**（[itを主語として]きっと雨が降る）

□ **be willing to help him**（快く彼を助ける）

□ **be supposed to be there by noon**（正午までにそこへ行くことになっている）

□ **be forced to quit**（辞職せざるを得ない）

□ **be compelled to cancel the plan**（計画を中止せざるを得ない）

Check 3　Sentence

□ **They are likely to win the game.**（彼らはその試合に勝ちそうである）

□ **Are you ready to order?**（ご注文の準備はよろしいですか？）

□ **She is free to go there.**（彼女は自由にそこへ行ける）

□ **Be sure to lock the door when you leave home.**（出かけるときは必ずドアに鍵をかけなさい）

□ **He's willing to make compromises.**（彼は妥協する用意がある）

□ **He is supposed to attend the meeting.**（彼はその会議に出席することになっている）

□ **They were forced to leave their country because of the civil war.**（彼らは内戦のため自国を離れざるを得なかった）

□ **He was compelled to admit defeat.**（彼は負けを認めざるを得なかった）

continued
▼

Day 33

Check 1　Listen))) CD-B9

□ 521
be **used** to A
❶対象のto

Aに慣れている（≒ be accustomed to A）　❶used to do（[以前は] よく～したものだ）との違いに注意

□ 522
be **accustomed** to A

Aに慣れている（≒ be used to A）、Aが習慣になっている

□ 523
be **opposed** to A

Aに反対している；Aに敵対[対抗、対立]している

□ 524
be **subject** to A

❶**Aに服従[従属]している**、Aの支配下にある
❷Aにかかりやすい、Aを受けやすい

□ 525
be **familiar** to A

Aによく知られている、おなじみである　❶be familiar with Aは「Aをよく知っている」

□ 526
be **similar** to A
❶比較のto

Aと似ている、類似している、同種[同類]である　❶「ほとんど同じだが、少し違っている」というニュアンス。「Aと全く同じである」はbe identical to A

□ 527
be **equal** to A

❶**Aと等しい**、Aに匹敵する
❷A（仕事など）に対応し得る、耐えられる

□ 528
be **superior** to A

Aより優れている、勝っている；Aより上級[上位]である（⇔ be inferior to A）

Day 32))) CD-B8
Quick Review
答えは右ページ下

□ AにBを供給する　□ AをBと取り換える　□ AをBと見なす　□ AをBだと言う
□ AをBでいっぱいにする　□ AにBを贈る　□ AをBと見なす　□ AをBと考える
□ AをBと共有する　□ AをBと結びつけて考える　□ AをBと見なす　□ AをBとして容認する
□ AのBを手伝う　□ AにBを供給する　□ AをBと呼ぶ　□ AをBだと認める

Check 2　Phrase

- □ **get used to** A（Aに慣れる）
- □ **be used to** spicy food（辛い料理に慣れている）

- □ **be accustomed to** cold weather（寒い気候に慣れている）

- □ **be opposed to** the plan（その計画に反対している）

- □ **be subject to** change（変更されることがある）
- □ **be subject to** colds（風邪にかかりやすい）

- □ **be familiar to** everyone（みんなによく知られている）

- □ **be similar to** each other（お互いに似ている）

- □ **be equal to** him in ability（能力の点で彼に匹敵する）
- □ **be equal to** the job（[人が] その仕事に耐えられる）

- □ **be superior to** him in mathematics（数学において彼より優れている）

Check 3　Sentence

- □ **I'm not used to** hot weather.（私は暑い気候に慣れていない）

- □ **He's not accustomed to** getting up early.（彼は早起きに慣れていない）

- □ **I'm opposed to** all war.（私はいかなる戦争にも反対だ）

- □ When you are in a foreign country, you are **subject to** the laws of that country.（外国にいるときは、その国の法律の支配下にある）

- □ Her voice is **familiar to** me.（彼女の声は私にとってなじみがある）

- □ Her voice is very **similar to** her mother's.（彼女の声は彼女の母親の声と非常に似ている）

- □ Tokyo's population is almost **equal to** 10 percent of Japan's population.（東京の人口は日本の人口のほぼ10パーセントに匹敵する）

- □ My new PC is **superior to** the old one in every respect.（私の新しいパソコンはすべての点で前のパソコンより優れている）

Day 32))) CD-B8
Quick Review
答えは左ページ下

- □ provide A with B
- □ fill A with B
- □ share A with B
- □ help A with B
- □ replace A with B
- □ present A with B
- □ associate A with B
- □ supply A with B
- □ see A as B
- □ view A as B
- □ regard A as B
- □ refer to A as B
- □ describe A as B
- □ think of A as B
- □ accept A as B
- □ recognize A as B

CHAPTER 1
CHAPTER 2
CHAPTER 3
CHAPTER 4
CHAPTER 5

Day 34

語順3
be＋形容詞＋in A／be＋形容詞＋for A

Check 1　　Listen 》CD-B10

□ 529
be interested in A
❶分野のin
→ Aに興味[関心]を持っている

□ 530
be caught in A
→ A（渋滞・嵐など）に遭う

□ 531
be rich in A
→ Aに富んで[恵まれて]いる、Aが豊富である（⇔be poor in A）

□ 532
be lacking [wanting] in A
→ ❶Aが欠けている
❷Aに不足している（≒be short of A、be poor in A）

□ 533
be poor in A
→ Aに不足している、Aに乏しい（≒be lacking [wanting] in A、be short of A　⇔be rich in A）

□ 534
be involved in A
❶従事のin
→ ❶（よい意味で）A（活動など）に参加している、携わっている
❷A（悪いことなど）に関係している

□ 535
be engaged in A
→ ❶Aに従事[没頭]している
❷Aに忙しい

□ 536
be absorbed in A
→ Aに熱中[没頭]している、夢中になっている

continued
▼

見出し中の「be」は、主語の人称や時制によって、is・am・are＝現在形、was・were＝過去形になることに注意しよう。

- ☐ 聞くだけモード　Check 1
- ☐ しっかりモード　Check 1 ▶ 2
- ☐ かんぺきモード　Check 1 ▶ 2 ▶ 3

Check 2　Phrase

☐ **be interested in politics**（政治に関心を持っている）

☐ **be caught in a traffic jam**（交通渋滞に遭う）

☐ **be rich in natural resources**（[国などが] 天然資源に恵まれている）

☐ **be lacking in determination**（決断力が欠けている）

☐ **be poor in minerals**（[国などが] 鉱物資源に乏しい）

☐ **be involved in the project**（そのプロジェクトに参加している）

☐ **be engaged in research**（研究に従事［没頭］している）

☐ **be absorbed in reading**（読書に没頭している）

Check 3　Sentence

☐ **He's interested in** a career in banking.（彼は銀行の仕事に興味を持っている）

☐ **I got caught in** the snowstorm while driving home.（私は車で帰宅途中に吹雪に遭った）

☐ **Milk is rich in** proteins, calcium, and vitamins.（牛乳はタンパク質、カルシウム、そしてビタミンが豊富である）

☐ **She is lacking in** common sense.（彼女は常識が欠けている）

☐ **Japan is poor in** natural resources.（日本は天然資源に乏しい）

☐ **I'm involved in** several volunteer activities.（私はいくつかのボランティア活動に参加している）

☐ **She's engaged in** volunteer work.（彼女はボランティア活動に従事している）

☐ **She was absorbed in** her conversation.（彼女は会話に夢中になっていた）

continued ▼

Day 34

Check 1　Listen 》CD-B10

□ 537
be suitable for A
❶目的のfor

Aに適している、ふさわしい（≒ be good for A、be appropriate for A、be suited to [for] A、be fit for A）

□ 538
be good for A

Aに適している、ふさわしい（≒ be suitable for A、be appropriate for A、be suited to [for] A、be fit for A）

□ 539
be fit for A

A（仕事など）**に適任**[有能]**である**；A（目的・条件など）に適している、ふさわしい（≒ be suitable for A、be good for A、be appropriate for A、be suited to [for] A）

□ 540
be known for A
❶理由のfor

Aで知られている、有名である　❶be known to Aは「Aに知られている」、be known as Aは「Aとして知られている」

□ 541
be famous for A

Aで有名[高名]**である**　❶be famous as Aは「Aとして有名である」。「（悪い意味で）Aで有名である」はbe notorious for A

□ 542
be responsible for A
❶関連のfor

❶**Aに責任がある**、責任を取るべきである
❷Aの原因である

□ 543
be ready for A
❶準備のfor

Aの用意[準備]**ができている**

□ 544
be bound for A
❶方向のfor

（列車などが）**A行きである**：Aへ行こうとしている

Day 33 》CD-B9
Quick Review
答えは右ページ下

- □ ～しそうである
- □ ～する用意ができている
- □ 自由に～できる
- □ きっと～する
- □ 快く～する
- □ ～することになっている
- □ ～せざるを得ない
- □ ～せざるを得ない
- □ Aに慣れている
- □ Aに慣れている
- □ Aに反対している
- □ Aに服従している
- □ Aによく知られている
- □ Aと似ている
- □ Aと等しい
- □ Aより優れている

Check 2　Phrase

- be suitable for young children（[本などが] 幼児に適している）

- be good for swimming（[浜辺などが] 泳ぐのに適している）

- be fit for the job（その仕事に適任である）

- be known for growing watermelons（[地域などが] スイカの生産で有名である）

- be famous for hot springs（[場所などが] 温泉で有名である）

- be responsible for the safety（安全に責任がある）
- be responsible for the delay（遅れの原因である）

- be ready for work（仕事の準備ができている）

- a train bound for Osaka（大阪行きの電車）

Check 3　Sentence

- He is not suitable for the position.（彼はその地位にふさわしくない）

- These shoes are good for your feet.（この靴はあなたの足に合っている）

- This fish isn't fit for eating.（この魚は食用に適さない）

- He is known for his modest and gentle character.（彼はその謙虚で穏やかな性格で知られている）

- Kyoto is famous for its old temples and shrines.（京都は古い寺や神社で有名だ）

- Parents are responsible for their kids' actions.（親は子どもの行動に責任がある）

- The book will be ready for publication soon.（その本は近いうちに出版される予定だ）

- This plane is bound for London.（この飛行機はロンドン行きだ）

Day 33 » CD-B9
Quick Review
答えは左ページ下

- be likely to do
- be ready to do
- be free to do
- be sure to do
- be willing to do
- be supposed to do
- be forced to do
- be compelled to do
- be used to A
- be accustomed to A
- be opposed to A
- be subject to A
- be familiar to A
- be similar to A
- be equal to A
- be superior to A

Day 35

語順3
be＋形容詞＋of A／be＋形容詞＋with A

Check 1　Listen 》CD-B11

□ 545
be aware of A
❶対象のof

Aに気づいている、Aを承知している（≒ be conscious of A）

□ 546
be worthy of A

Aに値する、Aを受ける価値がある（≒ deserve）

□ 547
be afraid of A

Aを恐れている、怖がっている

□ 548
be conscious of A

Aを自覚[意識]している；Aに気づいている（≒ be aware of A）

□ 549
be independent of A
❶分離のof

❶**Aに頼っていない**、依存していない（⇔ be dependent on [upon] A）
❷Aから独立している、支配を受けていない
❸Aと関係[関連]がない

□ 550
be short of A

Aに不足している、Aに達していない（≒ be lacking [wanting] in A、be poor in A）

□ 551
be made up of A
❶構成のof

Aから成り立っている（≒ consist of A、be composed of A）

□ 552
be sure [certain] of [about] A
❶関連のof

Aを確信している（≒ be confident of [about] A、be convinced of A）　❶be certain of [about] Aのほうが強いニュアンス

continued
▼

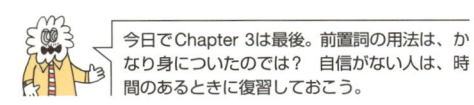

今日でChapter 3は最後。前置詞の用法は、かなり身についたのでは？ 自信がない人は、時間のあるときに復習しておこう。

- ☐ 聞くだけモード　Check 1
- ☐ しっかりモード　Check 1 ▶ 2
- ☐ かんぺきモード　Check 1 ▶ 2 ▶ 3

Check 2　Phrase

☐ **be aware of risks**（危険に気づいている）

☐ **be worthy of consideration**（検討に値する）

☐ **be afraid of dogs**（イヌを怖がっている）

☐ **be conscious of the camera**（カメラを意識している）

☐ **be independent of A's parents**（親に依存していない）
☐ **become independent of the mother country**（母国から独立する）

☐ **be short of experience**（経験が足りない）

☐ **be made up of atoms**（原子から成り立っている）

☐ **be sure of his success**（彼の成功を確信している）

Check 3　Sentence

☐ **I'm aware of my faults.**（私は自分の短所を知っている）

☐ **His deed was worthy of praise.**（彼の行いは称賛に値するものだった）

☐ **She's afraid of heights.**（彼女は高所恐怖症だ）

☐ **He was fully conscious of what he was doing.**（彼は自分が何をしているかを完全に自覚していた）

☐ **He is independent of his parents economically.**（彼は経済的に親に頼っていない）

☐ **The company is short of cash.**（その会社は現金が不足している）

☐ **The United States is made up of 50 states.**（アメリカ合衆国は50の州から成り立っている）

☐ **The prosecutors are sure of the defendant's guilt.**（検察側はその被告人の有罪を確信している）

continued
▼

Day 35

Check 1　Listen)) CD-B11

□ 553
be familiar with A
❶対象のwith

Aをよく知っている、熟知している、Aに精通している　❶be familiar to Aは「Aによく知られている」

□ 554
be satisfied with A

Aに満足している　❶「完全に満足している」というニュアンス。「ほどほどに満足している」はbe content with A

□ 555
be content with A

Aに満足している：Aに甘んじている　❶「ほどほどに満足している」というニュアンス。「完全に満足している」はbe satisfied with A

□ 556
be popular with A

Aに人気がある、評判がよい

□ 557
be acquainted with A

❶**Aと知り合いである**　❶「数回会ったことがある」というニュアンスで、親友などについては用いない
❷Aの知識［心得］がある、Aを知っている、Aに精通している

□ 558
be filled with A
❶材料のwith

❶(場所・容器などが) **Aでいっぱいである**、満たされている
❷(人・心などが) A (感情など) でいっぱいになっている、満たされている

□ 559
be faced with A
❶敵対のwith

A (困難など) に直面している (≒ be confronted with A)

□ 560
be busy with A
❶理由のwith

Aで忙しい、多忙である

Day 34)) CD-B10
Quick Review
答えは右ページ下

□ Aに興味を持っている　□ Aに不足している　□ Aに適している　□ Aで有名である
□ Aに遭う　□ Aに参加している　□ Aに適している　□ Aに責任がある
□ Aに富んでいる　□ Aに従事している　□ Aに適任である　□ Aの用意ができている
□ Aが欠けている　□ Aに熱中している　□ Aで知られている　□ A行きである

Check 2 Phrase

- be familiar with this area（この地域のことをよく知っている；この分野に精通している）

- be satisfied with the results（結果に満足している）

- be content with the present situation（現状に満足している [甘んじている]）

- be popular with teenagers（ティーンエージャーに人気がある）

- get [become] acquainted with him（彼と知り合いになる）
- be acquainted with new technologies（新しい技術に精通している）

- be filled with water（水でいっぱいである）
- be filled with sorrow [joy]（悲しみ [喜び] で満たされている）

- be faced with difficulties（難局に直面している）

- be busy with homework（宿題で忙しい）

Check 3 Sentence

- They became familiar with each other and began to understand each other.（彼らはお互いをよく知るようになり、お互いを理解し始めた）

- We were satisfied with the service at the restaurant.（私たちはそのレストランのサービスに満足した）

- He's content with his job.（彼は自分の仕事に満足している）

- He is popular with girls.（彼は女の子に人気がある）

- I got acquainted with her by chance.（私はふとしたことで彼女と知り合いになった）

- The store was filled with shoppers.（その店は買い物客でいっぱいだった）

- The country is now faced with an economic crisis.（その国は現在、経済的危機に直面している）

- I'm busy with my work at the moment.（私は今、仕事で忙しい）

Day 34)) CD-B10
Quick Review
答えは左ページ下

- be interested in A
- be caught in A
- be rich in A
- be lacking in A
- be poor in A
- be involved in A
- be engaged in A
- be absorbed in A
- be suitable for A
- be good for A
- be fit for A
- be known for A
- be famous for A
- be responsible for A
- be ready for A
- be bound for A

CHAPTER 1
CHAPTER 2
CHAPTER 3
CHAPTER 4
CHAPTER 5

Chapter 3 Review

左ページの(1)〜(20)の熟語の同意熟語・類義熟語（または同意語・類義語）（≒）、反意熟語・反対熟語（または反意語・反対語）（⇔）を右ページのA〜Tから選び、カッコの中に答えを書き込もう。意味が分からないときは、見出し番号を参照して復習しておこう（答えは右ページ下）。

- □ (1) come to do (385) ≒は? (　)
- □ (2) reflect on A (404) ≒は? (　)
- □ (3) make up for A (416) ≒は? (　)
- □ (4) result in A (420) ≒は? (　)
- □ (5) agree with A (436) ⇔は? (　)
- □ (6) recover from A (444) ≒は? (　)
- □ (7) get A to do (455) ≒は? (　)
- □ (8) focus A on B (465) ≒は? (　)
- □ (9) mistake A for B (476) ≒は? (　)
- □ (10) rob A of B (487) ≒は? (　)
- □ (11) provide A with B (497) ≒は? (　)
- □ (12) associate A with B (503) ≒は? (　)
- □ (13) see A as B (505) ≒は? (　)
- □ (14) be ready to do (514) ≒は? (　)
- □ (15) be forced to do (519) ≒は? (　)
- □ (16) be superior to A (528) ⇔は? (　)
- □ (17) be rich in A (531) ⇔は? (　)
- □ (18) be suitable for A (537) ≒は? (　)
- □ (19) be aware of A (545) ≒は? (　)
- □ (20) be worthy of A (546) ≒は? (　)

A. take A for B
B. be inferior to A
C. supply A with B
D. end in A
E. be conscious of A
F. deprive A of B
G. consider
H. regard A as B
I. compensate for A
J. be compelled to do
K. talk A into doing
L. be poor in A
M. connect A with B
N. disagree with A
O. be appropriate for A
P. get over A
Q. be prepared to do
R. concentrate A on B
S. deserve
T. get to do

【解答】(1) T (2) G (3) I (4) D (5) N (6) P (7) K (8) R (9) A (10) F (11) C (12) M (13) H (14) Q (15) J (16) B (17) L (18) O (19) E (20) S

CHAPTER 4

数語で1つの品詞の働きをする熟語

Chapter 4では、数語で1つの前置詞、副詞、形容詞、助動詞、接続詞といった品詞の働きをする熟語を見ていきます。熟語といっても、「1つの品詞」と考えれば怖くない！ 「固まり」で覚えていきましょう！

英語でコレ言える？

すみません。みんなが聞こえるように、もう少し大きな声で話してくれませんか？

Excuse me. Could you speak a bit louder (　　　) (　　　) we can hear you?

答えは Day 45でチェック！

Introduction
【品詞の働き】
▶ 178

Day 36
【前置詞：時・場所】
▶ 180

Day 37
【前置詞：理由・目的／関係・関連】
▶ 184

Day 38
【前置詞：追加・除外／一致・対応】
▶ 188

Day 39
【前置詞：その他】
▶ 192

Day 40
【副詞：時1】
▶ 196

Day 41
【副詞：時2】
▶ 200

Day 42
【副詞：時3】
▶ 204

Day 43
【副詞／形容詞：場所】
▶ 208

Day 44
【副詞：列挙・要約】
▶ 212

Day 45
【助動詞／接続詞】
▶ 216

Chapter 4 Review
▶ 220

□ Introduction 品詞の働き

品詞の種類とその働き　*用法の種類は厳密なものでなく、熟語の意味の違いで異なることもあります

前置詞
時・場所
▶ Day 36

働き： 数語で1つの前置詞の働きをし、at、in、onのように❶時・❷場所を表す

前置詞
理由・目的
▶ Day 37

働き： 数語で1つの前置詞の働きをし、forのように❶理由・❷目的を表す

前置詞
関連・関係
▶ Day 37

働き： 数語で1つの前置詞の働きをし、of、forのように❶関連・❷関係を表す

前置詞
追加・除外
▶ Day 38

働き： 数語で1つの前置詞の働きをし、with、exceptのように❶追加・❷除外を表す

前置詞
一致・対応
▶ Day 38

働き： 数語で1つの前置詞の働きをし、to、withのように❶一致・❷対応を表す

前置詞
その他
▶ Day 39

働き： 数語で1つの前置詞の働きをし、上記以外の意味を表す

副詞
時
▶ Day 40、41、42

働き： 数語で1つの副詞の働きをし、主に動詞を修飾する　➕時を表す副詞は、文末に置かれることが多い

副詞／形容詞
場所
▶ Day 43

働き： 数語で1つの副詞の働きをし、主に動詞を修飾する。または形容詞として補語になったり、名詞を後ろから修飾する　➕場所を表す副詞は、自動詞の場合はその直後、他動詞の場合は目的語の直後に置かれることが多い

副詞
列挙・要約
▶ Day 44

働き： 数語で1つの副詞の働きをし、❶列挙・❷要約を表す　➕列挙・要約を表す副詞は、文頭に置かれたり、挿入句として用いられることが多い

助動詞
▶ Day 45

働き： 数語で1つの助動詞の働きをする

接続詞
▶ Day 45

働き： 数語で1つの接続詞の働きをする

各Dayの学習に入る前に、数語で1つの品詞の働きをする熟語の種類と、その用法を押さえておこう。ここでは、それぞれの熟語を1つの「固まり」として覚えることが大切。「固まり」がスラスラ言えるくらいに暗記しよう!

熟語の例 *カッコ内の数字は見出し番号を表します

❶ up to A : A (ある時点・地点など) に至るまで (561)
❷ close to A : Aの近くに (564)

❶ due to A : Aの原因で (577)
❷ for the purpose of A : Aの目的で (580)

❶ as to [for] A : Aに関しては [の] (586)
❷ regardless of A : Aに関係なく (588)

❶ as well as A : Aだけでなく (593)
❷ other than A : A以外に (595)

❶ in accordance with A : Aに従って (602)
❷ in response to A : Aに答えて (603)

instead of A : Aの代わりに (609)
in favor of A : Aに賛成して (613)
in charge of A : Aを担当して (614)

at the time : その当時 (625)
in the past : 過去に (626)

in the way : 邪魔 [妨害] になって (673)
in public : 人前で (675)

❶ first of all : まず第一に (693)
❷ that is (to say) : すなわち (697)

be to do : (予定を表して) 〜することになっている (705)
used to do : (以前は) よく〜したものだ (706)

so that 〜 : 〜するために (713)
every time 〜 : 〜する時はいつも [必ず] (714)

Day 36　前置詞
時・場所

Check 1　Listen 》CD-B12

□ 561
up to A
- ❶**A（ある時点・地点など）に至るまで**、まで
- ❷Aの義務[責任]で；A（人）次第で
- ❸A（通例よくないこと）をしようとして、もくろんで

□ 562
prior to A
Aより前に、Aに先立って　➕beforeよりフォーマルな表現

□ 563
as of A
A（日時）から（≒as from A）；A現在で（の）、Aの時点で

□ 564
close to A
- ❶**Aの近くに**（≒near）；（空間的・時間的に）Aに近い、接近した
- ❷Aと親密な
- ❸（程度が）Aに近い、Aと類似した

□ 565
all over A
Aの至る所で、Aのそこいらじゅうに

□ 566
next to A
- ❶（場所・位置が）**Aの隣に**[の]、Aのすぐそばに[の]、Aに一番近い　➕「間に何も置かずに」というニュアンス
- ❷（順序・程度が）Aの次の[に]
- ❸（否定的な意味の語の前で）ほとんどA（≒almost）

□ 567
in front of A
➕front＝前方、前面

Aの前で[に]、Aの正面で[に]、Aの面前で[に]（⇔ at the back of A、behind）

□ 568
ahead of A
- ❶（位置的に）**Aの前を**[に、へ]
- ❷（時間的に）Aより先[前]に
- ❸Aより勝って

continued
▼

今日からDay 39までの4日間では、数語で1つの前置詞の働きをする熟語をチェック。まずは「時・場所」を表す熟語を押さえよう。

- □ 聞くだけモード　Check 1
- □ しっかりモード　Check 1 ▶ 2
- □ かんぺきモード　Check 1 ▶ 2 ▶ 3

Check 2　Phrase

- □ **up to** now（今まで、これまで）
- □ carry **up to** 10 people（[乗り物などが] 10人まで収容できる）

- □ **prior to** the meeting（会議の前に）

- □ **as of** today（今日から；今日現在で）

- □ **close to** the school（学校の近くに）
- □ **close to** midnight（真夜中近くに）

- □ **all over** the world（世界中で[に]）

- □ sit **next to** her（彼女の隣に座る）
- □ **next to** impossible（ほとんど不可能な）

- □ **in front of** the museum（美術館の前で）

- □ walk **ahead of** him（彼の前を歩く）
- □ **ahead of** schedule（予定より早く）

Check 3　Sentence

- □ The store is open **up to** midnight.（その店は夜の12時まで営業している）

- □ All tickets were sold out **prior to** the performance date.（すべてのチケットは上演日より前に売り切れた）

- □ The law will come into effect **as of** April 1.（その法律は4月1日に発効する予定だ）

- □ My office is very **close to** my house.（私の職場は自宅からとても近くにある）

- □ He wants to travel **all over** the U.S.（彼は米国中を旅したいと思っている）

- □ **Next to** skiing, she likes surfing.（スキーの次に彼女はサーフィンが好きだ）

- □ There were a lot of tourists **in front of** the White House.（ホワイトハウスの前に多くの観光客がいた）

- □ There were five people **ahead of** me at the clinic.（診療所には私の前に5人が待っていた）

continued ▼

Day 36

Check 1　Listen 》CD-B12

□ 569
in the middle of A
- ◯middle＝(行為の) 最中
- 元Aの中央 [中ごろ] に

Aの最中に

□ 570
in case of A
- ◯case＝場合

❶**A** (事故など) **の場合は**、Aが起こったら　◯in case 〜は「(接続詞的に) 〜の場合に備えて」
❷A (事故など) に備えて、Aの用心に

□ 571
in [during] **the course of** A
- ◯course＝(時の) 経過

Aの間 [うち] **に** (≒during)

□ 572
by way of A
- ◯way＝進路；方法

❶**A経由で**、Aを通って (≒via)
❷Aの手段として、Aのつもりで

□ 573
at the age of A
- ◯age＝年齢

A歳の時に

□ 574
across from A

Aの向こう側に、向かいに、正面に (≒opposite)

□ 575
on the occasion of A
- ◯occasion＝時、場合

Aの時 [際、機会] **に**　◯on occasionは「時々、時折」

□ 576
at the back of A
- ◯back＝後部

❶**Aの後ろに** [で] (≒behind　⇔in front of A)　◯(口語では) (in) back of Aを使うことも多い
❷A (事) の背後に
❸Aを支持 [後援] して

Day 35 》CD-B11
Quick Review
答えは右ページ下

- □ Aに気づいている
- □ Aに値する
- □ Aを恐れている
- □ Aを自覚している
- □ Aに頼っていない
- □ Aに不足している
- □ Aから成り立っている
- □ Aを確信している
- □ Aをよく知っている
- □ Aに満足している
- □ Aに満足している
- □ Aに人気がある
- □ Aと知り合いである
- □ Aでいっぱいである
- □ Aに直面している
- □ Aで忙しい

Check 2　Phrase	Check 3　Sentence
☐ **in the middle of** dinner（夕食の最中に）	☐ When I called him, he was **in the middle of** a meeting.（私が電話をした時、彼は会議の最中だった）
☐ **in case of** emergency（緊急の場合は） ☐ **in case of** an accident（事故に備えて）	☐ **In case of** fire, activate the fire alarm.（火事の場合は、火災警報器を作動させてください）
☐ **in the course of** a year（1年のうちに）	☐ Many people died **in the course of** the war.（その戦争の間に、多くの人々が死んだ）
☐ **by way of** Japan（日本を経由して） ☐ **by way of** explanation（説明のつもりで、説明として）	☐ He flew to Brazil **by way of** Los Angeles.（彼はロサンゼルスを経由してブラジルに飛行機で行った）
☐ **at the age of** 10（10歳の時に）	☐ She started playing the piano **at the age of** three.（彼女は3歳の時にピアノを始めた）
☐ **across from** the bank（銀行の向かいに）	☐ She was sitting **across from** me.（彼女は私の正面に座っていた）
☐ **on the occasion of** his daughter's wedding（彼の娘の結婚式の際に）	☐ **On the occasion of** their 30th wedding anniversary, he presented his wife with a ring.（結婚30周年に際して、彼は妻に指輪を贈った）
☐ **at the back of** the house（家の後ろに）	☐ There is a swimming pool **at the back of** the hotel.（そのホテルの裏手にはプールがある）

Day 35))) CD-B11
Quick Review
答えは左ページ下

☐ be aware of A　☐ be independent of A　☐ be familiar with A　☐ be acquainted with A
☐ be worthy of A　☐ be short of A　☐ be satisfied with A　☐ be filled with A
☐ be afraid of A　☐ be made up of A　☐ be content with A　☐ be faced with A
☐ be conscious of A　☐ be sure of A　☐ be popular with A　☐ be busy with A

CHAPTER 1

CHAPTER 2

CHAPTER 3

CHAPTER 4

CHAPTER 5

Day 37

前置詞
理由・目的／関係・関連

Check 1　　Listen 》CD-B13

□ 577
due to A

Aの原因で、Aのためで；Aのために（≒ because of A、by [in] virtue of A、owing to A、on account of A）

□ 578
because of A

Aの理由で、Aのために、Aが原因で（≒ due to A、by [in] virtue of A、owing to A、on account of A）

□ 579
thanks to A

Aのおかげで　●皮肉的に用いることもある

□ 580
for the purpose of A
●purpose＝目的

Aの目的で、Aのために　●Aには動名詞が来ることが多い

□ 581
for the benefit [sake, good] of A
＝ for A's benefit [sake, good]

Aの（利益の）ために

●benefit、sake、good＝利益、ため

□ 582
by [in] virtue of A
●virtue＝（ある結果を生み出す）力、効力

Aの理由で、Aのおかげで（≒ because of A、due to A、owing to A、on account of A）；Aによって（≒ by means of A）；Aの結果として（≒ as a result of A）

□ 583
owing to A

Aのせいで、Aのために（≒ due to A、because of A、by [in] virtue of A、on account of A）

□ 584
on account of A
●account＝理由；利益

❶**Aの理由で**、Aのせいで（≒ due to A、because of A、by [in] virtue of A、owing to A）　●「問題や困難のせいで」というニュアンス
❷Aの（利益の）ために

continued
▼

数語で1つの品詞の働きをする熟語は、必ず「固まり」で頭に入れよう。due to Aなら、due toで1語といった具合で覚えることが大切。

☐ 聞くだけモード　Check 1
☐ しっかりモード　Check 1 ▶ 2
☐ かんぺきモード　Check 1 ▶ 2 ▶ 3

Check 2　Phrase

☐ due to (an) illness（病気のため）
☐ due to a traffic jam（渋滞のため）

Check 3　Sentence

☐ The game was suspended due to rain.（その試合は雨のため中断された）

☐ because of (an) injury（けがのため）

☐ She didn't go to school yesterday because of a cold.（彼女は昨日、風邪で学校に行かなかった）

☐ thanks to his help（彼の助けのおかげで）

☐ The project was a success thanks to everyone's hard work.（全員の尽力のおかげでそのプロジェクトは成功した）

☐ for the purpose of improving A's skills（技術を向上させる目的で）

☐ He went to Australia for the purpose of studying anthropology.（彼は人類学を学ぶためにオーストラリアへ行った）

☐ for the benefit of the public（一般の人々のために）
☐ for her benefit（彼女のために）

☐ She interpreted the speech for my benefit.（彼女は私のためにその演説を通訳してくれた）

☐ by virtue of wealth（財産のおかげで）

☐ Everyone is entitled to enjoy his or her human rights simply by virtue of being human.（すべての人は、人であるという理由だけで人権を享受する権利がある）

☐ owing to lack of water（水不足のため）

☐ The big tree has fallen owing to the storm.（嵐のせいで、その大木は倒れてしまった）

☐ on account of snow（雪のせいで）

☐ Baseball games are often canceled on account of rain.（野球の試合は雨のためしばしば中止になる）

continued
▼

Day 37

Check 1　Listen))) CD-B13

□ 585
for [with] **all** A

Aにもかかわらず　⊕in spite of A、despiteよりくだけた表現

□ 586
as to [for] A

Aに関しては [の]、Aについては、Aについて言えば（≒ about、concerning）　⊕with [in] regard [respect] to A、as regards Aより一般的な表現

□ 587
with [in] **regard** [respect] **to** A
= as regards A

Aに関して（は）、Aについて（は）、Aについて言えば（≒ about、concerning）　⊕as to [for] Aよりフォーマルな表現。新しい話題の導入に用いることが多い

⊕regard、respect＝配慮、考慮

□ 588
regardless of A

Aに関係なく、Aに構わず（≒ irrespective of A）

□ 589
in connection with A

⊕connection＝関係；接続

❶**Aに関連して**
❷（交通機関が）Aと接続 [連絡] して

□ 590
in [with] **relation to** A
⊕relation＝関係

❶**Aに関して**、Aについて、Aに関係して
❷Aと比較して

□ 591
in spite of A

Aにもかかわらず（≒ despite）　⊕for [with] all Aよりフォーマルな表現；Aを無視して

□ 592
irrespective of A

Aに関係 [かかわり] **なく**、Aに構わず、Aを無視して（≒ regardless of A）

| Day 36))) CD-B12
Quick Review
答えは右ページ下 | □ Aに至るまで
□ Aより前に
□ Aから
□ Aの近くに | □ Aの至る所で
□ Aの隣に
□ Aの前で
□ Aの前を | □ Aの最中に
□ Aの場合は
□ Aの間に
□ A経由で | □ A歳の時に
□ Aの向こう側に
□ Aの時に
□ Aの後ろに |

Check 2 Phrase	Check 3 Sentence
☐ for all that（それにもかかわらず）	☐ For all his faults, I like him.（欠点はあるけれど、私は彼のことが好きだ）
☐ the terms as to payment（支払いに関する条件）	☐ I have to make a decision as to which college I should apply to.（どの大学に出願すべきかについて私は決断しなければならない）
☐ with regard to that matter（その問題に関しては）	☐ She asked several questions with regard to the plan.（彼女はその計画についていくつか質問をした）
☐ regardless of race and religion（人種や宗教に関係なく）	☐ Anyone can join the club regardless of age or sex.（年齢や性別に関係なく、誰でもそのクラブに入ることができる）
☐ in connection with the robbery（その強盗事件に関連して）	☐ The police questioned many people in connection with the murder.（警察はその殺人事件に関連して多くの人たちを尋問した）
☐ in relation to global warming（地球温暖化に関して） ☐ in relation to other countries（ほかの国々と比べて）	☐ He wrote a report about the effects of global warming in relation to farming.（彼は農業に関係する地球温暖化の影響についてのリポートを書いた）
☐ in spite of the difficulties（苦境にもかかわらず）	☐ She failed the entrance examination in spite of her efforts.（努力したにもかかわらず、彼女はその入試に落ちた）
☐ irrespective of nationality（国籍に関係なく）	☐ The event will take place irrespective of weather conditions.（そのイベントは気象状況に関係なく行われる予定だ）

Day 36))CD-B12
Quick Review
答えは左ページ下

☐ up to A
☐ prior to A
☐ as of A
☐ close to A
☐ all over A
☐ next to A
☐ in front of A
☐ ahead of A
☐ in the middle of A
☐ in case of A
☐ in the course of A
☐ by way of A
☐ at the age of A
☐ across from A
☐ on the occasion of A
☐ at the back of A

CHAPTER 1
CHAPTER 2
CHAPTER 3
CHAPTER 4
CHAPTER 5

Day 38 前置詞
追加・除外／一致・対応

Check 1　Listen 》CD-B14

□ 593
as well as A
- ❶ **Aだけでなく**、Aのみならず、Aはもちろん
- ❷ Aに加えて（≒ in addition to A、along with A、apart from A、besides）

□ 594
along with A
- **Aと一緒に**；Aと協力して；Aに加えて（≒ as well as A、in addition to A、apart from A、besides）

□ 595
other than A
- **A以外に**[の]（≒ except）

□ 596
together with A
- **Aとともに**、一緒に；Aに加えて、Aのほかに　➕ with を強めた表現

□ 597
except for A
- ❶ **Aを除いて**、A以外は、Aを別にすれば（≒ apart [aside] from A、except）
- ❷ Aがなければ[なかったら]（≒ but for A、if it were not for A、if it had not been for A、without）

□ 598
apart [aside] **from** A
元 Aから離れて
- ❶ **Aは別として**、Aはさておき（≒ except for A、except）
- ❷ Aに加えて、Aのほかに（≒ as well as A、in addition to A、along with A、besides）

□ 599
but for A
- ❶ **Aがなければ**[なかったら]（≒ if it were not for A、if it had not been for A、except for A、without）
- ❷ Aを除いて、Aを別にすれば（≒ except for A、apart [aside] from A、except）

□ 600
on top of A
元 Aの上に
- ❶ **Aに加えて**、Aの上にさらに　➕「悪いことに加えてさらに」というニュアンス
- ❷ Aに追い迫って、Aのすぐ後[そば]に
- ❸ Aを完全に支配して

continued ▼

「一致・対応」の熟語のいくつかには難しい単語が登場。まずは、その意味を⊕マークで押さえてから、「固まり」で覚えよう。

☐ 聞くだけモード　Check 1
☐ しっかりモード　Check 1 ▶ 2
☐ かんぺきモード　Check 1 ▶ 2 ▶ 3

Check 2　Phrase

☐ **as well as** being a musician（ミュージシャンであるだけでなく）

☐ go **along with** him（彼と一緒に行く）

☐ someone **other than** him（彼以外の誰か）

【Pop Quiz!】
due to Aと同じ意味の熟語は？
▶答えは見出し番号577でチェック！

☐ **except for** him（彼以外は）

☐ **apart from** joking（冗談はさておき）

【Pop Quiz!】
as to [for] Aを1語で言い換えると？
▶答えは見出し番号586でチェック！

☐ **on top of** that（それに加えて、その上に）

Check 3　Sentence

☐ He can speak French **as well as** English.（彼は英語だけでなくフランス語も話せる）

☐ I sent a cover letter **along with** my résumé.（私は履歴書と一緒に添え状を送った）

☐ **Other than** one younger brother, he had no close relatives.（弟が1人いる以外に、彼には近親者がいなかった）

☐ I sent her a present **together with** a birthday card.（私はバースデーカードと一緒にプレゼントを彼女に贈った）

☐ Everyone came to the party **except for** Mary.（メアリー以外は全員そのパーティーに来た）

☐ **Apart from** some spelling mistakes, his essay was fine.（いくつかのスペルミスを別にすれば、彼の小論文は素晴らしかった）

☐ **But for** his help, I couldn't have finished my assignment.（彼の助けがなかったら、私は宿題を終わらせることができなかっただろう）

☐ **On top of** losing his job, he's lost the respect of his friends.（失業したことに加え、彼は友人たちからの信望を失ってしまった）

continued
▼

Day 38

Check 1　Listen 》CD-B14

□ 601
according to A
- ❶**A（の言うところ）によれば**
- ❷Aに従って［応じて］（≒in accordance with A）

□ 602
in accordance with A
➕accordance＝一致、合致
- **Aに従って**、Aに一致して（≒according to A）

□ 603
in response to A
➕response＝応答
- **Aに答えて**、応じて

□ 604
in comparison to [with] A
＝compared to [with] A
- **Aと比べると**、比較すれば
- ➕comparison＝比較

□ 605
contrary to A
- （性質・性格などが）**Aと正反対の**；Aに反して、逆らって

□ 606
in contrast to [with] A
➕contrast＝対照、対比
- **Aと対照的に**、Aと比べて

□ 607
in proportion to [with] A
➕proportion＝割合、比率
- ❶**Aに比例して**
- ❷Aの割には

□ 608
in harmony with A
➕harmony＝調和
- ❶**Aと協調して**、Aと仲よく
- ❷Aと調和して

Day 37 》CD-B13
Quick Review
答えは右ページ下

- □ Aの原因で
- □ Aの理由で
- □ Aのおかげで
- □ Aの目的で
- □ Aのために
- □ Aの理由で
- □ Aのせいで
- □ Aの理由で
- □ Aにもかかわらず
- □ Aに関しては
- □ Aに関して
- □ Aに関係なく
- □ Aに関連して
- □ Aに関して
- □ Aにもかかわらず
- □ Aに関係なく

Check 2 Phrase

- ☐ **according to** him (彼 [の言うところ] によれば)

- ☐ **in accordance with** law (法律に従って)
- ☐ **in accordance with** his wishes (彼の望み通りに)

- ☐ **in response to** a question (質問に答えて)
- ☐ **in response to** a demand (要求に応じて)

- ☐ **in comparison to** the past (過去と比べると)

- ☐ **contrary to** expectation (予想に反して)
- ☐ **contrary to** popular opinion (一般的な意見と異なり)

- ☐ **in contrast to** last year (昨年とは対照的に)

- ☐ **in proportion to** income (収入に比例して)

- ☐ work **in harmony with** colleagues (同僚と協調して働く)
- ☐ live **in harmony with** nature (自然と調和して生活する)

Check 3 Sentence

- ☐ **According to** a recent poll, the cabinet's approval rating dropped to 42 percent. (最近の世論調査によれば、内閣支持率は42パーセントに落ちた)

- ☐ Students have a responsibility to act **in accordance with** school rules. (生徒は校則に従って行動する義務がある)

- ☐ He sent his résumé to the company **in response to** a classified ad. (彼は求人広告を見て、その会社に履歴書を送った)

- ☐ Turkish crime rates are low **in comparison to** many Western European countries. (トルコの犯罪率は多くの西ヨーロッパ諸国と比べると低い)

- ☐ **Contrary to** popular belief, gorillas are gentle, quiet animals. (一般に考えられていることとは逆に、ゴリラは優しく静かな動物である)

- ☐ This year's record rains are **in contrast to** last year's dryness. (今年の記録的な雨は、昨年の日照り続きと対照的だ)

- ☐ Kerosene prices have been rising **in proportion to** the price of crude oil. (原油価格に比例して、灯油の値段が上がり続けている)

- ☐ He lives **in harmony with** his neighbors. (彼は隣人たちと仲よく暮らしている)

Day 37))CD-B13
Quick Review
答えは左ページ下

- ☐ due to A
- ☐ because of A
- ☐ thanks to A
- ☐ for the purpose of A
- ☐ for the benefit of A
- ☐ by virtue of A
- ☐ owing to A
- ☐ on account of A
- ☐ for all A
- ☐ as to A
- ☐ with regard to A
- ☐ regardless of A
- ☐ in connection with A
- ☐ in relation to A
- ☐ in spite of A
- ☐ irrespective of A

CHAPTER 1
CHAPTER 2
CHAPTER 3
CHAPTER 4
CHAPTER 5

Day 39　前置詞 その他

Check 1　Listen)) CD-B15

□ 609
instead of A
Aの代わりに（≒in place of A）；Aしないで、Aでなく

□ 610
in place of A
＝in A's place
⊕place＝場所
Aの代わりに（≒instead of A）

□ 611
on [in] **behalf of** A
＝on [in] A's behalf
⊕behalf＝味方；利益
❶**Aを代表して**、Aに代わって（≒instead of A、in place of A）
❷Aのために（≒because of A）

□ 612
in terms of A
⊕term＝言葉遣い、言い方
❶**Aの点から**、Aに関して
❷A（に特有）の言葉［表現］で

□ 613
in favor of A
＝in A's favor
⊕favor＝好意；支持
❶**Aに賛成して**、味方して
❷Aに有利［利益］になるように［な］

□ 614
in charge of A
⊕charge＝管理；責任
Aを担当して、Aを管理して

□ 615
by means of A
⊕means＝手段、方法
A（の手段）によって、Aを使って（≒by [in] virtue of A）

□ 616
in search of A
⊕search＝捜索、追求
Aを探して、求めて

continued
▼

ここでも熟語中の単語の意味を➕マークで確認することが重要。あとは小まめに復習して、熟語を確実に定着させよう。

□ 聞くだけモード　Check 1
□ しっかりモード　Check 1 ▶ 2
□ かんぺきモード　Check 1 ▶ 2 ▶ 3

Check 2　Phrase

□ **go instead of him**（彼の代わりに行く）

Check 3　Sentence

□ **We had dinner at home instead of eating out.**（私たちは外食しないで家で夕食をとった）

【Pop Quiz!】
other than A を1語で言い換えると？
▶答えは見出し番号595でチェック！

□ **I attended the meeting in place of my boss.**（私は上司の代わりにその会議に出席した）

□ **on behalf of the company**（会社を代表して）

□ **The union sued the company on behalf of the workers who were fired.**（その労働組合は、解雇された従業員たちを代表して会社を訴えた）

□ **in terms of economy**（経済の点から）

□ **In terms of population, Japan now ranks 10th in the world.**（人口に関しては、日本は現在世界で10位である）

□ **be in favor of the proposal**（その提案に賛成である）

□ **He spoke in favor of the project.**（彼はそのプロジェクトに賛成の意見を述べた）

□ **be in charge of marketing**（マーケティングを担当している）

□ **Ms. Suzuki is in charge of this class.**（鈴木先生がこのクラスの担任である）

□ **by means of threat and violence**（脅しと暴力によって）
□ **by means of a computer**（コンピューターを使って）

□ **In Japan, many people commute to work by means of public transportation.**（日本では、多くの人が公共交通機関を使って通勤している）

□ **in search of gold**（金を探して）
□ **in search of work**（仕事を求めて）

□ **He immigrated to the U.S. in search of freedom and a better life.**（彼は自由とよりよい生活を求めて米国に移住した）

continued

Day 39

Check 1　Listen)) CD-B15

□ 617
in the face of A
❶face＝正面
元Aの前で

❶**A（問題・危険など）に直面して**
❷Aにもかかわらず、Aをものともせず

□ 618
in need [want] of A
❶need、want＝必要

Aを必要として

□ 619
in honor of A
＝in A's honor
❶honor＝敬意、尊敬

Aに敬意を表して、Aを祝［記念］して

□ 620
for lack [want] of A
❶lack、want＝不足；欠乏

Aが足りないため、不十分なため；Aがないため　❶for want of Aのほうがフォーマルな表現

□ 621
for fear of A
❶fear＝心配、懸念

Aを恐れて、Aしないように

□ 622
at the expense [cost] of A
❶expense、cost＝犠牲；費用

❶**Aを犠牲にして**；Aという犠牲を払って
❷Aの費用［負担］で

□ 623
at the mercy of A
＝at A's mercy
❶mercy＝寛容、慈悲

Aのなすがままに（なって）、Aに左右されて　❶「自分の身を守るために何もできない」というニュアンス

□ 624
at the sight of A
❶sight＝見ること

Aを見て

Day 38)) CD-B14　Quick Review
答えは右ページ下

□ Aだけでなく
□ Aと一緒に
□ A以外に
□ Aとともに
□ Aを除いて
□ Aは別として
□ Aがなければ
□ Aに加えて
□ Aによれば
□ Aに従って
□ Aに答えて
□ Aと比べると
□ Aと正反対の
□ Aと対照的に
□ Aに比例して
□ Aと協調して

Check 2 Phrase	Check 3 Sentence
☐ **in the face of** difficulties（難局に直面して）	☐ He remained cool **in the face of** danger.（危険に直面しても、彼は冷静さを失わなかった）
☐ be **in need of** help [money]（助け[お金]を必要としている）	☐ The building is **in need of** repair.（そのビルは修復が必要だ）
☐ **in honor of** the war dead（戦死者に敬意を表して）	☐ They held a rally **in honor of** Martin Luther King, Jr.（彼らはキング師を記念して集会を開いた）
☐ **for lack of** funds（資金不足のため） ☐ **for lack of** evidence（証拠不十分のため）	☐ She couldn't find a job, but it wasn't **for lack of** trying.（彼女は仕事を見つけられなかったが、それは努力が足りないためではなかった）
☐ **for fear of** failure（失敗を恐れて） ☐ **for fear of** being misunderstood（誤解されるのを恐れて）	☐ The criminal left Japan **for fear of** being arrested.（その犯罪者は逮捕されるのを恐れて日本を出国した）
☐ **at the expense of** safety（安全を犠牲にして） ☐ **at the expense of** the company（会社の費用で）	☐ He continued to work overtime **at the expense of** his health.（彼は健康を犠牲にしてまでも残業を続けた）
☐ **at the mercy of** fate（運命にほんろうされて）	☐ The boat was **at the mercy of** the wind.（そのボートは風にほんろうされていた）
☐ scream **at the sight of** a cockroach（ゴキブリを見て悲鳴を上げる）	☐ She fainted **at the sight of** blood.（血を見て、彼女は気を失った）

Day 38 » CD-B14
Quick Review 答えは左ページ下

☐ as well as A ☐ except for A ☐ according to A ☐ contrary to A
☐ along with A ☐ apart from A ☐ in accordance with A ☐ in contrast to A
☐ other than A ☐ but for A ☐ in response to A ☐ in proportion to A
☐ together with A ☐ on top of A ☐ in comparison to A ☐ in harmony with A

Day 40 副詞
時1

Check 1　Listen 》CD-B16

□ 625
at the [that] **time**
その当時、その時は（≒ in those days）

□ 626
in the past
+past＝過去
❶（過去形とともに用いて）**過去に**、昔は　　+「現在は」は at (the) present、「将来は」は in the future
❷（現在完了形とともに用いて）従来、これまで

□ 627
at the same time
❶**同時に**（≒ at once、at one time）
❷（文または節の始めで）にもかかわらず、でもやはり

□ 628
in the future
+future＝未来、将来
将来 [未来] **に** [は]　　+「現在は」は at (the) present、「過去に」は in the past

□ 629
so far
❶**今までのところ**、これまでは
❷この点 [程度、時、場所] まで

□ 630
right now
❶**ちょうど今**、今のところ
❷すぐに、直ちに（≒ immediately、right away）　　+at once よりくだけた表現

□ 631
for the first time
初めて

□ 632
in advance
+advance＝前進；進行
❶**前もって**、あらかじめ（≒ beforehand）
❷(Aより) 先立って、進んで (of A)
❸前金で

continued
▼

今日からDay 44までは、数語で1つの副詞(または形容詞)の働きをする熟語をチェック。まずは、「時」を表す熟語を身につけよう。

- □ 聞くだけモード　Check 1
- □ しっかりモード　Check 1 ▶ 2
- □ かんぺきモード　Check 1 ▶ 2 ▶ 3

Check 2　Phrase

【Pop Quiz!】
except for Aと同じ意味の熟語は?
▶答えは見出し番号597でチェック!

□ It's all in the past. (それはすべて終わったことだ)

□ occur at the same time (同時に起こる)

□ in the near future (近い将来に、近いうちに)

□ so far so good (今までのところはうまくいっている)

□ be busy right now (今は忙しい)
□ go right now (すぐに行く)

□ eat sushi for the first time (初めてすしを食べる)

□ payment in advance (前払い)
□ two days [weeks, months] in advance (2日 [2週間, 2カ月] 前に)

Check 3　Sentence

□ At the time, England was the most powerful country in the world. (その当時、英国は世界で最も強大な国だった)

□ In the past, women didn't have the same rights as men. (昔は、女性は男性と同じ権利を持っていなかった)

□ I can't do two things at the same time. (私は同時に2つのことはできない)

□ I want to study abroad in the future. (私は将来、留学したいと思っている)

□ So far, everything is going very well. (今までのところは、すべてがとてもうまくいっている)

□ He's on another line right now. (彼は今、ほかの電話に出ている)

□ For the first time in my life, I went to see the opera. (人生で初めて、私はオペラを見に行った)

□ She reserved a hotel room in advance. (彼女はあらかじめホテルの部屋を予約した)

continued ▼

Day 40

Check 1　Listen)) CD-B16

□ 633　in time
❶(Aに) **間に合って**、遅れずに（for A）　❶on timeは「時間通りに」
❷そのうち、早晩（≒ in due course [time]）

□ 634　one day
❶(過去の) **ある日**
❷(未来の) いつか（≒ some day）

□ 635　at a time
一度に；続けざまに

□ 636　these days
近ごろ（では）、最近（では）、このごろ（では）（≒ of late、recently）　❶「以前は違ったが最近では」というニュアンス

□ 637　from time to time
時々、折々（≒ at times、now and then、on occasion、once in a while、occasionally）

□ 638　for a while
❶while ＝（少しの）期間
しばらくの間

□ 639　at first
❶first ＝ 初め
最初は、初めは（≒ in the beginning　⇔ in the end、at last、at length、finally）

□ 640　all the time
❶**いつでも**、絶えず
❷その間ずっと（≒ all the while）

Day 39)) CD-B15　Quick Review
答えは右ページ下

- □ Aの代わりに
- □ Aの代わりに
- □ Aを代表して
- □ Aの点から
- □ Aに賛成して
- □ Aを担当して
- □ Aによって
- □ Aを探して
- □ Aに直面して
- □ Aを必要として
- □ Aに敬意を表して
- □ Aが足りないため
- □ Aを恐れて
- □ Aを犠牲にして
- □ Aのなすがままに
- □ Aを見て

Check 2 Phrase

- in time for the train (その列車に間に合って)

- one day last year (去年のある日)
- one day in the future (いつか将来)

- one [two] at a time (一度に1つ[2つ])

【Pop Quiz!】
in accordance with A と同じ意味の熟語は?
▶答えは見出し番号602でチェック!

- write her from time to time (時々彼女に手紙を書く)

【Pop Quiz!】
instead of A と同じ意味の熟語は?
▶答えは見出し番号609でチェック!

【Pop Quiz!】
on [in] behalf of A と同じ意味の熟語は?
▶答えは見出し番号611でチェック!

【Pop Quiz!】
by means of A と同じ意味の熟語は?
▶答えは見出し番号615でチェック!

Check 3 Sentence

- He was running to be in time for the meeting. (彼は会議に遅れないように走っていた)

- One day, I happened to see him. (ある日、私は偶然彼に出会った)

- I can only do one thing at a time. (私は一度に1つのことしかできない)

- These days, it's hard to find a full-time job. (最近では、フルタイムの仕事を見つけるのは難しい)

- I go to see my grandmother from time to time. (私は時々、祖母に会いに行く)

- He will stay in Tokyo for a while. (彼はしばらくの間、東京に滞在する予定だ)

- At first I was against him, but now I understand his point. (最初は私は彼に反対だったが、今は彼の意図を理解している)

- He watches television all the time. (彼はいつもテレビを見ている)

Day 39)) CD-B15
Quick Review
答えは左ページ下

- instead of A
- in place of A
- on behalf of A
- in terms of A
- in favor of A
- in charge of A
- by means of A
- in search of A
- in the face of A
- in need of A
- in honor of A
- for lack of A
- for fear of A
- at the expense of A
- at the mercy of A
- at the sight of A

CHAPTER 1
CHAPTER 2
CHAPTER 3
CHAPTER 4
CHAPTER 5

Day 41 副詞 時2

Check 1　Listen 》CD-B17

□ 641
for good

永久に、永遠に；これを最後に　➕「変化後の状態や中断がずっとそのままであり続ける」というニュアンス

□ 642
at once
➕once＝一度

❶ **同時に**、一斉に（≒at the same time、at one time）
❷ すぐに、直ちに（≒immediately）　➕right now [away] よりフォーマルな表現

□ 643
in the end
➕end＝終わり

ついに、結局、最後に（≒at last、at length、finally ⇔at first、in the beginning）

□ 644
at the moment
➕moment＝瞬間

❶（現在時制で）**今のところ**、ちょうど今（≒now）
❷（過去時制で）ちょうどその時

□ 645
at times

時々、折々、たまに（≒from time to time、now and then、on occasion、once in a while、occasionally）

□ 646
on time

時間通りに、定刻に（≒punctually）　➕in timeは「間に合って、遅れずに」

□ 647
ever since

❶ **それ以来ずっと**、その後ずっと
❷（接続詞的に）～して以来ずっと

□ 648
at (the) present
➕present＝現在

現在[今]は、目下（≒now）　➕「将来は」はin the future、「過去に」はin the past

continued
▼

前置詞と同じく、副詞も「固まり」で覚えよう。
そのためには、読むだけでなく、「声に出す＝
音読する」ことが必要不可欠！

- □ 聞くだけモード　Check 1
- □ しっかりモード　Check 1 ▶ 2
- □ かんぺきモード　Check 1 ▶ 2 ▶ 3

Check 2　Phrase

□ live in New York for good（永久にニューヨークで暮らす）

□ talk at once（一斉に話す）
□ start at once（すぐに始める）

【Pop Quiz!】
at the [that] timeと同じ意味の熟語は？
▶答えは見出し番号625でチェック！

【Pop Quiz!】
at the same timeと同じ意味の熟語は？
▶答えは見出し番号627でチェック！

【Pop Quiz!】
in advanceを1語で言い換えると？
▶答えは見出し番号632でチェック！

□ arrive on time（時間通りに到着する）

【Pop Quiz!】
these daysと同じ意味の熟語は？
▶答えは見出し番号636でチェック！

【Pop Quiz!】
these daysを1語で言い換えると？
▶答えは見出し番号636でチェック！

Check 3　Sentence

□ He left the country for good.（彼はその国を永遠に去った）

□ Everything happened at once.（すべてのことが同時に起こった）

□ In the end, he decided to go to the U.S.（結局、彼は米国に行くことを決めた）

□ At the moment, she's living with her parents.（現在、彼女は両親と一緒に住んでいる）

□ At times, he gets angry.（時々、彼は怒ることがある）

□ If you don't leave right now, you won't get to school on time.（今すぐ出かけないと、あなたは時間通りに学校に着かないだろう）

□ He moved to Osaka in 2000 and has lived there ever since.（彼は2000年に大阪に引っ越して、それ以来ずっとそこに住んでいる）

□ There are about 1,000 students in our high school at present.（現在、私たちの高校には約1000人の生徒がいる）

continued
▼

Day 41

Check 1　Listen)) CD-B17

□ 649
as usual
➕usual＝いつもの

いつものように、例の通りに

□ 650
in the meantime
[meanwhile]
➕meantime、meanwhile＝合間

❶ **その間に**、そうしているうちに（≒meantime、meanwhile）
❷（話変わって）一方（では）

□ 651
at (long) last
➕last＝終わり

ついに、やっと、最後に（≒in the end、at length、finally　⇔at first、in the beginning）　➕「長い間待って、いいことがついに起こる」というニュアンス

□ 652
the other day

先日、この間　➕「数日前」くらいのニュアンス

□ 653
later on

後で、追って

□ 654
on and off
＝ off and on

断続的に；時々（⇔on and on）

□ 655
over and over (again)

何度も何度も、繰り返して（≒again and again、time after time）

□ 656
by now

今ごろはもう、今ごろまでには

| Day 40)) CD-B16
Quick Review
答えは右ページ下 | □ その当時
□ 過去に
□ 同時に
□ 将来に | □ 今までのところ
□ ちょうど今
□ 初めて
□ 前もって | □ 間に合って
□ ある日
□ 一度に
□ 近ごろ | □ 時々
□ しばらくの間
□ 最初は
□ いつでも |

202 ▶ 203

Check 2 Phrase

☐ arrive late as usual (いつものように遅れて到着する)

【Pop Quiz!】
from time to timeと同じ意味の熟語は?
▶答えは見出し番号637でチェック!

【Pop Quiz!】
from time to timeを1語で言い換えると?
▶答えは見出し番号637でチェック!

【Pop Quiz!】
at firstと同じ意味の熟語は?
▶答えは見出し番号639でチェック!

☐ call him later on (後で彼に電話をする)

☐ rain on and off ([itを主語にして]断続的に雨が降る)

☐ try over and over (何度も何度も試してみる)

☐ be there by now (今ごろはもうそこにいる[着いている])

Check 3 Sentence

☐ As usual, he was wearing jeans. (いつものように、彼はジーンズをはいていた)

☐ I didn't see her for 10 years, and in the meantime, she had gotten married. (私は彼女に10年間会っていなかったが、その間に彼女は結婚していた)

☐ At last, he was able to enter Keio University. (ついに、彼は慶応大学に入学することができた)

☐ I saw him the other day, and he didn't look well. (私は先日彼に会ったが、彼は元気そうではなかった)

☐ She's coming later on. (彼女は後で来る予定だ)

☐ The red caution light flashed on and off. (その赤い警告灯は点滅していた)

☐ They sang the same song over and over. (彼らは同じ歌を何度も何度も歌った)

☐ She should have been home by now. (彼女は今ごろはもう帰宅しているはずだ)

Day 40))) CD-B16
Quick Review
答えは左ページ下

☐ at the time
☐ in the past
☐ at the same time
☐ in the future
☐ so far
☐ right now
☐ for the first time
☐ in advance
☐ in time
☐ one day
☐ at a time
☐ these days
☐ from time to time
☐ for a while
☐ at first
☐ all the time

CHAPTER 1
CHAPTER 2
CHAPTER 3
CHAPTER 4
CHAPTER 5

Day 42 副詞 時3

Check 1　Listen » CD-B18

657 (every) now and then [again]
時々、折々（≒ from time to time、at times、on occasion、once in a while、occasionally）

658 for the moment [present]
❶moment、present＝現在、今
差し当たり、当座は　❶「将来変わるかもしれないが、今しばらくは」というニュアンス。for a momentは「ちょっとの間」

659 of late
❶late＝最近の、近ごろの
近ごろ、最近（≒ these days、recently）

660 in the long run
❶run＝行程
長い目で見れば、結局は（⇔ in the short run）

661 from now on
今後は、これからずっと

662 for the time being
当分の間、差し当たり

663 day by day
＝ from day to day
日ごとに、一日一日と

664 on occasion
❶occasion＝時、場合
時々、時折（≒ from time to time、at times、now and then、once in a while、occasionally）　❶on the occasion of Aは「Aの時［際、機会］に」

continued
▼

類義熟語や対義熟語も覚えてる？ 時間に余裕があるときに目を通しておこう。そうすれば、覚えた熟語の数が飛躍的に増えるはず。

☐ 聞くだけモード　Check 1
☐ しっかりモード　Check 1 ▶ 2
☐ かんぺきモード　Check 1 ▶ 2 ▶ 3

Check 2　Phrase

☐ see him now and then at school（時々、学校で彼に会う）

【Pop Quiz!】
at onceと同じ意味の熟語は？
▶答えは見出し番号642でチェック！

【Pop Quiz!】
in the endを1語で言い換えると？
▶答えは見出し番号643でチェック！

【Pop Quiz!】
at the momentを1語で言い換えると？
▶答えは見出し番号644でチェック！

【Pop Quiz!】
at timesと同じ意味の熟語は？
▶答えは見出し番号645でチェック！

【Pop Quiz!】
on timeを1語で言い換えると？
▶答えは見出し番号646でチェック！

☐ get better day by day（日ごとによくなる）

☐ visit him on occasion（時々彼を訪れる）

Check 3　Sentence

☐ Everyone makes a mistake now and then.（誰でも時々は失敗をする）

☐ For the moment, I'll stay in New York.（差し当たり、私はニューヨークに滞在する予定だ）

☐ I haven't been feeling well of late.（私は最近、体の調子がよくない）

☐ Everything will be all right in the long run.（長い目で見れば、すべてはうまくいくだろう）

☐ You should study harder from now on.（あなたは今後、もっと一生懸命に勉強したほうがいい）

☐ The doctor told him to refrain from alcohol for the time being.（医者は、当分の間はお酒を控えるよう彼に言った）

☐ Day by day, it's getting warmer.（日ごとに暖かくなってきている）

☐ I like to go fishing on occasion.（私は時々釣りに行くのが好きだ）

CHAPTER 1

CHAPTER 2

CHAPTER 3

CHAPTER 4

CHAPTER 5

continued
▼

Day 42

Check 1　Listen)) CD-B18

□ 665
on and on
長々と、引き続き、どんどん（⇔on and off）

□ 666
(every) once in a while
時々、時折（≒from time to time、at times、now and then、on occasion、occasionally）

□ 667
all at once
➕once＝一度
❶**突然**、出し抜けに（≒all of a sudden、suddenly）
❷同時に、一斉に

□ 668
at length
➕length＝（時間の）長さ
❶**長々と**、長時間にわたって（≒for a long time）；詳細に
❷ついに、ようやく（≒in the end、at last、finally）

□ 669
all of a sudden
➕sudden＝突然の
突然に、不意に、急に（≒all at once、suddenly）

□ 670
sooner or later
遅かれ早かれ、いつかは　➕「いつかは分からないが、必ず起こる」というニュアンス

□ 671
once upon a time
❶（物語やおとぎ話の出だしで）**昔々**、ある時
❷昔は　➕通例、今よりよかった昔について述べる際に用いる

□ 672
in no time (at all)
＝in less than no time
すぐに、直ちに、あっという間に　➕「驚くほどすぐに」というニュアンス

| Day 41)) CD-B17
Quick Review
答えは右ページ下 | □ 永久に
□ 同時に
□ ついに
□ 今のところ | □ 時々
□ 時間通りに
□ それ以来ずっと
□ 現在は | □ いつものように
□ その間に
□ ついに
□ 先日 | □ 後で
□ 断続的に
□ 何度も何度も
□ 今ごろはもう |

Check 2 Phrase

☐ **chatter** on and on (長々とおしゃべりをする)

【Pop Quiz!】
at (the) presentを1語で言い換えると?
▶答えは見出し番号648でチェック!

☐ **burst into laughter** all at once (突然笑いだす)

☐ **discuss the problem** at length (長々とその問題を議論する)

【Pop Quiz!】
in the meantime [meanwhile]を1語で言い換えると?
▶答えは見出し番号650でチェック!

【Pop Quiz!】
at (long) lastと同じ意味の熟語は?
▶答えは見出し番号651でチェック!

【Pop Quiz!】
over and over (again) と同じ意味の熟語は?
▶答えは見出し番号655でチェック!

☐ **fall asleep** in no time (すぐに眠りに落ちる)

Check 3 Sentence

☐ It's been raining on and on for the past three days. (この3日間、長々と雨が降り続いている)

☐ I see him once in a while at the office. (私は時々、職場で彼に会う)

☐ All at once, I felt dizzy and fell down. (突然、私は目まいがして倒れた)

☐ They talked on the phone at length. (彼らは長電話をした)

☐ All of a sudden, the fire alarm went off. (突然、火災警報器が鳴り出した)

☐ I'm sure he will succeed sooner or later. (彼はいつかは成功するだろうと私は確信している)

☐ Once upon a time, there lived a girl called Cinderella. (昔々、シンデレラという名前の少女がいました)

☐ He'll be there in no time. (彼はすぐにそこに着くだろう)

Day 41 ») CD-B17
Quick Review
答えは左ページ下

☐ for good
☐ at once
☐ in the end
☐ at the moment

☐ at times
☐ on time
☐ ever since
☐ at present

☐ as usual
☐ in the meantime
☐ at last
☐ the other day

☐ later on
☐ on and off
☐ over and over
☐ by now

CHAPTER 1
CHAPTER 2
CHAPTER 3
CHAPTER 4
CHAPTER 5

Day 43 副詞／形容詞
場所

Check 1　Listen 》CD-B19

□ 673
in the [A's] **way**
＋way＝道

邪魔[妨害]**になって**、道をふさいで（⇔out of the [A's] way）　＋on the [A's] wayは「途中で」

□ 674
on the [A's] **way**
＝along the way

❶**途中で**［に］　＋in the [A's] wayは「邪魔になって」
❷進行中で、近づいて

□ 675
in public
＋public＝一般の人々

人前で、公然と（⇔in private）　＋「他人が見たり、聞いたりできる所で」というニュアンス

□ 676
in A's **absence**
＝in the absence of A
＋absence＝不在；欠乏

❶**A（人）のいない所で**［ときに］（≒behind A's back ⇔in A's presence）；A（人）がいないので
❷A（物）がないので；A（物）がないときに

□ 677
in A's **presence**
＝in the presence of A
＋presence＝存在

❶**A（人）のいる所で**［ときに］、面前で（⇔in A's absence、behind A's back）
❷Aに直面して

□ 678
on board
＋board＝板

❶**船**[飛行機など]**に乗って**
❷（チーム・組織などの）一員で［に］

□ 679
side by side

❶（Aと）（横に）**並んで**、近接して（with A）
❷（Aと）密接に関係して、協力して、共存共栄して（with A）

□ 680
at hand

❶（空間・時間的に）**近くに**［の］
❷考慮中の

continued
▼

今日は「場所」を表す副詞と形容詞をチェック。「場所」の意味から派生して、比喩的に用いられる意味もできれば覚えておこう。

- □ 聞くだけモード　Check 1
- □ しっかりモード　Check 1 ▶ 2
- □ かんぺきモード　Check 1 ▶ 2 ▶ 3

Check 2　Phrase

□ **be [get] in the way**（邪魔になっている［なる］）

□ **on the way home**（帰宅途中で［に］）
□ **be on A's way to recovery**（回復に向かっている）

□ **kiss in public**（人前でキスをする）

□ **in his absence**（彼のいない所で［ときに］；彼がいないので）

□ **in her presence**（彼女のいる所で［ときに］）

□ **go on board**（乗船［乗車］する）

□ **sit side by side**（並んで座る）
□ **work side by side**（協力して働く）

□ **be close at hand**（すぐ近くにある；すぐそこまで迫っている）
□ **the matter at hand**（当面の問題）

Check 3　Sentence

□ **Someone got in the way and he couldn't take the photograph.**（誰かが邪魔になって、彼は写真を撮れなかった）

□ **She stopped by a convenience store on her way to work.**（彼女は出勤途中にコンビニに立ち寄った）

□ **He's good at speaking in public.**（彼は人前で話すのが得意だ）

□ **You shouldn't speak ill of others in their absence.**（その人がいない所で悪口を言うべきではない）

□ **She is always silent in his presence.**（彼女は彼のいる所ではいつも無口だ）

□ **There are over 1,000 people on board.**（1000人以上の人々が乗船している）

□ **The couple were walking down the street side by side.**（その恋人たちは通りを並んで歩いていた）

□ **My parents keep a first-aid kit close at hand.**（私の両親は救急箱をすぐ近くに常備している）

continued

Day 43

Check 1　Listen))) CD-B19

□ 681
back and forth
[forward]

前後に、あちこちに

□ 682
in [within] sight
⊕sight＝視界

❶(Aが) **見える所に** [の] (of A)、見えて (⇔out of sight)
❷近づいて
❸期待して

□ 683
on the spot
⊕spot＝場所、現場

❶**その場で**、直ちに、即座に (≒immediately)
❷現場の [に、で]；その場所で

□ 684
at a distance
⊕distance＝距離

少し離れて、ある距離を置いて

□ 685
in the distance
⊕distance＝遠距離

遠方に (≒far away)

□ 686
within reach
⊕reach＝届く範囲

❶(Aの) **手の届く所に** (of A) (⇔out of reach、beyond the reach)
❷(Aから) 近いところに (of A)

□ 687
out of sight
⊕sight＝視界

❶(Aの) **見えない所に** [の] (of A) (⇔in [within] sight)
❷(値段・基準などが) 法外の [に]；非常に高い

□ 688
behind A's back
⊕back＝背中

A（人）のいない所で、Aに内緒で (≒in A's absence　⇔in A's presence)

| Day 42))) CD-B18
Quick Review
答えは右ページ下 | □ 時々
□ 差し当たり
□ 近ごろ
□ 長い目で見れば | □ 今後は
□ 当分の間
□ 日ごとに
□ 時々 | □ 長々と
□ 時々
□ 突然
□ 長々と | □ 突然に
□ 遅かれ早かれ
□ 昔々
□ すぐに |

Check 2 Phrase

- swing [rock] back and forth (前後に揺れる)
- walk back and forth (行ったり来たりする)

- in sight of land (陸が見える所に)
- appear in sight (見えてくる)

- make decisions on the spot (即決する)

- follow at a distance (少し離れてついて行く)

- a ship in the distance (遠くに見える船)

- be within reach (手の届く所にある)

- go out of sight (見えなくなる)

- talk about him behind his back (彼のいない所で彼の陰口を言う)

Check 3 Sentence

- The cradle was rocking back and forth. (その揺りかごは前後に揺れていた)

- He wanted to make a call, but there were no phone booths in sight. (彼は電話をかけたかったが、見える所に電話ボックスがなかった)

- The robber was arrested on the spot. (その強盗はその場で逮捕された)

- Even at a distance, I could see he was angry. (少し離れた所からでも、私は彼が怒っているのが分かった)

- I saw him approaching in the distance. (私は彼が遠くから近づいてくるのを見た)

- She always has her cellphone within reach. (彼女はいつも携帯電話を手の届く所に置いている)

- You should keep valuables out of sight in your car. (車の中では貴重品を見えない所にしまっておいたほうがいい)

- I hate to say bad things about others behind their backs. (私は陰で人の悪口を言うのが嫌いだ)

Day 42))) CD-B18
Quick Review
答えは左ページ下

- now and then
- for the moment
- of late
- in the long run
- from now on
- for the time being
- day by day
- on occasion
- on and on
- once in a while
- all at once
- at length
- all of a sudden
- sooner or later
- once upon a time
- in no time

Day 44 副詞
列挙・要約

Check 1　Listen)) CD-B20

689 as follows
⊕follow＝続く
次の通りで：次のように　⊕時制や主語の数に関係なくfollowsの形（3人称単数・現在形）で用いる

690 on the other hand
他方では、これに対して、別の面から言えば（⇔on the one hand）

691 A and so on [forth]
Aなど（≒A and the like）　⊕列挙した後に、同種のものがほかにあることを述べる際に使う。A and so forthのほうがフォーマルな表現

692 by the way
ところで、ついでながら、話の途中だが　⊕通例、新しい話題への導入として用いる

693 first of all
まず第一に、何よりもまず（≒in the first place、to begin [start] with、first、firstly　⇔in the last place、last of all、last、lastly）

694 in the first place
⊕place＝順序
❶**まず第一に**（≒first of all、to begin [start] with、first、firstly　⇔in the last place、last of all、last、lastly）
❷そもそも

695 to begin [start] with
まず第一に、最初に（≒first of all、in the first place、first、firstly　⇔in the last place、last of all、last、lastly）

696 for one thing
1つには、1つの理由として（は）　⊕理由を挙げる際に用い、for another (thing)（もう1つには）とセットで使われることが多い

continued
▼

副詞の最後は「列挙・要約」をチェック！スピーチやエッセーで多用される表現が多いのが特徴。しっかりとマスターしておこう。

- □ 聞くだけモード　Check 1
- □ しっかりモード　Check 1 ▶ 2
- □ かんぺきモード　Check 1 ▶ 2 ▶ 3

Check 2　Phrase

□ **The procedure is as follows:** 〜（手順は以下の通りです。〜）

□ **On the one hand〜. On the other hand . . .**（一方では〜。他方では…）

□ **books, magazines, dictionaries and so on.**（本、雑誌、辞書など）

【Pop Quiz!】
of late と同じ意味の熟語は？
▶答えは見出し番号659でチェック！

【Pop Quiz!】
in the long run と反対の意味の熟語は？
▶答えは見出し番号660でチェック！

□ **In the first place〜, and in the second place . . .**（まず第一に〜、そして第二に…）

【Pop Quiz!】
all at once を1語で言い換えると？
▶答えは見出し番号667でチェック！

□ **For one thing 〜 , and for another thing . . .**（1つには〜、そしてもう1つには…）

Check 3　Sentence

□ **The award winners are as follows: Mr. John Thompson and Ms. Jenny Lewis.**（受賞者は以下の通りです。ジョン・トンプソンさんとジェニー・ルイスさんです）

□ **On the one hand the job is easy, but on the other hand it takes a lot of time to finish it.**（一方でその仕事は簡単だが、他方では終わらせるのにとても時間がかかる）

□ **We had a good time watching the movie, playing cards and so on.**（私たちは映画を見たり、トランプをしたりなどして楽しく過ごした）

□ **By the way, how is your business going?**（ところで、仕事はいかがお進みですか?）

□ **First of all, I'd like to introduce myself.**（まず最初に、自己紹介をしたいと思います）

□ **You should never have said such a thing in the first place.**（そもそもあなたはそんなことを言うべきではなかった）

□ **To begin with, let's look at the following example.**（まず最初に、次の例を見てみましょう）

□ **I can't go to the party. For one thing I have too much homework to do.**（そのパーティーには行けない。1つには、やらなくてはならない宿題がたくさんあるから）

CHAPTER 1
CHAPTER 2
CHAPTER 3
CHAPTER 4
CHAPTER 5

continued
▼

Day 44

Check 1　Listen))) CD-B20

□ 697
that is (to say)
> **すなわち**、つまり、換言すれば、正確に言うと　❶「前言をより正確に言い換えると」というニュアンス。in other wordsは「前言を要約して言い換えると」というニュアンス

□ 698
after all
> ❶(意図・予想などに反して) **結局のところ**、どうあろうと　❶「最後に」という意味は含まれない
> ❷(前文への証拠・補足・説明などを示して) だって〜だから
> ❸(いろいろ言ってみたものの) やはり

□ 699
in other words
❶word＝語；言葉
> **言い換えれば**、すなわち　❶「前言を要約して言い換えると」というニュアンス。that is (to say)は「前言をより正確に言い換えると」というニュアンス

□ 700
in short [brief]
❶short、brief＝簡潔
> **手短に言えば**、要約すると(≒in a word、to be short [brief])　❶for shortは「略して、短く言って」

□ 701
what we [they, you] **call** A
> **いわゆるA** (≒what is called A)　❶挿入的には用いないので、コンマ (,) でくくったり、文末に単独で置くことはできない

□ 702
so to speak [say]
> **いわば**、言ってみれば (≒as it were、in a manner of speaking)　❶通例、文中・文尾で挿入的に用いる

□ 703
what is called A
> **いわゆるA** (≒what we [they, you] call A)　❶挿入的には用いないので、コンマ (,) でくくったり、文末に単独で置くことはできない

□ 704
as it were
> **いわば**、言ってみれば (≒so to speak [say]、in a manner of speaking)　❶通例、文中・文尾で挿入的に用いる

Day 43))) CD-B19
Quick Review
答えは右ページ下

- □ 邪魔になって
- □ 途中で
- □ 人前で
- □ Aのいない所で
- □ Aのいる所で
- □ 船に乗って
- □ 並んで
- □ 近くに
- □ 前後に
- □ 見える所に
- □ その場で
- □ 少し離れて
- □ 遠方に
- □ 手の届く所に
- □ 見えない所に
- □ Aのいない所で

Check 2　Phrase

☐ last Friday, that is to say, July 28（この前の金曜日、つまり7月28日）

【Pop Quiz!】
at lengthと同じ意味の熟語は?
▶答えは見出し番号668でチェック!

【Pop Quiz!】
in publicと反対の意味の熟語は?
▶答えは見出し番号675でチェック!

【Pop Quiz!】
in A's absenceと反対の意味の熟語は?
▶答えは見出し番号676でチェック!

【Pop Quiz!】
in [within] sightと反対の意味の熟語は?
▶答えは見出し番号682でチェック!

【Pop Quiz!】
on the spotを1語で言い換えると?
▶答えは見出し番号683でチェック!

【Pop Quiz!】
in the distanceと同じ意味の熟語は?
▶答えは見出し番号685でチェック!

【Pop Quiz!】
within reachと反対の意味の熟語は?
▶答えは見出し番号686でチェック!

Check 3　Sentence

☐ The concert will be held next Saturday, that is to say, August 5.（そのコンサートは次の土曜日、つまり8月5日に開催される）

☐ After all, she went to the movie with him.（結局、彼女は彼と映画に行った）

☐ She's always talking about herself. In other words, she's egocentric.（彼女はいつも自分のことばかり話している。言い換えれば、彼女は自己中心的だ）

☐ In short, the movie was boring.（手短に言えば、その映画はつまらなかった）

☐ The boy is what we call a "wolf in sheep's clothing."（その少年はいわゆる「羊の皮を着たオオカミ」だ）

☐ He is, so to speak, the king of soccer.（彼は、いわばサッカーの王様だ）

☐ He is what is called a "househusband."（彼はいわゆる「主夫」だ）

☐ He is, as it were, a walking dictionary.（彼はいわば歩く辞書だ）

CHAPTER 1
CHAPTER 2
CHAPTER 3
CHAPTER 4
CHAPTER 5

Day 43))) CD-B19
Quick Review
答えは左ページ下

☐ in the way
☐ on the way
☐ in public
☐ in A's absence
☐ in A's presence
☐ on board
☐ side by side
☐ at hand
☐ back and forth
☐ in sight
☐ on the spot
☐ at a distance
☐ in the distance
☐ within reach
☐ out of sight
☐ behind A's back

Day 45　助動詞／接続詞

Check 1　Listen 》CD-B21

705
be to do
- ❶（予定を表して）**〜することになっている**（≒ be scheduled to do）
- ❷（義務を表して）〜すべきである
- ❸（可能を表して）〜できる
- ❹（運命を表して）〜する宿命［運命］にある

706
used to do
- ❶（以前は）**よく〜したものだ**　⊕過去の習慣を表す。be used to A（Aに慣れている）との違いに注意
- ❷(used to be で)（以前［かつて］は）〜だった　⊕過去の状態を表す

707
may [might] well do
〜するのももっともだ　⊕might well do のほうが控えめなニュアンス

708
ought to do
- ❶**〜すべきである**、〜するのが当然である　⊕shouldよりは強く、must、have to do より弱いニュアンス。否定形は ought not to do
- ❷〜のはずである

709
may [might] as well do
〜したほうがいい：(…するくらいなら) 〜するほうがましだ (as do)　⊕「したくはないが、ほかに選択肢がないのでそうする」というニュアンス。might as well do のほうが控えめなニュアンス

710
had better do
〜しなくてはいけない、〜するのがよい、〜すべきだ、〜したほうがいい　⊕should、ought to do よりも強く、must、have to do より弱いニュアンス。否定形は had better not do

711
would rather do
(…するよりも) **むしろ〜したい**、〜するほうがよい (than do)

712
be about to do
(まさに) **〜しようとしている**、〜するところである　⊕be going to do よりも目前に迫った未来について用いる

continued
▼

Chapter 4の最後は、数語で1つの助動詞・接続詞を表す熟語たち。前置詞・副詞と同様、ここでも「固まり」で覚えるようにしよう。

☐ 聞くだけモード　Check 1
☐ しっかりモード　Check 1 ▶ 2
☐ かんぺきモード　Check 1 ▶ 2 ▶ 3

Check 2　Phrase

☐ **be to** see him tomorrow（彼に明日会うことになっている）

☐ **used to** play golf（以前はよくゴルフをしたものだ）

☐ **may well** get angry（怒るのももっともだ）

☐ **ought to** see a doctor（医者に診てもらうべきだ）

☐ **may as well** apply for the job（その仕事に申し込んだほうがいい）

☐ **had better** call him right now（すぐに彼に電話すべきだ）

☐ **would rather** stay at home than go out（外出するよりも家にいたい）

☐ **be about to** leave（出発するところである）
☐ **be about to** happen（[事が] 今にも起きようとしている）

Check 3　Sentence

☐ What am I **to** tell him?（私は彼に何と言うべきだろうか?）

☐ I **used to** go to the movies once a month.（私は以前、月に1度は映画を見に行ったものだ）

☐ You **may well** think so.（あなたがそう考えるのももっともだ）

☐ You **ought to** study harder.（あなたはもっと一生懸命勉強すべきだ）

☐ You **may as well** forget about it.（そのことは忘れたほうがいい）

☐ You **had better** be home by 9 p.m.（午後9時までには家に帰ってきなさい）

☐ I **would rather** die than apologize to him!（彼に謝るくらいなら死んだほうがましだ!）

☐ I was **about to** go out when he called me.（彼が電話をかけてきた時、私はちょうど出かけようとしていた）

continued
▼

Day 45

Check 1　Listen 》CD-B21

□ 713
so that ~

❶ **~するために**（≒in order that ~）　●通例、so thatの前にコンマを置かない
❷ **それで~、だから~**　●通例、so thatの前にコンマを置く。この意味ではthatは省略される場合が多い

□ 714
every [each] time ~

~する時はいつも [必ず]、~するたび [ごと] に

□ 715
as [so] long as ~
●long＝長く
㊤~の間、~もの長い間

~する限り [間] は、~である限りは、~ということであれば　●as [so] long as ~は「時間の限度、条件」を、as [so] far as ~は「程度の限度」を表す

□ 716
in case ~
●case＝場合

❶ **~の場合に備えて**、~するといけないから（≒for fear ~、lest）　●in case of Aは「（前置詞的に）A（事故など）の場合は」
❷ **もし** [万一] **~ならば**（≒if）

□ 717
as if [though] ~

❶ **まるで** [あたかも] **~かのように**
❷ ~のように
❸ (it's not as if ~で) ~という訳じゃあるまいし　●相手の言っていることを信用していないことを表す

□ 718
now that ~

今や~だから、~である以上　●thatを省略することもある

□ 719
as [so] far as ~
●far＝遠く；ずっと
㊤~まで、~と同じ距離まで

~に関する限りでは（≒insofar as ~、in so far as ~）　●as [so] far as ~は「程度の限度」を、as [so] long as ~は「時間の限度、条件」を表す

□ 720
by the time ~

~する時までに (は)

Day 44 》CD-B20
Quick Review
答えは右ページ下

□ 次の通りで
□ 他方では
□ Aなど
□ ところで

□ まず第一に
□ まず第一に
□ まず第一に
□ 1つには

□ すなわち
□ 結局のところ
□ 言い換えれば
□ 手短に言えば

□ いわゆるA
□ いわば
□ いわゆるA
□ いわば

Check 2   Phrase

- [ ] so that I don't forget（忘れないために）

- [ ] every time I see her（彼女に会う時はいつも）

- [ ] as long as you are here（あなたがここにいる限りは）

- [ ] in case it rains（雨が降った場合に備えて；もし雨が降ったならば）

- [ ] It is [seems] as if 〜.（あたかも〜のようだ［ように見える］）

- [ ] now that the war is over（今や戦争は終わったので）

- [ ] as far as I know（私が知っている限りでは）

- [ ] by the time I got home（私が家に着いた時には）

Check 3   Sentence

- [ ] Speak louder so that we can hear you.（みんなが聞こえるように、もっと大きな声で話してください）

- [ ] Every time they get together they quarrel.（一緒になるといつも、彼らは口論となる）

- [ ] I'll never forget you as long as I live.（生きている限り、私はあなたのことを決して忘れないだろう）

- [ ] In case you have any questions, please call me.（何かご質問がありましたら、私にお電話ください）

- [ ] He looked as if he were [was] in his early 20's.（彼はまるで20代前半のように見えた）

- [ ] I can watch TV now that I have finished my homework.（宿題を終えたので、私はテレビを見ることができる）

- [ ] As far as I remember, he wasn't in the office that day.（私が覚えている限りでは、その日に彼は職場にいなかった）

- [ ] By the time we arrived at the hotel, it was already 8 p.m.（私たちがホテルに到着した時には、既に午後8時になっていた）

Day 44 ») CD-B20
Quick Review
答えは左ページ下

- [ ] as follows
- [ ] on the other hand
- [ ] A and so on
- [ ] by the way
- [ ] first of all
- [ ] in the first place
- [ ] to begin with
- [ ] for one thing
- [ ] that is
- [ ] after all
- [ ] in other words
- [ ] in short
- [ ] what we call A
- [ ] so to speak
- [ ] what is called A
- [ ] as it were

CHAPTER 1
CHAPTER 2
CHAPTER 3
CHAPTER 4
CHAPTER 5

Chapter 4 Review

左ページの(1)〜(20)の熟語の同意熟語・類義熟語（または同意語・類義語）（≒）、反意熟語・反対熟語（または反意語・反対語）（⇔）を右ページのA〜Tから選び、カッコの中に答えを書き込もう。意味が分からないときは、見出し番号を参照して復習しておこう（答えは右ページ下）。

- □ (1) prior to A (562) ≒は？（　　）
- □ (2) in front of A (567) ⇔は？（　　）
- □ (3) due to A (577) ≒は？（　　）
- □ (4) for all A (585) ≒は？（　　）
- □ (5) regardless of A (588) ≒は？（　　）
- □ (6) other than A (595) ≒は？（　　）
- □ (7) in accordance with A (602) ≒は？（　　）
- □ (8) by means of A (615) ≒は？（　　）
- □ (9) at the time (625) ≒は？（　　）
- □ (10) in advance (632) ≒は？（　　）
- □ (11) from time to time (637) ≒は？（　　）
- □ (12) at once (642) ≒は？（　　）
- □ (13) on time (646) ≒は？（　　）
- □ (14) at last (651) ⇔は？（　　）
- □ (15) of late (659) ≒は？（　　）
- □ (16) all of a sudden (669) ≒は？（　　）
- □ (17) in A's absence (676) ⇔は？（　　）
- □ (18) first of all (693) ≒は？（　　）
- □ (19) be to do (705) ≒は？（　　）
- □ (20) in case 〜 (716) ≒は？（　　）

A. in those days
B. before
C. in A's presence
D. according to A
E. recently
F. irrespective of A
G. lest
H. by virtue of A
I. at the back of A
J. punctually
K. to begin with
L. in spite of A
M. beforehand
N. at the same time
O. all at once
P. because of A
Q. at times
R. be scheduled to do
S. except
T. at first

【解答】(1) B (2) I (3) P (4) L (5) F (6) S (7) D (8) H (9) A (10) M
(11) Q (12) N (13) J (14) T (15) E (16) O (17) C (18) K (19) R (20) G

CHAPTER 5
その他の熟語

『キクジュクBasic』も、いよいよ最後のChapterに入りました。ここでは、これまで取り上げなかった重要熟語を押さえていきましょう。残りはわずか4日。最後まで「焦らず、急がず」学習を進めていきましょう！

Day 46
【強調】
▶ 224
Day 47
【数量表現】
▶ 228
Day 48
【ABの関係／oneself】
▶ 232
Day 49
【文の熟語】
▶ 236

Chapter 5 Review
▶ 240

英語でコレ言える？

一体全体どこに行ってたのよ？ もうそろそろ夜中の12時じゃない！
Where (　　　) (　　　) (　　　) have you been? It's almost midnight!

▼
答えは Day 46でチェック！

Day 46 強調

Check 1　Listen 》CD-B22

□ 721
in the world
元 世界で

❶(疑問を強調して) **一体全体** (≒ on earth)
❷(否定を強調して) 決して、とても

□ 722
at all

❶(否定文で) **少しも**、全然
❷(疑問文で) 一体、そもそも
❸(条件文で) いやしくも、とにかく
❹(肯定文で) ともかく

□ 723
no longer A
= not A any longer

もはやAでない [Aしない]

□ 724
far from A
元 Aから遠い

決してAでない、Aにはほど遠い、Aどころか (≒ by no means A)

□ 725
on earth
元 地球で；この世で

❶(疑問を強調して) **一体全体** (≒ in the world)
❷(否定を強調して) 全然、ちっとも (≒ at all)

□ 726
all but A
元 Aのほかは皆

ほとんどA (≒ as good as A、almost、practically)

□ 727
much [still] **less** A

(否定文を受けて) **ましてや** [いわんや] **Aではない**

□ 728
by far
= far and away
➕far=はるかに、ずっと

❶(比較級・最上級を強めて) **はるかに**、断然、ずっと、明らかに　➕比較級・最上級の前にも後ろにも置かれる
❷非常に、とても

continued
▼

いよいよ最後のChapter 5に突入！ ここでは、今までに取り上げられなかった重要熟語を押さえよう。まずは「強調」の熟語から！

- ☐ 聞くだけモード　Check 1
- ☐ しっかりモード　Check 1 ▶ 2
- ☐ かんぺきモード　Check 1 ▶ 2 ▶ 3

Check 2　　Phrase

☐ **what in the world**（一体何を［が］）
☐ **where [when, how] in the world**（一体どこで［いつ、どのように］）

☐ **not at all**（少しも［全く］～ない；［返事で］どういたしまして）

☐ **no longer** exist ＝ **not** exist **any longer**（もはや存在しない）

☐ be **far from** satisfied（決して満足していない）

☐ **what on earth**（一体何を［が］）
☐ **where [when, how] on earth**（一体どこで［いつ、どのように］）

☐ **all but** impossible（ほとんど不可能な）

【Pop Quiz!】
first of allと同じ意味の熟語は？
▶答えは見出し番号693でチェック！

☐ be **by far** the better ＝ be better **by far**（［2つのうちで］はるかによい ➕比較級にtheをつけない場合はby far の前に置かれる）

Check 3　　Sentence

☐ I couldn't understand what **in the world** he was saying.（彼が一体何を言っているのか私は分からなかった）

☐ He doesn't read newspapers **at all**.（彼は全く新聞を読まない）

☐ I am **no longer** young. ＝ I am **not** young **any longer**.（私はもう若くない）

☐ The current situation is **far from** optimistic.（現在の状況は決して楽観できるものではない）

☐ What **on earth** did he say to her?（彼は一体何を彼女に言ったのですか?）

☐ The job is **all but** finished.（その仕事はほとんど終わっている）

☐ I can't read French, **much less** speak it.（私はフランス語を読めないし、ましてや話すこともできない）

☐ He is **by far** the best actor in the movie.（彼はその映画の中で明らかに最も優れた俳優だ）

continued
▼

Day 46

Check 1　Listen)) CD-B22

□ 729
by no means A
= not A by any means
⊕means＝手段、方法

❶ **決してAでない**［しない］、全くAでない［しない］（≒far from A）
❷（不承知の返事として）とんでもない

□ 730
as good as A
㊙Aと同じほどよい［よく］

ほとんどA、Aも同然［同様］（≒all but A、almost、practically）

□ 731
nothing but A
㊙A以外の何ものでもない

Aにすぎない、ただAだけ、Aしかない、Aにほかならない（≒only）　⊕anything but Aは「少しもAでない、Aどころでない」

□ 732
above all (else)

何よりも、とりわけ、中でも（≒most of all）

□ 733
anything but A
㊙Aのほかは何でも

少しもAでない、Aどころでない　⊕nothing but Aは「Aにすぎない、Aだけ、Aにほかならない」

□ 734
all [only] **too** A

あまりにも［全く］**A過ぎる**

□ 735
most of all

何よりも、とりわけ（≒above all）

□ 736
by all means
⊕means＝手段、方法

❶ **必ず**、ぜひ
❷（承諾・許可の意を強めて）ぜひどうぞ、もちろん（≒of course、definitely、sure）

| Day 45)) CD-B21
Quick Review
答えは右ページ下 | □ ～することになっている
□ よく～したものだ
□ ～するのももっともだ
□ ～すべきである | □ ～したほうがいい
□ ～しなくてはいけない
□ むしろ～したい
□ ～しようとしている | □ ～するために
□ ～する時はいつも
□ ～する限りは
□ ～の場合に備えて | □ まるで～かのように
□ 今や～だから
□ ～に関する限りでは
□ ～する時までに |

Check 2   Phrase

- be by no means easy（決して簡単ではない）

- be as good as new（新品同然である）

- be nothing but a lazy man（怠け者にすぎない）
- eat nothing but junk food（ジャンクフードだけを食べる）

【Pop Quiz!】
what we [they, you] call Aと同じ意味の熟語は？
▶答えは見出し番号701でチェック！

- be anything but safe（少しも安全でない）

- be all too easy（あまりにも簡単過ぎる）

【Pop Quiz!】
so to speak [say] と同じ意味の熟語は？
▶答えは見出し番号702でチェック！

【Pop Quiz!】
in case〜を1語で言い換えると？
▶答えは見出し番号716でチェック！

Check 3   Sentence

- The race is by no means over.（レースは決して終わったわけではない）

- The report is as good as done.（その報告書はほとんど完成している）

- A rumor is nothing but a rumor.（うわさはうわさにすぎない）

- Above all, he cherished his family.（何よりも、彼は家族を大切にしていた）

- He is anything but a liar.（彼は決してうそつきではない）

- Domestic violence is all too common in our society.（家庭内暴力は私たちの社会であまりにも一般的になっている）

- Most of all, I want to go to New York.（何よりも、私はニューヨークに行ってみたい）

- If you have questions, by all means ask.（疑問点があったら、必ず質問してください）

Day 45 》CD-B21
Quick Review
答えは左ページ下

- be to do
- used to do
- may well do
- ought to do
- may as well do
- had better do
- would rather do
- be about to do
- so that〜
- every time〜
- as long as〜
- in case〜
- as if〜
- now that〜
- as far as〜
- by the time〜

Day 47　数量表現

Check 1　　Listen » CD-B23

□ 737
at (the) least
➕least＝最少

❶(数詞を含む語句の前・後で) **少なくとも**、最低に見積もっても (≒not less than A ⇔at most, not more than A)
❷せめて、いずれにせよ
❸(前言を訂正して) そうではなく；もっと正確には

□ 738
a number of A

相当 [若干] 数のA；多数のA　➕「若干」か「多数」かは文脈によって決まる。数の多少を表す場合は、good、great、large (多い) やsmall (少ない) などを用いる。the number of Aは「Aの人数 [個数、総数]」

□ 739
a lot [lots] of A

たくさんのA (≒dozens of A ⇔a bit of A)　➕通例、肯定文で可算名詞にも不可算名詞にも用いる。lots of A のほうが口語的

□ 740
as many A

(先行する数詞と) **同じ数だけのA**、同数のA

□ 741
a couple of A

❶**2、3のA**、いくらかのA、数個 [数人] のA
❷2つのA、2人のA

□ 742
plenty of A

十分なA、たくさんのA、多数 [多量] のA　➕「十分に間に合うほどたくさん」というニュアンス。Aには可算名詞、不可算名詞のどちらも入る

□ 743
a bit of A

少しのA、わずかのA (⇔a lot [lots] of A)　➕Aは不可算名詞

□ 744
dozens of A
➕dozen＝12個、ダース

数十のA；多数のA (≒a lot [lots] of A)

continued
▼

今日は数量表現を確認。ほとんどは修飾する語の前に置かれるが、at (the) least と at (the) most は前後どちらにも置かれることに注意。

- □ 聞くだけモード　Check 1
- □ しっかりモード　Check 1 ▶ 2
- □ かんぺきモード　Check 1 ▶ 2 ▶ 3

Check 2　Phrase

□ **at least** 15 people（少なくとも15人）

□ a great [small] **number of** mistakes（多くの[わずかな]間違い）

□ **a lot of** students（多くの生徒たち）
□ **a lot of** money（大金）

□ three car accidents in **as many** days（3日間で3度の自動車事故）

□ **a couple of** days（2、3日）

□ **plenty of** books（多くの本）
□ drink **plenty of** water（水を十分に飲む）

□ **a bit of** land（わずかな土地）

□ **dozens of** days（数十日）
□ **dozens of** people（数十人もの人々；多数の人々）

Check 3　Sentence

□ It will take eight months **at least** to build the building.（そのビルを建設するのに少なくとも8カ月かかるだろう）

□ **A number of** people attended the event.（多くの人がそのイベントに参加した）

□ He has **a lot of** experience in the music industry.（彼は音楽業界での多くの経験がある）

□ He scored five goals in **as many** games.（彼は5試合で5得点を挙げた）

□ I've seen her **a couple of** times.（私は彼女に2、3回会ったことがある）

□ You should eat **plenty of** vegetables and fruits.（あなたは野菜と果物をたくさん食べたほうがいい）

□ I know only **a bit of** French.（私はフランス語が少ししか分からない）

□ She's been to Hawaii **dozens of** times.（彼女はハワイに何十回も行ったことがある）

continued
▼

Day 47

Check 1　Listen))) CD-B23

□ 745
no more than A
- ❶(数詞の前で) **わずかA**、たったA（≒only）　➕数・量が少ないことを強調。not more than Aは「多くてA、せいぜいA」
- ❷Aにすぎない（≒only）　➕「必要とされる最低限でしかない」というニュアンス

□ 746
a great [good] deal of A
多量のA、相当量のA、たくさんのA（≒much）　➕Aは不可算名詞

□ 747
a handful of A
- ❶**一握りのA**、一つかみのA　➕Aは可算・不可算名詞
- ❷少数のA、わずかなA　➕Aは可算名詞

□ 748
at (the) most
➕most＝最多
(数詞を含む語句の前・後で) **多くて**（も）、せいぜい（≒not more than A　⇔at least, not less than A)　➕at (the) bestは「よくても」

□ 749
quite a few (A)
かなり多数（のA）、相当数（のA）　➕単独で名詞として用いられるほか、可算名詞を修飾することもある

□ 750
not more than A
(数詞の前で) **多くて**（も）**A**、せいぜいA、Aより多くない（≒at most　⇔at least, not less than A)　➕no more than Aは「わずかA、たったA」

□ 751
no less than A
- ❶(数詞の前で) **Aほども多くの**（≒as many [much] as A)　➕数・量が多いことを強調。not less than Aは「少なくともA」
- ❷Aと同様に、Aに劣らず

□ 752
not less than A
(数詞の前で) **少なくともA**（≒at least　⇔at most, not more than A)　➕no less than Aは「Aほども多くの」

Day 46))) CD-B22
Quick Review
答えは右ページ下

- □ 一体全体
- □ 少しも
- □ もはやAでない
- □ 決してAでない
- □ 一体全体
- □ ほとんどA
- □ ましてやAではない
- □ はるかに
- □ 決してAでない
- □ ほとんどA
- □ Aにすぎない
- □ 何よりも
- □ 少しもAでない
- □ あまりにもA過ぎる
- □ 何よりも
- □ 必ず

Check 2 Phrase

- **have no more than $ 100**（わずか100ドルしか持っていない）

- **a great deal of snow**（大量の雪）
- **a great deal of pain**（多くの苦痛）

- **a handful of popcorn**（一つかみのポップコーン）
- **a handful of supporters**（少数の支持者）

- **at most two people**（多くても2人）

- **quite a few changes**（かなり多くの変更）

- **cost not more than $100**（多くても100ドルしかかからない）

- **have no less than $10,000**（1万ドルも持っている）

- **cost not less than $10,000**（少なくとも1万ドルかかる）

Check 3 Sentence

- **The station is no more than five minutes from here.**（その駅はここからわずか5分の所にある）

- **The earthquake caused a great deal of damage.**（その地震は多くの被害をもたらした）

- **There were only a handful of people on the street.**（通りにはわずかな人しかいなかった）

- **He sleeps five hours at most.**（彼はせいぜい5時間しか寝ない）

- **There were quite a few people in line.**（かなり多くの人が並んでいた）

- **She is not more than 15 years old.**（彼女はせいぜい15歳だ）

- **He has no less than eight cars.**（彼は8台も車を持っている）

- **The number of people in the audience was not less than 300.**（聴衆の数は少なくとも300人だった）

Day 46 CD-B22
Quick Review
答えは左ページ下

- [ ] in the world
- [ ] at all
- [ ] no longer A
- [ ] far from A
- [ ] on earth
- [ ] all but A
- [ ] much less A
- [ ] by far
- [ ] by no means A
- [ ] as good as A
- [ ] nothing but A
- [ ] above all
- [ ] anything but A
- [ ] all too A
- [ ] most of all
- [ ] by all means

Day 48   ABの関係／oneself

Check 1　　Listen ») CD-B24

753　both A and B
AもBも両方とも、AのみならずBも（≒ at once A and B）

754　more A than B
BというよりむしろA（と言うほうが適切・正確）（≒ A rather than B）　⊕ not so much A as Bは「AというよりむしろB」

755　A rather than B
BよりもむしろA、BではなくてA（≒ more A than B）

756　either A or B
AかBか、AかBかのどちらか　⊕ either A or Bが主語のとき、動詞はBに一致するのが原則

757　not A but B
AでなくてB

758　neither A nor B
AでもBでもない、AもBも～ない　⊕ neither A nor Bが主語のとき、動詞はBに一致するのが原則

759　not only A but also B
AだけでなくBもまた、AばかりでなくBも（また）　⊕ also が省略されることもある。not only A but also Bが主語のとき、動詞はBに一致するのが原則

760　not so much A as B
AではなくむしろB、AというよりむしろB　⊕ more A than Bは「BというよりむしろA」

continued ▼

今日はABの2者の関係の熟語、再帰代名詞 oneself を使った熟語を見ていこう。oneself の部分は主語によって変わることにも注意。

- □ 聞くだけモード　Check 1
- □ しっかりモード　Check 1 ▶ 2
- □ かんぺきモード　Check 1 ▶ 2 ▶ 3

Check 2　Phrase

□ play both baseball and soccer（野球もサッカーもする）

□ be more sad than angry（怒っているというよりむしろ悲しんでいる）

□ study rather than watch TV（テレビを見るのではなく勉強する）

□ go to either Hokkaido or Okinawa（北海道か沖縄のどちらかに行く）

□ not perfect but satisfactory（完ぺきではないが十分に満足できる）

□ neither good nor bad（よくも悪くもない）

□ be not only beautiful but also intelligent（美しいだけでなく聡明である）

□ be not so much a singer as an actor（歌手ではなくむしろ俳優である）

Check 3　Sentence

□ Both he and his wife play the piano.（彼も彼の妻もピアノを弾く）

□ They are more friends than lovers.（彼らは恋人同士というよりむしろ友達同士だ）

□ He was a scholar rather than a teacher.（彼は教師というよりはむしろ学者だった）

□ Either you or I am right.（あなたか私かのどちらかが正しい）

□ It is not a dream but a reality.（それは夢ではなく現実である）

□ Neither he nor his wife was at home.（彼も彼の妻も不在だった）

□ She plays not only the piano but also the violin.（彼女はピアノだけでなくバイオリンも弾く）

□ He is not so much a friend as an acquaintance.（彼は友人というよりむしろ知人だ）

continued
▼

Day 48

Check 1　Listen))) CD-B24

761 for oneself
自分のために、独力で、自分で　●「自分のためになるように独力で」というニュアンス。(all) by oneselfは「人の助けを借りずに独力で」

762 (all) by oneself
❶**独りぼっちで**、自分だけで（≒ alone）
❷独力で（≒ without help）　●「人の助けを借りずに独力で」というニュアンス。for oneselfは「自分のためになるように独力で」

763 enjoy oneself
愉快に過ごす、楽しむ

764 help oneself
❶（通例命令文で）（A［飲食物］を）**自分で取って食べる**［飲む］(to A)
❷（A［物］を）盗む、横領する (to A)

765 have A to oneself
Aを独り占め［私有］**する**、Aを1人で使うことができる

766 keep A to oneself
❶**A**（計画・考えなど）**を秘密にしておく**、Aを人に話さないでおく
❷A（物）を独占する

767 behave oneself
❶**行儀よくする**
❷振る舞う、行動する

768 make oneself understood
自分の考え［言葉］**を**（人に）**分からせる**

Day 47))) CD-B23
Quick Review
答えは右ページ下

- □ 少なくとも
- □ 相当数のA
- □ たくさんのA
- □ 同じ数だけのA
- □ 2、3のA
- □ 十分なA
- □ 少しのA
- □ 数十のA
- □ わずかA
- □ 多量のA
- □ 一握りのA
- □ 多くて
- □ かなり多数
- □ 多くてA
- □ Aほども多くの
- □ 少なくともA

Check 2　Phrase

☐ **buy** clothes **for** oneself（自分のために服を買う）

☐ **live by** oneself（独りで暮らす）
☐ **build** a house **by** oneself（独力で家を建てる）

☐ **enjoy** oneself playing the guitar（ギターを弾いて楽しむ）

【Pop Quiz!】
at (the) leastと同じ意味の熟語は？
▶答えは見出し番号737でチェック！

☐ **have** the house **to** oneself（その家を独り占めする）

☐ **keep** the secret **to** oneself（秘密を人に話さないでおく）

【Pop Quiz!】
no more than Aを1語で言い換えると？
▶答えは見出し番号745でチェック！

☐ **make** oneself **understood** in English（英語で自分の考えを伝える）

Check 3　Sentence

☐ **You should decide for yourself which college is right for you.**（どの大学があなたに合っているか、あなたは自分で決めるべきだ）

☐ **He spent Christmas by himself.**（彼はクリスマスを独りぼっちで過ごした）

☐ **She seemed to be enjoying herself at the party.**（彼女はパーティーで楽しんでいるようだった）

☐ **Please help yourself to whatever you like.**（お好きなものを何でもお取りください）

☐ **They had the whole room to themselves.**（彼らはその部屋全体を占有していた）

☐ **Please keep this to yourself.**（このことは秘密にしておいてください）

☐ **Be quiet and behave yourself!**（静かに行儀よくしなさい！）

☐ **He couldn't make himself understood.**（彼は自分の考えを理解させることができなかった）

CHAPTER 1
CHAPTER 2
CHAPTER 3
CHAPTER 4
CHAPTER 5

Day 47))) CD-B23
Quick Review
答えは左ページ下

☐ at least
☐ a number of A
☐ a lot of A
☐ as many A
☐ a couple of A
☐ plenty of A
☐ a bit of A
☐ dozens of A
☐ no more than A
☐ a great deal of A
☐ a handful of A
☐ at most
☐ quite a few
☐ not more than A
☐ no less than A
☐ not less than A

Day 49　文の熟語

Check 1　Listen ») CD-B25

769
What ～ for?
なぜ～、どうして～（≒How come ～?、why）；どんな[何の]目的で　⊕What for?（どうして?）のように単独で用いることも多い

770
Why not ～?
❶（提案・軽い命令を表して）**～したらどうですか?**（≒Why don't you [we] ～?、What if ～?）
❷（Why not?で）なぜいけない[しない]のですか?；（提案などに同意して）いいとも、もちろん

771
What if ～?
❶**～したらどうなるだろう?**
❷（提案を表して）～したらどうですか?（≒Why not ～?、Why don't you [we] ～?）

772
How [What] about A?
❶（勧誘・提案を表して）**A（して）はどうですか?**（≒What do you say to A?）
❷（意見を求めて）Aについてどう思いますか?
❸（非難を表して）Aはどうする[なる]のですか?

773
That's why ～ .
そういうわけで～だ、それが～の理由だ

774
Why don't you [we] ～?
（提案・軽い命令を表して）**～したらどうですか?**（≒Why not ～?、What if ～?）　⊕提案者が自分を含めて言う場合はWhy don't we ～?になる

元なぜ～しないのですか?

775
How come ～?
どうして～、なぜ～（≒What ～ for?）　⊕whyよりくだけた表現。How come?（どうして?）のように単独で用いることも多い

776
The fact is (that) ～ .
実は～だ、本当は～だ

continued
▼

いよいよ今日の「文の熟語」で『キクジュク Basic』も最後。ここまで続けてくれて本当にありがとう！ We're proud of you!!

- □ 聞くだけモード　Check 1
- □ しっかりモード　Check 1 ▶ 2
- □ かんぺきモード　Check 1 ▶ 2 ▶ 3

Check 2　Sentence 1

□ **What** did he do that **for**?（なぜ彼はそんなことをしたのだろうか？）

□ **Why not** take a break?（休憩したらどうですか？）

□ **What if** it rains tomorrow?（明日雨が降ったらどうなるだろう？）

□ **How about** a cup of coffee?（コーヒーはいかがですか？）

□ I like books. **That's why** I became a librarian.（私は本が好きです。そういうわけで私は司書になったのです）

□ **Why don't you** ask him?（彼に質問してみたらどうですか？）

□ **How come** you don't like her?（どうして彼女のことが好きではないのですか？）

□ **The fact is** our company is in the red.（実はうちの会社は赤字だ）

Check 3　Sentence 2

□ **What** is this medicine **for**?（この薬は何に効きますか？）

□ "I can't go to the movie tonight." "**Why not?**"（「今夜は映画に行けません」「なぜ行けないのですか？」）

□ **What if** we cancel the reservation?（予約を取り消したらどうだろうか？）

□ **How about** going for a drink after work?（仕事が終わったら飲みに行きませんか？）

□ He is really kind. **That's why** I like him.（彼は本当に親切だ。それが私が彼を好きな理由だ）

□ **Why don't we** go out for dinner tonight?（今晩、夕食に出かけるのはどうですか？）

□ "I'm moving to Osaka next month." "Really? **How come?**"（「来月、大阪に引っ越すんです」「本当に？　どうしてですか？」）

□ **The fact is** I hate mathematics.（本当は私は数学が嫌いだ）

continued

Day 49

Check 1　Listen))) CD-B25

□ 777
What is A like?
Aはどのようなもの [人] ですか?、Aはどういう様子ですか?

□ 778
It is said that ~.
~だと言われている

□ 779
It goes without saying that ~.
~は言うまでもない

□ 780
It is (high) time (that) ~.
そろそろ~の時間 [ころ] である　⊕that節内の時制は過去が普通

□ 781
It is no wonder (that) ~.
~は少しも不思議ではない、~なのは当たり前だ　⊕It isが省略されることも多い

□ 782
What do you say to A?
(提案を表して) **Aはどうですか?** (≒How [What] about A?)
冗Aに対して何と言いますか?

□ 783
It is not long before ~.
程なく~、すぐに~ (≒soon)

□ 784
There is no doing.
~することはできない

Day 48))) CD-B24
Quick Review
答えは右ページ下

- □ AもBも両方とも
- □ BというよりむしろA
- □ BよりもむしろA
- □ AかBか
- □ AでなくてB
- □ AでもBでもない
- □ AだけでなくBもまた
- □ AではなくむしろB
- □ 自分のために
- □ 独りぼっちで
- □ 愉快に過ごす
- □ 自分で取って食べる
- □ Aを独り占めする
- □ Aを秘密にしておく
- □ 行儀よくする
- □ 自分の考えを分からせる

Check 2　Sentence 1

☐ **What's your new boss like?** (新しい上司はどのような人ですか?)

☐ **It is said that** he is a millionaire. (彼は大金持ちだと言われている)

☐ **It goes without saying that** he is an excellent teacher. (彼が素晴らしい教師であることは言うまでもない)

☐ **It's time** I went to bed. (そろそろ私は寝る時間だ)

☐ It's almost midnight. **It's no wonder** kids are sleepy. (もうすぐ夜の12時なのだから、子どもたちが眠そうなのも不思議ではない)

☐ **What do you say to** going out for lunch with me? (私と一緒に昼食に行きませんか?)

☐ **It wasn't long before** he came back. (程なく彼は戻って来た)

☐ **There is no** predicting the future. (未来を予言することはできない)

Check 3　Sentence 2

☐ **What's** the weather **like** today? (今日の天気はどうですか?)

☐ **It is said that** the temple was built in the 6th century. (その寺は6世紀に建てられたと言われている)

☐ **It goes without saying that** you need to attend all classes. (すべての授業に出席する必要があることは言うまでもない)

☐ **It's time** we left. (そろそろ私たちは出発する時間だ)

☐ You didn't have breakfast. **It's no wonder** you're hungry. (あなたは朝食を食べなかったのだから、おなかが減っているのは当然だ)

☐ **What do you say to** (taking) a walk? (散歩に行きませんか?)

☐ **It won't be long before** the sun rises. (すぐに日が昇るだろう)

☐ **There is no** accounting for tastes. (人の好みを説明することはできない ➕ことわざ=たで食う虫も好き好き)

Day 48 》CD-B24
Quick Review
答えは左ページ下

☐ both A and B　☐ not A but B　☐ for oneself　☐ have A to oneself
☐ more A than B　☐ neither A nor B　☐ by oneself　☐ keep A to oneself
☐ A rather than B　☐ not only A but also B　☐ enjoy oneself　☐ behave oneself
☐ either A or B　☐ not so much A as B　☐ help oneself　☐ make oneself understood

CHAPTER 1
CHAPTER 2
CHAPTER 3
CHAPTER 4
CHAPTER 5

Chapter 5 Review

左ページの(1)〜(17)の熟語の同意熟語・類義熟語（または同意語・類義語）（≒）を右ページのA〜Qから選び、カッコの中に答えを書き込もう。意味が分からないときは、見出し番号を参照して復習しておこう（答えは右ページ下）。

- [ ] (1) in the world (721) ≒は? (　　)
- [ ] (2) far from A (724) ≒は? (　　)
- [ ] (3) all but A (726) ≒は? (　　)
- [ ] (4) nothing but A (731) ≒は? (　　)
- [ ] (5) above all (732) ≒は? (　　)
- [ ] (6) at least (737) ≒は? (　　)
- [ ] (7) a lot of A (739) ≒は? (　　)
- [ ] (8) a great deal of A (746) ≒は? (　　)
- [ ] (9) at most (748) ≒は? (　　)
- [ ] (10) no less than A (751) ≒は? (　　)
- [ ] (11) both A and B (753) ≒は? (　　)
- [ ] (12) more A than B (754) ≒は? (　　)
- [ ] (13) by oneself (762) ≒は? (　　)
- [ ] (14) What 〜 for? (769) ≒は? (　　)
- [ ] (15) Why not 〜? (770) ≒は? (　　)
- [ ] (16) How about A? (772) ≒は? (　　)
- [ ] (17) It is not long before 〜. (783) ≒は? (　　)

Day 49 CD-B25
Quick Review
答えは右ページ下

- [ ] なぜ〜
- [ ] そういうわけで〜だ
- [ ] Aはどのようなものですか?
- [ ] 〜は少しも不思議ではない
- [ ] 〜したらどうですか?
- [ ] 〜したらどうですか?
- [ ] 〜だと言われている
- [ ] Aはどうですか?
- [ ] 〜したらどうなるだろう?
- [ ] どうして〜
- [ ] 〜は言うまでもない
- [ ] 程なく〜
- [ ] Aはどうですか?
- [ ] 実は〜だ
- [ ] そろそろ〜の時間である
- [ ] 〜することはできない

A. What do you say to A?

B. much

C. A rather than B

D. by no means A

E. soon

F. dozens of A

G. at once A and B

H. on earth

I. How come 〜?

J. most of all

K. not more than A

L. only

M. Why don't you 〜?

N. as many as A

O. almost

P. alone

Q. not less than A

【解答】 (1) H (2) D (3) O (4) L (5) J (6) Q (7) F (8) B (9) K (10) N
(11) G (12) C (13) P (14) I (15) M (16) A (17) E

Day 49))) CD-B25
Quick Review
答えは左ページ下

- [ ] What 〜 for?
- [ ] Why not 〜?
- [ ] What if 〜?
- [ ] How about A?
- [ ] That's why 〜.
- [ ] Why don't you 〜?
- [ ] How come 〜?
- [ ] The fact is 〜.
- [ ] What is A like?
- [ ] It is said that 〜.
- [ ] It goes without saying that 〜.
- [ ] It is time 〜.
- [ ] It is no wonder 〜.
- [ ] What do you say to A?
- [ ] It is not long before 〜.
- [ ] There is no doing.

ねぇねぇ、どれくらい覚えてる？
Hey, how many do you remember?

Index

＊見出しとして掲載されている熟語は赤字、それ以外の熟語は黒字で示されています。それぞれの語の右側にある数字は、見出し番号を表しています。赤字の番号は、見出しとなっている番号を示します。定義が3つ以上ある熟語は、第2義までを掲載しています。

Index

A

- A and so forth 691
- **A and so on** 691
  Aなど
- A and the like 691
- **a bit of A** 743, 739
  少しのA
- **a couple of A** 741
  ❶2、3のA ❷2つのA
- a good deal of A 746
- a good number of A 738
- **a great deal of A** 746
  多量のA
- a great number of A 738
- **a handful of A** 747
  ❶一握りのA ❷少数のA
- a large number of A 738
- **a lot of A** 739, 743, 744
  たくさんのA
- **a number of A** 738
  相当数のA
- **A rather than B** 755, 754
  BよりもむしろA
- a small number of A 738
- abolish 264
- about 586, 587
- **above all** 732, 735
  何よりも
- above all else 732
- abstain from A 073, 282, 448
- **accept A as B** 511
  AをBとして容認する
- accidentally 147, 291
- **according to A** 601, 602
  ❶Aによれば ❷Aに従って
- **accuse A of B** 246, 484, 479
  ❶AをBのかどで告発する ❷AをBのかどで非難する
- **across from A** 574
  Aの向こう側に
- **add A to B** 457
  AをBに加える
- add up to A 399
- adhere to A 206
- admire 123, 124
- **advise A on B** 471
  AにBについて助言する
- **afford to do** 392

❶〜する余裕がある ❷〜できる
- **after all** 698
  ❶結局のところ ❷だって〜だから
- again and again 655
- **agree to A** 194
  Aに同意する
- **agree with A** 267, 436
  Aと意見が一致する
- **ahead of A** 568
  ❶Aの前を ❷Aより先に
- **all at once** 667, 669
  ❶突然 ❷同時に
- **all but A** 726, 730
  ほとんどA
- all by oneself 761, 762
- all in all 301
- **all of a sudden** 669, 667
  突然に
- all on A's own 154
- **all over A** 565
  Aの至る所で
- **all the time** 640
  ❶いつでも ❷その間ずっと
- all the while 640
- all together 161
- all told 161
- **all too A** 734
  あまりにもA過ぎる
- **allow A to do** 449
  ❶Aに〜することを許可する ❷Aに〜させておく
- almost 566, 726, 730
- alone 154, 762
- along the way 155, 674
- **along with A** 594, 593, 598
  Aと一緒に
- **amount to A** 399
  ❶合計Aとなる ❷結局Aになる
- annoy 090, 331
- **anything but A** 733, 731
  少しもAでない
- anyway 222
- **apart from A** 598, 593, 594, 597, 599
  ❶Aは別として ❷Aに加えて
- **apply A to B** 458
  ❶AをBに応用する ❷AをBに適用する
- **apply for A** 412, 393
  Aを申し込む
- **apply to A** 393, 412
  ❶Aに申し込む ❷Aに適用される
- arrive at A 049, 398

☐ as a consequence	299
☐ as a general rule	302
☐ **as a matter of course**	**304**
当然のことながら	
☐ **as a matter of fact**	**303**
実は	
☐ **as a result**	**299**
結果として	
☐ as a result of A	582
☐ **as a rule**	**302**
一般に	
☐ **as a whole**	**301**
全体として	
☐ **as far as ～**	**719, 715**
～に関する限りでは	
☐ as far as A goes	232
☐ as far as A is concerned	232
☐ **as follows**	**689**
次の通りで	
☐ as for A	586, 587
☐ as from A	563
☐ **as good as A**	**730, 726**
ほとんどA	
☐ **as if ～**	**717**
❶まるで～かのように ❷～のように	
☐ **as it were**	**704, 131, 702**
いわば	
☐ **as long as ～**	**715, 719**
～する限りは	
☐ **as many A**	**740**
同じ数だけのA	
☐ as many as A	751
☐ as much as A	751
☐ **as of A**	**563**
A（日時）から	
☐ as regards A	586, 587
☐ **as such**	**300**
❶そういうものとして ❷それ自体では	
☐ as though ～	717
☐ **as to A**	**586, 587**
Aに関しては	
☐ **as usual**	**649**
いつものように	
☐ **as well as A**	**593, 594, 598**
❶Aだけでなく ❷Aに加えて	
☐ aside from A	597, 598, 599
☐ **ask A for B**	**474**
AにBを欲しいと言う	
☐ ask A of B	474
☐ **ask A to do**	**453, 454**
Aに～するように頼む	

☐ assent to A	194
☐ **associate A with B**	**503**
AをBと結びつけて考える	
☐ **assure A of B**	**482**
AにBを保証する	
☐ **at a distance**	**684**
少し離れて	
☐ **at a glance**	**220**
一目見ただけで	
☐ **at a loss**	**217**
❶途方に暮れて ❷困って	
☐ **at a time**	**219, 635**
一度に	
☐ **at all**	**722, 725**
❶（否定文で）少しも ❷（疑問文で）一体	
☐ **at all costs**	**223**
どんな犠牲を払っても	
☐ at any cost	223
☐ **at any rate**	**222**
とにかく	
☐ **at A's best**	**211**
最高の状態で	
☐ **at A's expense**	**221**
❶Aの費用で ❷Aをだしにして	
☐ at A's mercy	623
☐ **at best**	**212, 748**
よくても	
☐ **at ease**	**216**
❶安心した ❷休めの姿勢で	
☐ **at first**	**210, 639, 643, 651**
最初は	
☐ **at hand**	**680**
❶近くに ❷考慮中の	
☐ **at home**	**213**
❶くつろいで ❷慣れて	
☐ at large	163
☐ **at last**	**651, 210, 639, 643, 668**
ついに	
☐ **at least**	**209, 737, 748, 750, 752**
❶少なくとも ❷せめて	
☐ **at length**	**668, 210, 639, 643, 651**
❶長々と ❷ついに	
☐ at long last	651
☐ **at most**	**748, 209, 212, 737, 750, 752**
多くて	
☐ **at once**	**642, 627, 630**
❶同時に ❷すぐに	
☐ at once A and B	753
☐ at one time	627, 642
☐ **at present**	**648, 626, 628**
現在は	

☐ at random		215

手当たり次第に
- ☐ at that time — 625
- ☐ **at the age of A** — 573
  A歳の時に
- ☐ **at the back of A** — 576, 567
  ❶Aの後ろに ❷A（事）の背後に
- ☐ at the best — 212, 748
- ☐ at the cost of A — 622
- ☐ **at the expense of A** — 622
  ❶Aを犠牲にして ❷Aの費用で
- ☐ at the least — 209, 737
- ☐ **at the mercy of A** — 623
  Aのなすがままに
- ☐ **at the moment** — 644
  ❶今のところ ❷ちょうどその時
- ☐ at the most — 212, 748
- ☐ at the present — 626, 628, 648
- ☐ **at the same time** — 627, 642
  ❶同時に ❷にもかかわらず
- ☐ **at the sight of A** — 624
  Aを見て
- ☐ **at the time** — 625
  その当時
- ☐ **at times** — 645, 637, 657, 664, 666
  時々
- ☐ **at work** — 214, 159
  ❶仕事中で ❷作動中で
- ☐ at worst — 212
- ☐ **attach A to B** — 460
  ❶AをBにくっつける ❷A（重要性など）をBにあると考える
- ☐ attend to A — 259, 261, 433
- ☐ Attention! — 216

B

- ☐ **back and forth** — 681
  前後に
- ☐ back and forward — 681
- ☐ back of A — 576
- ☐ ban A from doing — 286
- ☐ **base A on B** — 470
  Aの基礎をBに置く
- ☐ base A upon B — 470
- ☐ **be about to do** — 712
  〜しようとしている
- ☐ **be absorbed in A** — 536
  Aに熱中している
- ☐ **be accustomed to A** — 522, 199, 521
  Aに慣れている
- ☐ **be acquainted with A** — 557
  ❶Aと知り合いである ❷Aの知識がある
- ☐ **be afraid of A** — 547
  Aを恐れている
- ☐ be appropriate for A — 537, 538, 539
- ☐ be attached to A — 460
- ☐ **be aware of A** — 545, 548
  Aに気づいている
- ☐ **be based on A** — 145, 470
  Aに基づいている
- ☐ be based upon A — 145
- ☐ **be bound for A** — 544
  A行きである
- ☐ **be busy with A** — 560
  Aで忙しい
- ☐ **be caught in A** — 530
  Aに遭う
- ☐ be certain about A — 248, 552
- ☐ be certain of A — 248, 552
- ☐ be certain to do — 516
- ☐ **be compelled to do** — 520, 519
  〜せざるを得ない
- ☐ be composed of A — 250, 551
- ☐ be confident about A — 248, 552
- ☐ be confident of A — 248, 552
- ☐ be confronted with A — 269, 559
- ☐ **be conscious of A** — 548, 545
  Aを自覚している
- ☐ **be content with A** — 555, 554
  Aに満足している
- ☐ be convinced of A — 248, 552
- ☐ **be dependent on A** — 153, 253, 406, 549
  ❶Aに頼っている ❷Aによって決まる
- ☐ be dependent upon A — 153, 253, 406, 549
- ☐ **be different from A** — 281, 446
  Aと異なっている
- ☐ be different than A — 281
- ☐ **be engaged in A** — 535
  ❶Aに従事している ❷Aに忙しい
- ☐ **be equal to A** — 527
  ❶Aと等しい ❷Aに対応し得る
- ☐ **be faced with A** — 269, 559
  Aに直面している
- ☐ **be familiar to A** — 525, 266, 553
  Aによく知られている
- ☐ **be familiar with A** — 266, 553, 525
  Aをよく知っている
- ☐ be famous as A — 541
- ☐ **be famous for A** — 541
  Aで有名である
- ☐ **be filled with A** — 258, 558
  ❶Aでいっぱいである ❷A（感情など）で

いっぱいになっている	
be fit for A 539, 537, 538	
Aに適任である	
be fond of A 249	
Aが大好きである	
be forced to do 519, 520	
～せざるを得ない	
be free from A 273	
Aを免れている	
be free of A 273	
be free to do 515	
自由に～できる	
be glad to do 514, 517	
be going to do 712	
be good for A 538, 537, 539	
Aに適している	
be hung up 342	
be identical to A 203, 526	
be independent of A 253, 549, 153	
❶Aに頼っていない ❷Aから独立している	
be inferior to A 528	
be interested in A 529	
Aに興味を持っている	
be involved in A 173, 534	
❶Aに参加している ❷Aに関係している	
be known as A 200, 540	
be known for A 540, 200	
Aで知られている	
be known to A 200, 540	
Aに知られている	
be lacking in A 174, 532, 533, 550	
❶Aが欠けている ❷Aに不足している	
be likely to do 513	
～しそうである	
be made up of A 551, 250	
Aから成り立っている	
be notorious for A 541	
be opposed to A 523	
Aに反対している	
be poor in A 533, 174, 531, 532, 550	
Aに不足している	
be popular with A 556	
Aに人気がある	
be prepared to do 514, 517	
be proud of A 247, 031	
Aを誇りに思っている	
be ready for A 543	
Aの用意ができている	
be ready to do 514, 517	
❶～する用意ができている ❷喜んで～する	
be responsible for A 230, 542	

❶Aに責任がある ❷Aの原因である	
be rich in A 531, 533	
Aに富んでいる	
be satisfied with A 554, 555	
Aに満足している	
be scheduled to do 705	
be short of A 550, 174, 532, 533	
Aに不足している	
be similar to A 203, 526	
Aと似ている	
be subject to A 524	
❶Aに服従している ❷Aにかかりやすい	
be suitable for A 537, 538, 539	
Aに適している	
be suited for A 537, 538, 539	
be suited to A 537, 538, 539	
be superior to A 528	
Aより優れている	
be supposed to do 518	
❶～することになっている ❷～するよう意図されている	
be sure about A 248, 552	
be sure of A 248, 552	
Aを確信している	
be sure to do 516	
きっと～する	
be tired from A 288, 255	
Aで疲れている	
be tired of A 255, 288	
Aにうんざりしている	
be to do 705	
❶～することになっている ❷～すべきである	
be unlikely to do 513	
be used to A 199, 521, 522, 706	
Aに慣れている	
be wanting in A 174, 532, 533, 550	
be willing to do 517, 514	
❶快く～する ❷～する用意がある	
be worthy of A 546	
Aに値する	
bear 085, 263	
bear A in mind 069	
because of A 578, 148, 577, 582, 583, 584, 611	
Aの理由で	
before 562	
beforehand 632	
begin 094, 369	
behave oneself 767	
❶行儀よくする ❷振る舞う	

- [ ] behind 567, 576
- [ ] **behind A's back** 688, 676, 677
  Aのいない所で
- [ ] **believe in A** 424
  ❶Aの存在を信じる ❷Aの価値を信じる
- [ ] **belong to A** 205, 400
  ❶Aに所属する ❷Aの所有である
- [ ] besides 593, 594, 598
- [ ] beyond the reach 686
- [ ] bit by bit 295
- [ ] **blame A for B** 479, 246, 484
  ❶BをAの責任にする ❷AをBのことで非難する
- [ ] **blame A on B** 468
  AをBの責任にする
- [ ] blame B for A 468
- [ ] blame B on A 479
- [ ] blow up 345
- [ ] **blow up A** 345
  ❶Aを爆破する ❷Aを膨らます
- [ ] **both A and B** 753
  AもBも両方とも
- [ ] break A into B 477
- [ ] **break down** 353
  ❶故障する ❷物別れに終わる
- [ ] break down A 353
- [ ] **break in** 371
  ❶侵入する ❷(break in Aで)Aを訓練する
- [ ] break in A 371
- [ ] **break out** 326
  ❶急に発生する ❷脱する
- [ ] bring A into practice 323
- [ ] **bring A to an end** 040, 016
  Aを終わらせる
- [ ] **bring A to life** 039
  ❶Aを生き返らせる ❷Aを生き生きさせる
- [ ] **bring about A** 038
  Aを引き起こす
- [ ] **bring back A** 035
  ❶Aを返す ❷Aを思い出させる
- [ ] **bring in A** 033, 375
  ❶Aを稼ぐ ❷Aを参加させる
- [ ] **bring oneself to do** 037
  〜する気になる
- [ ] **bring out A** 036, 329
  ❶Aをはっきり出す ❷Aを明らかにする
- [ ] **bring up A** 034
  ❶Aを育てる ❷A(議題など)を持ち出す
- [ ] **burn down** 354
  ❶全焼する ❷下火になる

- [ ] burn down A 354
- [ ] **burst into A** 432
  突然Aし始める
- [ ] burst out doing 432
- [ ] **but for A** 599, 597
  ❶Aがなければ ❷Aを除いて
- [ ] **by accident** 291, 147
  偶然に
- [ ] **by all means** 736
  ❶必ず ❷(承諾・許可の意を強めて)ぜひどうぞ
- [ ] by chance 147, 291
- [ ] **by far** 728
  ❶はるかに ❷非常に
- [ ] **by hand** 289
  ❶手製で ❷自筆で
- [ ] **by heart** 290
  暗記して
- [ ] **by means of A** 615, 582
  A(の手段)によって
- [ ] **by mistake** 292
  誤って
- [ ] **by nature** 296
  生まれつき
- [ ] **by no means A** 729, 274, 724
  ❶決してAでない ❷(不承知の返事として)とんでもない
- [ ] **by now** 656
  今ごろはもう
- [ ] **by oneself** 762, 761
  ❶独りぼっちで ❷独力で
- [ ] **by the time 〜** 720
  〜する時までに
- [ ] **by the way** 692
  ところで
- [ ] **by virtue of A**
  582, 148, 577, 578, 583, 584, 615
  Aの理由で
- [ ] **by way of A** 572
  ❶A経由で ❷Aの手段として

C

- [ ] **call at A** 218, 408
  A(場所)に立ち寄る
- [ ] **call for A** 410
  ❶Aを求める ❷Aを必要とする
- [ ] **call off A** 315
  ❶Aを中止する ❷Aに攻撃をやめさせる
- [ ] **call on A** 408, 218
  ❶Aに頼む ❷A(人)をちょっと訪れる
- [ ] **call up A** 349

	❶Aに電話をかける　❷A（情報）を呼び出す	
☐ call upon A		218, 408
☐ **calm down**		364
	❶落ち着く　❷静まる	
☐ calm down A		364
☐ can afford to do		392
☐ cancel		315
☐ **care for A**	413, 028, 119, 125, 128	
	❶Aの世話をする　❷Aが好きである	
☐ carefully		270
☐ **carry on**		307
	❶続ける　❷（carry on A で）Aを維持する	
☐ carry on A		307
☐ **carry out A**		323
	❶Aを実行する　❷Aを遂行する	
☐ **catch up with A**		262, 067
	❶Aに追いつく　❷Aを逮捕する	
☐ cause		038, 046
☐ **cause A to do**		456
	Aに〜させる	
☐ chance to do		387
☐ change A for B		477
☐ **change A into B**		491, 425
	AをBに変える	
☐ **change into A**		425
	❶Aに変化する　❷Aに着替える	
☐ change to A		425
☐ **cheer up**		352
	元気づく	
☐ cheer up A		352
☐ choose		336
☐ clear		089, 382
☐ **clear A of B**		486
	AからBを取り除く	
☐ clear B from A		486
☐ **close to A**		564
	❶Aの近くに　❷Aと親密な	
☐ **come about**		013
	起こる	
☐ come across		009
☐ **come across A**		009
	❶Aに（偶然）出会う　❷（come acrossで）印象を与える	
☐ **come from A**	010, 275, 441, 277	
	❶Aの出身である　❷Aから生じる	
☐ **come into A**		430
	❶A（の状態・事態）になる　❷Aに参加する	
☐ come on		002
☐ **come out**		012
	❶明らかとなる　❷出版される	
☐ **come to an end**		016, 040
	終わる	
☐ **come to do**	014, 385, 386	
	〜するようになる	
☐ come to life		039
☐ **come true**		015
	実現する	
☐ **come up with A**	011, 151, 195, 395	
	❶Aを思いつく　❷Aを提供する	
☐ **compare A to B**		201, 463
	❶AをBと比較する　❷AをBに例える	
☐ compare A with B		201, 463
☐ compared to A		604
☐ compared with A		604
☐ compensate for A		416
☐ compete against A		268, 439
☐ **compete with A**		268, 439
	Aと競う	
☐ **concentrate A on B**	469, 401, 403, 465	
	AをBに集中する	
☐ **concentrate on A**		403, 401
	Aに努力を集中する	
☐ concerning		586, 587
☐ **congratulate A on B**		472
	AにBのことを祝う	
☐ connect A with B		503
☐ consent to A		194
☐ consider		150, 404
☐ consist in A		250
☐ **consist of A**		250, 551
	Aから成り立つ	
☐ construct		082
☐ continue	007, 068, 305, 307	
☐ **contrary to A**		605
	Aと正反対の	
☐ control		079
☐ **convert A into B**		490
	AをBに変える	
☐ **cope with A**		261, 259, 433
	❶Aに対処する　❷Aと対抗する	
☐ correspond to A		438
☐ **correspond with A**		438
	❶Aと文通する　❷Aに一致する	
☐ criticize		135, 136
☐ cut back		358
☐ cut down		358
☐ **cut down A**		358
	❶Aを減らす　❷Aを切り倒す	

D

☐ date back to A	278
☐ **date from A**	278

- Aにさかのぼる
- ☐ **day by day** 663
  - 日ごとに
- ☐ deal A in 419
- ☐ **deal in A** 419
  - ❶Aを売買する ❷Aに関係する
- ☐ **deal with A** 259, 433, 261, 419
  - ❶Aを処理する ❷Aに対して振る舞う
- ☐ deceive 018, 374
- ☐ decide 101
- ☐ defeat 243
- ☐ definitely 736
- ☐ delay 078, 088, 314
- ☐ deliberately 147, 291
- ☐ demand 410
- ☐ **depend on A** 406, 105, 116, 153, 311, 312
  - ❶Aによって決まる ❷Aに頼る
- ☐ depend upon A 105, 116, 153, 311, 312, 406
- ☐ **deprive A of B** 252, 488, 251, 487
  - AからBを奪う
- ☐ derive A from B 277
- ☐ **derive from A** 277, 010, 275, 441
  - ❶Aに由来する ❷（derive A from Bで）AをBから得る
- ☐ **describe A as B** 509
  - AをBだと言う
- ☐ desert 330
- ☐ deserve 546
- ☐ despise 123, 124
- ☐ despite 585, 591
- ☐ **devote A to B** 461
  - ❶AをBにささげる ❷（devote oneself to Aで）Aに専念する
- ☐ devote oneself to A 461
- ☐ die 381
- ☐ die from A 254
- ☐ **die of A** 254
  - Aで死ぬ
- ☐ **differ from A** 446, 281
  - Aと異なる
- ☐ disagree with A 267, 436
- ☐ discuss 138
- ☐ **dispose of A** 243, 052, 264
  - ❶Aを処理する ❷Aを売却する
- ☐ **distinguish A from B** 279, 143, 280
  - AをBと区別する
- ☐ distinguish between A 279
- ☐ **divide A into B** 494
  - ❶AをBに分ける ❷AをBに分類する
- ☐ divide B by A 494
- ☐ **do away with A** 264, 052, 243
  - ❶Aを処分する ❷Aを殺す
- ☐ **do with A** 440
  - ❶Aで済ませる ❷Aがあればありがたい
- ☐ do without A 440
- ☐ **dozens of A** 744, 739
  - 数十のA
- ☐ drop by 370
- ☐ **drop in** 370
  - ちょっと立ち寄る
- ☐ **drop out** 333
  - ❶退学する ❷離脱する
- ☐ drop over 370
- ☐ **due to A** 577, 148, 578, 582, 583, 584
  - Aの原因で
- ☐ during 571
- ☐ during the course of A 571

E

- ☐ each time ～ 714
- ☐ earn a living 100
- ☐ easily 271
- ☐ effective 168
- ☐ **either A or B** 756
  - AかBか
- ☐ emit 048, 319
- ☐ employ 308
- ☐ **enable A to do** 451
  - Aに～できるようにする
- ☐ **encourage A to do** 452
  - Aを～するよう励ます
- ☐ **end in A** 422, 420
  - Aの結果になる
- ☐ endure 085, 263
- ☐ **enjoy oneself** 763
  - 愉快に過ごす
- ☐ **enter into A** 429
  - ❶A（契約など）を結ぶ ❷Aを始める
- ☐ especially 164
- ☐ establish 091
- ☐ **ever since** 647
  - ❶それ以来ずっと ❷～して以来ずっと
- ☐ every now and again 657
- ☐ every now and then 657
- ☐ every once in a while 666
- ☐ **every time** 714
  - ～する時はいつも
- ☐ except 595, 597, 598, 599
- ☐ **except for A** 597, 598, 599
  - ❶Aを除いて ❷Aがなければ

☐ **exchange A for B**	477
❶AをBと交換する ❷AをBに両替する	
☐ exhaust	332
☐ experience	001
☐ expire	330
☐ extinguish	090, 331

F

☐ **fail to do**	388
❶〜できない ❷〜するのを怠る	
☐ **fall into A**	428
❶A（ある状態）に陥る ❷Aに分けられる	
☐ far and away	728
☐ far away	685
☐ **far from A**	274, 724, 729
決してAでない	
☐ feed on A	407
☐ **figure out A**	322, 324
❶Aを解決する ❷Aを理解する	
☐ **fill A with B**	498
❶AをBでいっぱいにする ❷AをBで占める	
☐ fill in	372
☐ **fill in A**	372
❶Aに必要事項を記入する ❷Aに最新の情報を知らせる	
☐ fill out A	372
☐ fill up	344
☐ **fill up A**	344
❶Aを満たす ❷Aを満腹にさせる	
☐ finally	210, 639, 643, 651, 668
☐ find out	321
☐ **find out A**	321
❶Aを解明する ❷（find outで）情報を得る	
☐ finish	086
☐ first	693, 694, 695
☐ **first of all**	693, 694, 695
まず第一に	
☐ firstly	693, 694, 695
☐ **focus A on B**	465, 401, 403, 469
❶AをBに集中させる ❷AをBに合わせる	
☐ **focus on A**	401, 403
❶Aに注意を集中させる ❷Aに焦点が合う	
☐ for a long time	668
☐ for a moment	658
☐ **for a while**	233, 638
しばらくの間	
☐ **for all A**	585, 591
Aにもかかわらず	
☐ for another	696
☐ for another thing	696
☐ for A's benefit	229, 581
☐ for A's good	229, 581
☐ **for A's part**	232
Aとしては	
☐ for A's sake	229, 581
☐ for certain	235
☐ for fear 〜	716
☐ **for fear of A**	621
Aを恐れて	
☐ for free	237
☐ **for good**	641
永久に	
☐ **for lack of A**	239, 620
Aが足りないため	
☐ **for nothing**	237
❶無料で ❷これといった理由もなく	
☐ **for one thing**	696
1つには	
☐ **for oneself**	761, 762
自分のために	
☐ for pleasure	157
☐ **for sale**	228
売り物の	
☐ for short	166, 700
☐ **for sure**	235
確かに	
☐ **for the benefit of A**	229, 581
Aのために	
☐ **for the first time**	631
初めて	
☐ for the good of A	229, 581
☐ **for the moment**	658
差し当たり	
☐ **for the most part**	231
大部分は	
☐ for the present	658
☐ **for the purpose of A**	580
Aの目的で	
☐ for the sake of A	229, 581
☐ **for the time being**	662
当分の間	
☐ for want of A	239, 620
☐ forbid A from doing	286
☐ forbid A to do	286
☐ **force A on B**	467
AをBに押しつける	
☐ force A upon B	467
☐ forget doing	389
☐ **forget to do**	389

〜するのを忘れる
- **frankly speaking** 134
  率直に言えば
- free 237
- free of charge 237
- from day to day 663
- **from now on** 661
  今後は
- **from time to time** 637, 645, 657, 664, 666
  時々

G

- generally 163, 302
- **generally speaking** 132
  一般的に言って
- get A into B 427
- get A through B 054
- **get A to do** 455, 064, 137
  Aに〜させる
- **get along with A** 050, 437
  ❶Aと仲よくやっていく ❷Aを使って何とかやっていく
- get down 360
- **get down A** 360, 084, 356, 359, 361, 362
  ❶Aを書き留める ❷Aを飲み込む
- get in touch with A 070
- **get into A** 427
  ❶Aに入学する ❷Aの心に取りつく
- **get lost** 056
  ❶道に迷う ❷（命令文で）消え失せろ
- **get off** 053, 316, 051
  ❶降りる ❷仕事を終える
- get off A 053, 316
- **get on** 051, 053, 316
  ❶乗る ❷続ける
- get on A 051
- **get over A** 055, 444
  ❶Aから立ち直る ❷Aから回復する
- **get rid of A** 052, 243, 264
  ❶Aを片づける ❷Aを売り払う
- get through 054
- **get through A** 054
  ❶Aを切り抜ける ❷（get throughで）電話が通じる
- **get to A** 049, 398
  ❶Aに到着する ❷Aに連絡をつける
- **get to do** 386, 014, 385
  ❶〜するようになる ❷〜する機会を得る
- **give A a hand** 045
  Aに手を貸す
- give attention to A 197
- **give away A** 042
  ❶Aをただで与える ❷Aの正体を暴露する
- **give birth to A** 047, 198, 046
  ❶Aを産む ❷A（物・事）を生み出す
- **give in** 044
  屈する
- **give off A** 048, 319
  A（においなど）を発する
- give out 043, 335
- **give out A** 043, 335
  ❶Aを配る ❷（give outで）尽きる
- **give rise to A** 046, 047, 198
  Aを引き起こす
- **give up** 041
  ❶あきらめる ❷（give up Aで）Aをやめる
- give up A 041
- **go ahead** 008
  ❶どんどん進む ❷（命令文で）話を始めてください
- go along with A 267, 436
- **go by** 005, 383
  ❶経過する ❷（go by Aで）Aに従う
- go by A 005, 383
- **go into A** 003, 426
  ❶Aに従事する ❷Aを詳しく説明する
- **go off** 006
  ❶爆発する ❷（警報などが）鳴る
- **go on** 007, 305, 002
  ❶続ける ❷続けて（〜）する
- **go out** 002
  ❶外出する ❷交際する
- go over 004
- **go over A** 004
  ❶Aを綿密に調べる ❷（go overで）近づく
- **go through A** 001
  ❶Aを経験する ❷Aを通過する
- go without A 440
- gradually 295
- **graduate from A** 445
  Aを卒業する
- **grow up** 340
  ❶成長する ❷（命令文で）大人らしく振る舞う

H

- **had better do** 710
  〜しなくてはいけない
- had better not do 710
- **hand down A** 368

❶Aを言い渡す ❷Aを伝える	
hand in A	373, 110, 376
Aを提出する	
hang on	312, 077, 306
❶しっかりつかまる ❷待つ	
hang on A	312
hang up	342
❶電話を切る ❷ (hang up Aで) Aを掛ける	
hang up A	342
happen	007, 013, 024, 109, 305
happen to do	387
偶然〜する	
have A do	064, 137, 455
Aに〜させる	
have a good time	061
楽しい時を過ごす	
have a great time	061
have A in common	060
Aを共通に持つ	
have A in mind	069
have a look at A	026
have A to oneself	765
Aを独り占めする	
have access to A	058
Aを利用できる	
have no idea	059
全く分からない	
have nothing on A	057
have nothing to do with A	062, 063
Aと関係がない	
have on A	057, 081, 309
❶Aを身に着けている ❷Aの予定がある	
have something to do with A	063, 062
Aと関係がある	
have to do	708, 710
head for A	240
Aに向かって進む	
head toward A	240
hear from A	442, 242
Aから連絡をもらう	
hear of A	242, 442
Aの消息を聞く	
help A with B	265, 500
AのBを手伝う	
help oneself	764
❶自分で取って食べる ❷盗む	
hide	079
hit on A	151, 011, 195, 395
❶Aを思いつく ❷Aに言い寄る	
hit upon A	011, 151, 195, 395

hold back A	079
❶Aを引き止める ❷A (感情など) を抑える	
hold down A	080, 366
❶Aを抑制する ❷Aを頑張って続ける	
hold on	077, 306, 312
❶待つ ❷しっかりつかみ続ける	
hold up	078
hold up A	078
❶Aを支える ❷Aを遅らせる	
How about A?	772, 782
❶Aはどうですか？ ❷Aについてどう思いますか？	
How come 〜?	775, 769
どうして〜	
How come?	775
hunt for A	113, 225, 409, 411
hurry up	351
急ぐ	
hurry up A	351

I

if	716
if it had not been for A	597, 599
if it were not for A	597, 599
ill at ease	216
immediately	630, 642, 683
important	256
impossible	190
in a hurry	182
急いで	
in a manner of speaking	131, 167, 702, 704
in a sense	167
ある意味では	
in a way	167
in a word	171, 166, 700
一言で言えば	
in accordance with A	602, 601
Aに従って	
in addition to A	593, 594, 598
in advance	632
❶前もって ❷先立って	
in all	161
合計で	
in any case	222
in any event	222
in A's absence	676, 677, 688
❶Aのいない所で ❷Aがないので	
in A's behalf	611
in A's favor	613
in A's honor	619

- ☐ **in A's opinion** 175
  Aの考えでは
- ☐ in A's place 610
- ☐ **in A's presence** 677, 676, 688
  ❶Aのいる所で ❷Aに直面して
- ☐ in A's view 175
- ☐ in A's way 155, 673, 674
- ☐ in back of A 576
- ☐ in behalf of A 611
- ☐ in brief 166, 171, 700
- ☐ **in case ~** 716, 570
  ❶〜の場合に備えて ❷もし〜ならば
- ☐ **in case of A** 570, 716
  ❶Aの場合は ❷Aに備えて
- ☐ **in charge of A** 614
  Aを担当して
- ☐ **in comparison to A** 604
  Aと比べると
- ☐ in comparison with A 604
- ☐ **in connection with A** 589
  ❶Aに関連して ❷(交通機関が)Aと接続して
- ☐ **in contrast to A** 606
  Aと対照的に
- ☐ in contrast with A 606
- ☐ **in danger** 180
  危険な状態で
- ☐ **in detail** 169
  詳細に
- ☐ in due course 176, 633
- ☐ in due time 176, 633
- ☐ **in effect** 168
  ❶実際には ❷有効な
- ☐ **in fact** 162, 144
  実は
- ☐ **in fashion** 183, 192
  流行して
- ☐ **in favor of A** 613
  ❶Aに賛成して ❷Aに有利になるように
- ☐ **in front of A** 567, 576
  Aの前で
- ☐ **in general** 163
  ❶普通 ❷一般に
- ☐ **in harmony with A** 608
  ❶Aと協調して ❷Aと調和して
- ☐ in haste 182
- ☐ **in honor of A** 619
  Aに敬意を表して
- ☐ in less than no time 672
- ☐ **in need of A** 618
  Aを必要として

- ☐ **in no time** 672
  すぐに
- ☐ in no time at all 672
- ☐ **in order** 177, 188
  ❶順序正しく ❷整然として
- ☐ in order that ~ 713
- ☐ **in other words** 165, 699, 697
  言い換えれば
- ☐ in part 207
- ☐ **in particular** 164
  特に
- ☐ **in place of A** 610, 609, 611
  Aの代わりに
- ☐ **in practice** 170
  実際には
- ☐ in private 675
- ☐ **in proportion to A** 607
  ❶Aに比例して ❷Aの割には
- ☐ in proportion with A 607
- ☐ **in public** 675
  人前で
- ☐ **in pursuit of A** 184
  Aを追って
- ☐ in reality 144, 162
- ☐ in regard to A 586, 587
- ☐ **in relation to A** 590
  ❶Aに関して ❷Aと比較して
- ☐ in respect to A 586, 587
- ☐ **in response to A** 603
  Aに答えて
- ☐ **in search of A** 616
  Aを探して
- ☐ **in short** 166, 700, 171
  手短に言えば
- ☐ **in sight** 181, 682, 187, 687
  ❶見える所に ❷近づいて
- ☐ in so far as ~ 719
- ☐ **in spite of A** 591, 585
  Aにもかかわらず
- ☐ **in terms of A** 612
  ❶Aの点から ❷Aの言葉で
- ☐ in the absence of A 676
- ☐ in the beginning 210, 639, 643, 651
- ☐ **in the course of A** 571
  Aの間に
- ☐ **in the distance** 685
  遠方に
- ☐ **in the end** 643, 210, 639, 651, 668
  ついに
- ☐ **in the face of A** 617
  ❶Aに直面して ❷Aにもかかわらず

索引	ページ
□ **in the first place**	694, 693, 695
❶まず第一に　❷そもそも	
□ **in the future**	628, 626, 648
将来に	
□ in the last place	693, 694, 695
□ **in the long run**	660
長い目で見れば	
□ **in the meantime**	650
❶その間に　❷一方	
□ in the meanwhile	650
□ **in the middle of A**	569
Aの最中に	
□ **in the past**	626, 628, 648
❶過去に　❷従来	
□ in the presence of A	677
□ in the short run	660
□ **in the way**	673, 155, 674
邪魔になって	
□ **in the world**	721, 725
❶一体全体　❷決して	
□ in theory	170
□ in those days	625
□ **in time**	176, 633, 646
❶間に合って　❷そのうち	
□ **in trouble**	179
❶困って　❷ごたごたを起こして	
□ in truth	144, 162
□ **in use**	178
使われている	
□ in virtue of A	148, 577, 578, 582, 583, 584, 615
□ in want of A	618
□ in work	189
□ inform A about B	244, 481
□ **inform A of B**	244, 481
AにBについて知らせる	
□ inquire into A	117
□ insofar as ～	719
□ **instead of A**	609, 610, 611
Aの代わりに	
□ **interfere with A**	260, 434
Aを妨げる	
□ investigate	117
□ **irrespective of A**	592, 588
Aに関係なく	
□ **It goes without saying that ～.**	779
～は言うまでもない	
□ It is high time ～.	780
□ It is high time that ～.	780
□ **It is no wonder ～.**	781
～は少しも不思議ではない	
□ It is no wonder that ～.	781
□ **It is not long before ～.**	783
程なく～	
□ **It is said that ～.**	778
～だと言われている	
□ **It is time ～.**	780
そろそろ～の時間である	
□ It is time that ～.	780
□ it's not as if ～	717

J

□ join in A	029, 172, 417

K

□ **keep A from doing**	065, 284, 283, 285, 286
Aに～をさせない	
□ **keep A in mind**	069
Aを覚えている	
□ keep A off B	317
□ **keep A to oneself**	076, 766
❶Aを秘密にしておく　❷Aを独占する	
□ **keep away**	075
近づかない	
□ keep away A	075
□ keep doing	068
□ **keep from A**	073, 282, 448
Aを差し控える	
□ **keep in touch with A**	070
Aと連絡を取り合っている	
□ **keep off**	317
❶近寄らない　❷（keep A off Bで）AをBに寄せつけない	
□ keep off A	317
□ **keep on**	068
❶続ける　❷（keep on Aで）Aを雇い続ける	
□ keep on A	068
□ keep out	072
□ **keep out A**	072
❶Aを中に入れない　❷（keep outで）中に入らない	
□ **keep pace with A**	071, 067
Aに遅れないようについていく	
□ **keep to A**	074
❶Aから外れないでいる　❷A（目的など）を貫く	
□ **keep track of A**	066
Aを見失わないようにする	
□ **keep up with A**	067, 071, 262
Aに遅れないでついていく	

| □ kill | 264 |

L

□ last	693, 694, 695
□ last of all	693, 694, 695
□ lastly	693, 694, 695
□ **later on**	653

後で

| □ **lead to A** | 204, 397 |

Aを引き起こす

| □ learn to do | 014, 385 |
| □ **leave A to B** | 459 |

❶AをBに任せる　❷A（遺産）をBに残す

| □ **leave out A** | 334 |

❶Aを除外する　❷Aをのけ者にする

□ lend A a hand	045
□ lest	716
□ **let down A**	365

❶Aを失望させる　❷Aを降ろす

| □ **lie in A** | 423 |

❶（事実などが）Aにある　❷Aに埋葬されている

| □ like | 249, 413 |
| □ **little by little** | 295 |

少しずつ

| □ live on | 407 |
| □ **live on A** | 407 |

❶Aを食べて生きている　❷Aをよりどころに暮らす

| □ **long for A** | 227 |

Aを待ち望む

| □ **look after A** | 119, 028, 116, 120, 125, 128, 413 |

❶Aの世話をする　❷Aに注意を払う

| □ **look back** | 122 |

回想する

| □ **look down on A** | 124, 123 |

Aを見下す

| □ look down upon A | 124 |
| □ **look for A** | 113, 411, 225, 409 |

❶Aを探す　❷Aを期待する

| □ **look forward to A** | 114, 396 |

Aを楽しみに待つ

| □ **look into A** | 117 |

Aを調査する

| □ **look on** | 118 |

❶傍観する　❷（look on A as Bで）AをBと考える

□ look on A	118
□ look on A as B	118, 241, 297, 298, 505, 506, 507, 510
□ **look out for A**	120, 127, 238

❶Aを警戒する　❷Aの世話をする

| □ **look over A** | 121, 379 |

Aにざっと目を通す

| □ look through A | 121, 379 |
| □ **look to A** | 116, 119, 406 |

❶Aに頼る　❷Aに注意を向ける

□ look toward A	116
□ look up	115, 339
□ **look up A**	115, 339

❶Aを調べる　❷（look upで）よくなる

| □ **look up to A** | 123, 124 |

Aを尊敬する

□ lose A's way	056
□ lose track of A	066
□ lots of A	739, 743, 744

M

| □ **major in A** | 418 |

Aを専攻する

| □ **make a difference** | 098 |

❶重要である　❷差をつける

| □ make A do | 064 |
| □ **make A into B** | 492 |

❶A（材料など）をBにする　❷A（人）をBにする

| □ **make a living** | 100 |

生計を立てる

| □ **make A's way** | 099 |

❶進む　❷成功する

□ make certain	102
□ make no difference	098
□ **make oneself understood**	768

自分の考えを分からせる

| □ make out | 324 |
| □ **make out A** | 324, 322 |

❶Aを理解する　❷A（小切手など）を作成する

| □ **make sense** | 097 |

❶意味を成す　❷（make sense of Aで）Aの意味を取る

| □ make sense of A | 097 |
| □ **make sure** | 102 |

❶確かめる　❷手配する

| □ make the best of A | 104 |
| □ **make the most of A** | 104 |

Aを最大限に利用する

| □ make up | 343 |
| □ **make up A** | 343 |

❶A（話など）を作り上げる　❷Aを創作する

| □ **make up A's mind** | 101 |

決心する	
☐ **make up for A**	416
Aの埋め合わせをする	
☐ **make use of A**	103
Aを利用する	
☐ **manage to do**	391
どうにか～する	
☐ **may as well do**	709
～したほうがいい	
☐ **may well do**	707
～するのももっともだ	
☐ mean	236
☐ meantime	650
☐ meanwhile	650
☐ mention	193, 394
☐ might as well do	709
☐ might well do	707
☐ **mistake A for B**	476, 019, 234, 475
AをBと間違える	
☐ **more A than B**	754, 755, 760
BというよりむしろA	
☐ **most of all**	735, 732
何よりも	
☐ mostly	231
☐ much	746
☐ **much less A**	727
ましてやAではない	
☐ must	708, 710

N

☐ near	564
☐ **needless to say**	140
言うまでもなく	
☐ **neither A nor B**	758
AでもBでもない	
☐ **next to A**	566
❶Aの隣に　❷Aの次の	
☐ **no less than A**	751, 752
❶Aほども多くの　❷Aと同様に	
☐ **no longer A**	723
もはやAでない	
☐ **no more than A**	745, 750
❶わずかA　❷Aにすぎない	
☐ No wonder ～.	781
☐ No wonder that ～.	781
☐ not A any longer	723
☐ **not A but B**	757
AでなくてB	
☐ not A by any means	729
☐ **not less than A**	
	752, 209, 737, 748, 750, 751

少なくともA	
☐ **not more than A**	
	750, 209, 737, 745, 748, 752
多くてA	
☐ **not only A but also B**	759
AだけでなくBもまた	
☐ **not so much A as B**	760, 754
AではなくむしろB	
☐ not to mention A	141
☐ **nothing but A**	731, 733
Aにすぎない	
☐ now	644, 648
☐ now and again	657
☐ **now and then**	657, 637, 645, 664, 666
時々	
☐ **now that ～**	718
今や～だから	

O

☐ occasionally	637, 645, 657, 664, 666
☐ occur	024, 109
☐ **occur to A**	195, 395, 011, 151
Aの心に浮かぶ	
☐ of course	736
☐ **of importance**	256
重要な	
☐ **of late**	659, 636
近ごろ	
☐ of significance	256
☐ off and on	654
☐ off duty	159
☐ **on account of A**	
	148, 584, 577, 578, 582, 583
❶Aの理由で　❷Aのために	
☐ on an average	146
☐ **on and off**	654, 665
断続的に	
☐ **on and on**	665, 654
長々と	
☐ on A's behalf	611
☐ **on A's own**	154
❶1人で　❷自分で	
☐ on A's way	155, 673, 674
☐ **on average**	146
平均して	
☐ **on behalf of A**	611
❶Aを代表して　❷Aのために	
☐ **on board**	156, 678
❶船に乗って　❷一員で	
☐ **on business**	157
商用で	

- ☐ **on duty** 159, 214
  勤務時間中で
- ☐ **on earth** 725, 721
  ❶一体全体 ❷全然
- ☐ **on fire** 158
  ❶燃えて ❷興奮して
- ☐ **on foot** 160
  ❶徒歩で ❷着手されて
- ☐ **on occasion** 664, 575, 637, 645, 657, 666
  時々
- ☐ **on purpose** 147, 291
  ❶故意に ❷目的で
- ☐ on sale 228
- ☐ on the average 146
- ☐ on the job 159, 214
- ☐ **on the occasion of A** 575, 664
  Aの時に
- ☐ on the one hand 690
- ☐ **on the other hand** 690
  他方では
- ☐ **on the spot** 683
  ❶その場で ❷現場の
- ☐ **on the way** 155, 674, 673
  ❶途中で ❷進行中で
- ☐ **on time** 646, 176, 633
  時間通りに
- ☐ **on top of A** 600
  ❶Aに加えて ❷Aに追い迫って
- ☐ **once in a while** 666, 637, 645, 657, 664
  時々
- ☐ **once upon a time** 671
  ❶昔々 ❷昔は
- ☐ **one by one** 294
  1人ずつ
- ☐ **one day** 634
  ❶(過去の)ある日 ❷(未来の)いつか
- ☐ only 731, 745
- ☐ only too A 734
- ☐ opposite 574
- ☐ **other than A** 595
  A以外に
- ☐ ought not to do 708
- ☐ **ought to do** 708, 710
  ❶〜すべきである ❷〜のはずである
- ☐ out of A's way 673
- ☐ **out of breath** 191
  息を切らして
- ☐ **out of control** 186
  制御できない
- ☐ out of danger 180
- ☐ **out of date** 185
  時代遅れの
- ☐ **out of fashion** 192, 183
  流行していない
- ☐ **out of order** 188, 177
  ❶故障して ❷乱雑になって
- ☐ out of reach 686
- ☐ **out of sight** 187, 687, 181, 682
  ❶見えない所に ❷法外の
- ☐ **out of the question** 190
  問題にならない
- ☐ out of the way 673
- ☐ out of use 178
- ☐ **out of work** 189
  失業中で
- ☐ out-of-date 185
- ☐ **over and over** 655
  何度も何度も
- ☐ over and over again 655
- ☐ overcome 055
- ☐ **owe A to B** 196, 462
  ❶AをBに借りている ❷AについてBのおかげを被っている
- ☐ **owing to A** 583, 148, 577, 578, 582, 584
  Aのせいで

P

- ☐ part from A 435
- ☐ **part with A** 435
  Aを手放す
- ☐ **participate in A** 172, 417, 029
  Aに参加する
- ☐ particularly 164
- ☐ pass 005, 383
- ☐ **pass away** 381
  死ぬ
- ☐ **pass by** 384
  ❶通り過ぎる ❷(pass by Aで)Aに影響を与えない
- ☐ pass by A 384
- ☐ **pay attention to A** 197
  Aに注意を払う
- ☐ persuade A into doing 064, 137, 455
- ☐ persuade A to do 064, 137, 455
- ☐ pick oneself up 338
- ☐ **pick out A** 336
  ❶Aを選ぶ ❷Aを見つけ出す
- ☐ pick up 338
- ☐ **pick up A** 338
  ❶Aを車で迎えに行く ❷Aを(途中で)買う
- ☐ **plenty of A** 742
  十分なA

□ **point out A**	328
❶Aを指摘する ❷Aを指し示す	
□ postpone	088, 314
□ practically	726, 730
□ praise	135, 136
□ **prefer A to B**	202, 464
BよりもAを好む	
□ prepare A for B	415
□ **prepare for A**	415
❶Aに備える ❷(prepare A for Bで)Bのために A を用意する	
□ **present A with B**	502
❶AにBを贈る ❷AにBを提出する	
□ pretend	081, 309
□ **prevent A from doing** 283, 065, 284, 285, 286	
Aが〜するのを妨げる	
□ **prior to A**	562
Aより前に	
□ produce	107, 327
□ **prohibit A from doing**	286, 283
❶Aが〜するのを禁止する ❷Aが〜するのを妨げる	
□ **provide A for B**	473
AをB供給する	
□ **provide A with B**	257, 497, 504
AにBを供給する	
□ provide B for A	257, 497
□ provide B with A	473
□ **pull up**	337
❶車を止める ❷(pull up Aで)Aを引き寄せる	
□ pull up A	337
□ punctually	646
□ **punish A for B**	480
AをBのかどで罰する	
□ **put A into B**	087, 495, 496
❶AをBに翻訳する ❷AをBで表現する	
□ put A into practice	323
□ **put an end to A**	086
Aを終わらせる	
□ put aside A	092
□ **put away A**	089, 382
❶Aを片づける ❷Aを放り込む	
□ **put down A** 084, 361, 356, 359, 360, 362	
❶Aを書き留める ❷Aを鎮圧する	
□ **put forward A**	083
❶Aを提出する ❷Aを推薦する	
□ put in A	110, 373, 376
□ **put off A**	088, 314
❶Aを延期する ❷Aを遅らせる	

□ **put on A**	081, 309, 030, 057, 318
❶Aを身に着ける ❷A(機械)を動かす	
□ **put out A**	090, 331
❶Aを消す ❷Aを用意する	
□ **put together A**	082
❶Aをまとめる ❷Aを組み立てる	
□ **put up with A**	085, 263
Aを我慢する	

Q

□ **quite a few**	749
かなり多数	
□ quite a few A	749

R

□ raise	034
□ recently	636, 659
□ **recognize A as B**	512
AをBだと認める	
□ **recover from A**	444, 055
Aから回復する	
□ refer A to B	193, 394
□ **refer to A**	193, 394
❶Aに言及する ❷Aを参照する	
□ **refer to A as B**	508
AをBと呼ぶ	
□ **reflect on A**	150, 404
❶Aを熟考する ❷Aによい[悪い]印象を与える	
□ reflect upon A	150, 404
□ **refrain from A**	282, 448, 073
Aを差し控える	
□ refuse	111, 367
□ **regard A as B**	
298, 507, 118, 241, 297, 505, 506, 510	
AをBと見なす	
□ **regardless of A**	588, 592
Aに関係なく	
□ reject	092, 111, 367
□ release	048, 319
□ **rely on A**	152, 405
❶Aを信頼する ❷Aに頼る	
□ rely upon A	152, 405
□ remember	069
□ remember doing	390
□ **remember to do**	390
忘れずに〜する	
□ remind A about B	245, 483
□ **remind A of B**	245, 483
AにBを気づかせる	
□ replace	021

- [ ] **replace A with B** 501
  AをBと取り換える
- [ ] represent 236
- [ ] require 410
- [ ] require A to do 454
- [ ] reserve 092
- [ ] respect 123, 124
- [ ] restrain 080, 366
- [ ] **result from A** 276, 443, 420
  Aに起因する
- [ ] **result in A** 420, 276, 422, 443
  Aという結果になる
- [ ] right away 630, 642
- [ ] **right now** 630, 642
  ❶ちょうど今 ❷すぐに
- [ ] **rob A of B** 251, 487, 252, 488
  AからBを奪う
- [ ] run across A 009
- [ ] run for A 236
- [ ] run into A 009
- [ ] **run out** 330
  ❶尽きる ❷（契約などが）切れる
- [ ] run short 330

S

- [ ] **say to oneself** 142, 139
  心の中で考える
- [ ] **search for A** 225, 409, 113, 411
  Aを探す
- [ ] **see A as B** 297, 505, 118, 241, 298, 506, 507, 510
  AをBと見なす
- [ ] **see off A** 126
  ❶Aを見送る ❷Aを切り抜ける
- [ ] **see to A** 125, 028, 116, 119, 128, 413
  ❶Aの世話をする ❷（see to it that 〜で）〜するように取り計らう
- [ ] see to it that 〜 125
- [ ] send A for B 414
- [ ] **send for A** 414
  ❶Aが来るように頼む ❷（send A for Bで）AにBを呼びに行かせる
- [ ] set A apart 092
- [ ] **set A free** 096
  Aを自由の身とする
- [ ] **set aside A** 092
  ❶Aを取っておく ❷Aを無視する
- [ ] **set down A** 362, 084, 356, 359, 360, 361
  ❶Aを書き留める ❷Aを決める
- [ ] **set in** 094, 369
  始まる
- [ ] set off 095
- [ ] **set off A** 095
  ❶Aを引き起こす ❷（set offで）出発する
- [ ] **set out** 093, 095
  ❶出発する ❷着手する
- [ ] set out A 093
- [ ] **set up A** 091
  ❶Aを設立する ❷Aを準備する
- [ ] **settle down** 363
  ❶落ち着く ❷身を固める
- [ ] settle down A 363
- [ ] **share A with B** 499
  AをBと共有する
- [ ] should 708, 710
- [ ] **show off** 320
  ❶見えを張る ❷（show off Aで）Aを見せびらかす
- [ ] show off A 320
- [ ] **show up** 348
  ❶現れる ❷はっきり見える
- [ ] show up A 348
- [ ] shut down 355
- [ ] **shut down A** 355
  ❶Aを閉鎖する ❷Aを徹底的にマークして抑える
- [ ] **shut up** 341
  ❶黙る ❷（shut up Aで）Aを監禁する
- [ ] shut up A 341
- [ ] **side by side** 679
  ❶並んで ❷密接に関係して
- [ ] significant 256
- [ ] sit up 350
- [ ] sit up late 350
- [ ] **slow down** 357
  ❶スピードを落とす ❷活気がなくなる
- [ ] slow down A 357
- [ ] **so far** 629
  ❶今までのところ ❷この点まで
- [ ] so far as 〜 715, 719
- [ ] so long as 〜 715, 719
- [ ] **so that 〜** 713
  ❶〜するために ❷それで〜
- [ ] so to say 131, 702, 704
- [ ] **so to speak** 131, 702, 704
  いわば
- [ ] some day 634
- [ ] soon 783
- [ ] **sooner or later** 670
  遅かれ早かれ
- [ ] speak badly of A 135, 136
- [ ] **speak ill of A** 135, 136

Aのことを悪く言う	
☐ **speak out**	130
❶率直に意見を述べる ❷大声で話す	
☐ speak up	130
☐ **speak well of A**	136, 135
Aのことをよく言う	
☐ **speaking of A**	129
Aと言えば	
☐ specialize in A	418
☐ **spend A on B**	466
❶AをBに使う ❷AをBに費やす	
☐ stand by	293
☐ **stand by A**	293
❶Aを固守する ❷Aを支持する	
☐ **stand for A**	236
❶Aを意味する ❷Aを支持する	
☐ **stand out**	325
❶目立つ ❷傑出している	
☐ **stare at A**	224
Aをじっと見つめる	
☐ stare into A	224
☐ start	094, 369
☐ stay away	075
☐ stay in touch with A	070
☐ **stay up**	350
寝ずに起きている	
☐ stay up late	350
☐ **stick to A**	206
❶Aを固守する ❷Aに専念する	
☐ still less A	727
☐ stop	086
☐ **stop A from doing**	
	285, 065, 283, 284, 286
Aが～するのを妨げる	
☐ stop by A	218
☐ **strictly speaking**	133
厳密に言えば	
☐ strip A of B	251, 252, 487, 488
☐ subdue	084, 361
☐ submit	110, 373, 376
☐ **substitute A for B**	478
AをBの代わりに用いる	
☐ substitute for A	021
☐ succeed	020, 324, 377
☐ **succeed in A**	421
Aに成功する	
☐ suddenly	667, 669
☐ **suffer from A**	287, 447
Aに苦しむ	
☐ **sum up A**	347
Aを要約する	

☐ summarize	347
☐ **supply A with B**	504, 257, 497
AにBを供給する	
☐ supply B for A	504
☐ supply B to A	504
☐ support	078, 236, 293
☐ suppress	084, 361
☐ sure	736
☐ surrender	044
☐ **suspect A of B**	485
AにBの容疑をかける	
☐ sympathize with A	194

T

☐ **take A for B**	019, 234, 475, 476
❶AをBだと思う ❷誤ってAをBだと思い込む	
☐ **take A for granted**	023
❶Aを当然のことと思う ❷ (take it for granted that ～で) ～だということを当然のことと見なす	
☐ **take a look at A**	026
Aを (ちらっと) 見る	
☐ **take advantage of A**	017
❶Aを利用する ❷Aにつけ込む	
☐ take A's place	021
☐ **take A's time**	025
ゆっくりやる	
☐ **take away A**	032
❶Aを持ち去る ❷Aを取り除く	
☐ **take care of A**	028, 119, 125, 128, 413
❶Aの世話をする ❷Aに気を配る	
☐ **take down A**	356
❶Aを解体する ❷Aを書き留める	
☐ **take in A**	018, 374
❶Aを理解する ❷Aを集める	
☐ **take it easy**	022
❶のんびりする ❷ (命令文で) 興奮するな	
☐ take it for granted that ～	023
☐ take notice of A	197
☐ take off	030, 318
☐ **take off A**	030, 318, 081, 309
❶Aを脱ぐ ❷ (take offで) 離陸する	
☐ **take on A**	308
❶Aを引き受ける ❷A (様相など) を帯びる	
☐ take out A	032
☐ **take over A**	020, 377
❶Aを引き継ぐ ❷Aの支配権を得る	
☐ **take part in A**	029, 172, 417
Aに参加する	
☐ **take place**	024, 007, 305

	行われる	
☐ **take pride in A**		031, 247
	Aを誇りに思う	
☐ **take the place of A**		021
	Aの代わりをする	
☐ take things easy		022
☐ **take up A**		027
	❶Aを占める ❷A（趣味など）を始める	
☐ **talk A into doing**		137, 064, 455
	Aを説得して〜させる	
☐ talk about A		138
☐ talk of A		138
☐ **talk over A**		138
	Aについて話し合う	
☐ **talk to oneself**		139, 142
	独り言を言う	
☐ talking of A		129
☐ **tell A from B**		143, 280, 279
	AをBから区別する	
☐ **tell A to do**		454
	Aに〜しろと言う	
☐ **thanks to A**		579
	Aのおかげで	
☐ **that is**		697, 165, 699
	すなわち	
☐ that is to say		165, 697, 699
☐ **That's why 〜.**		773
	そういうわけで〜だ	
☐ **The fact is 〜.**		776
	実は〜だ	
☐ The fact is that 〜.		776
☐ the number of A		738
☐ **the other day**		652
	先日	
☐ **There is no doing.**		784
	〜することはできない	
☐ **these days**		636, 659
	近ごろ	
☐ think about A		241
☐ **think of A**		241
	❶Aについて考える ❷Aを熟考する	
☐ **think of A as B**		
	510, 118, 241, 297, 298, 505, 506, 507	
	AをBと考える	
☐ **think over A**		380
	Aをじっくり考える	
☐ think to oneself		142
☐ throw up A		034
☐ time after time		655
☐ to a certain degree		207
☐ to a certain extent		207
☐ **to A's surprise**		208
	驚いたことには	
☐ to be brief		166, 171, 700
☐ to be exact		133
☐ to be short		166, 171, 700
☐ **to begin with**		695, 693, 694
	まず第一に	
☐ **to say nothing of A**		141
	Aは言うまでもなく	
☐ to some degree		207
☐ **to some extent**		207
	ある程度	
☐ to start with		693, 694, 695
☐ **to tell the truth**		144, 162
	実を言えば	
☐ to tell you the truth		144
☐ **together with A**		596
	Aとともに	
☐ tolerate		085, 263
☐ **transform A into B**		493
	AをBに変形させる	
☐ **translate A into B**		496, 087, 495
	AをBに翻訳する	
☐ trust		152, 405
☐ **try on A**		310
	Aを試着する	
☐ **turn A into B**		489, 108, 431
	AをBに変える	
☐ **turn down A**		111, 367, 109
	❶A（ガスなど）を弱くする ❷Aを断る	
☐ **turn in A**		110, 376, 373
	❶Aを提出する ❷Aを返却する	
☐ **turn into A**		108, 431
	Aに変わる	
☐ turn off		106, 313
☐ **turn off A**		106, 313, 105, 107, 311, 327
	❶Aを消す ❷（turn offで）脇道に入る	
☐ **turn on A**		105, 311, 106, 313, 406
	❶Aをつける ❷Aを突然攻撃する	
☐ turn out		107, 327
☐ **turn out A**		107, 327, 106, 313
	❶結局はAになる ❷Aを消す	
☐ turn over		378
☐ **turn over A**		378
	❶Aを譲渡する ❷Aを引き渡す	
☐ **turn to A**		112
	❶Aに頼る ❷A（あるページ）を開く	
☐ turn up		109
☐ **turn up A**		109, 111, 367
	❶A（ガスなど）を強める ❷（turn upで）見つかる	

U

- [ ] under control — 186
- [ ] understand — 322, 324
- [ ] **up to A** — 561
  ❶Aに至るまで ❷Aの義務で
- [ ] up to date — 185
- [ ] up-to-date — 185
- [ ] use — 103
- [ ] **use up A** — 346
  Aを使い尽くす
- [ ] used to be — 706
- [ ] **used to do** — 706, 199, 521
  ❶よく〜したものだ ❷ (used to beで) 〜だった
- [ ] usually — 163

V

- [ ] via — 572
- [ ] **view A as B** — 506, 118, 241, 297, 298, 505, 507, 510
  AをBと見なす
- [ ] vomit — 034

W

- [ ] **want A to do** — 450
  Aに〜してもらいたい
- [ ] **watch out for A** — 127, 238, 120
  Aに警戒する
- [ ] **watch over A** — 128, 028, 119, 125, 413
  Aを見守る
- [ ] wear — 057, 081, 309
- [ ] wear out — 332
- [ ] **wear out A** — 332
  ❶Aをすり減らす ❷Aを疲れ果てさせる
- [ ] **What 〜 for?** — 769, 775
  なぜ〜
- [ ] What about A? — 772, 782
- [ ] **What do you say to A?** — 782, 772
  Aはどうですか?
- [ ] What for? — 769
- [ ] **What if 〜?** — 771, 770, 774
  ❶〜したらどうなるだろう? ❷〜したらどうですか?
- [ ] **What is A like?** — 777
  Aはどのようなものですか?
- [ ] **what is called A** — 703, 701
  いわゆるA
- [ ] what they call A — 701, 703
- [ ] **what we call A** — 701, 703
  いわゆるA
- [ ] what you call A — 701, 703
- [ ] why — 769, 775
- [ ] Why don't we 〜? — 770, 771, 774
- [ ] **Why don't you 〜?** — 774, 770, 771
  〜したらどうですか?
- [ ] **Why not 〜?** — 770, 771, 774
  ❶〜したらどうですか? ❷ (Why not?で) なぜいけないのですか?
- [ ] Why not? — 770
- [ ] **wish for A** — 226
  Aを望む
- [ ] with — 596
- [ ] with all A — 585, 591
- [ ] **with care** — 270
  注意して
- [ ] with difficulty — 271
- [ ] **with ease** — 271
  容易に
- [ ] **with pleasure** — 272
  ❶喜んで ❷ (快諾の返答として) 喜んで
- [ ] **with regard to A** — 587, 586
  Aに関して
- [ ] with relation to A — 590
- [ ] with respect to A — 586, 587
- [ ] **within reach** — 686
  ❶手の届く所に ❷近いところに
- [ ] within sight — 181, 187, 682, 687
- [ ] without — 597, 599
- [ ] without help — 762
- [ ] **work on A** — 149, 402
  ❶Aに取り組む ❷Aを建てる
- [ ] work upon A — 149, 402
- [ ] **would rather do** — 711
  むしろ〜したい
- [ ] **write down A** — 359, 084, 356, 360, 361, 362
  Aを書き留める

Y

- [ ] yearn for A — 227
- [ ] yield — 044

聞いて覚えるコーパス**英熟語**

キクジュク
【Basic】
1800

書名	キクジュク【Basic】1800
発行日	2006年10月20日（初版） 2016年6月8日（第17刷）
編著	一杉武史
編集	文教編集部
編集協力	伊藤香織、石田高広
英文校正	Peter Branscombe、 Joel Weinberg、Owen Schaefer
アートディレクション	細山田 光宣
デザイン	奥山志乃（細山田デザイン事務所）
イラスト	shimizu masashi（gaimgraphics）
ナレーション	Eric Kelso、Julia Yermakov、紗川じゅん
音楽制作	東海林敏行（onetrap）
録音・編集	山口良太（ELEC）
CDプレス	株式会社学研教育アイ・シー・ティー
DTP	株式会社秀文社
印刷・製本	図書印刷株式会社
発行者	平本照麿
発行所	株式会社アルク

〒168-8611　東京都杉並区永福 2-54-12
TEL：03-3327-1101
FAX：03-3327-1300
Email：csss@alc.co.jp
Website：http://www.alc.co.jp/
中学・高校での一括採用に関するお問い合わせ：
koukou@alc.co.jp（アルクサポートセンター）

● 落丁本、乱丁本は、弊社にてお取り替えいたしております。アルクお客様センター（電話：03-3327-1101 受付時間：平日 9 時～ 17 時）までご相談ください。
● 製品サポート：http://www.alc.co.jp/usersupport/
● 本書の全部または一部の無断転載を禁じます。著作権法上で認められた場合を除いて、本書からのコピーを禁じます。
● 定価はカバーに表示してあります。
©2006 Takeshi Hitosugi / ALC PRESS INC.
shimizu masashi (gaimgraphics) / Toshiyuki Shoji (onetrap)
Printed in Japan.
PC：7006118　ISBN：978-4-7574-1110-4

地球人ネットワークを創る
アルクのシンボル
「地球人マーク」です。